Die seltsame Alchimie in der Zusammenarbeit
von Deutschen und Franzosen

C(

Centre d'Information et de Recherche sur l'Allemagne
Contemporaine (CIRAC), Levallois-Perret
Deutsch-französische Studien zur Industriegesellschaft
Herausgegeben von Leo Kißler und René Lasserre

Sonderband

Dr. *Jacques Pateau* ist Professor für interkulturelle Kommunikation an der Technischen Universität Compiègne. Er ist Berater und Experte für deutsch-französisches Kooperationsmanagement.

Jacques Pateau

Die seltsame Alchimie in der Zusammenarbeit von Deutschen und Franzosen

Aus der Praxis
des interkulturellen Managements

Aus dem Französischen
von Karin Albert

Campus Verlag
Frankfurt/New York

Die Originalausgabe »Une étrange alchimie. La dimension interculturelle dans la coopération franco-allemande« erschien 1998 in der Schriftenreihe des Centre d'Information et de Recherche sur l'Allemagne Contemporaine (CIRAC), Levallois-Perret.

Gefördert aus Mitteln der Robert Bosch Stiftung

Die Deutsche Bibliothek – CIP-Einheitsaufnahme

Pateau, Jacques:
Die seltsame Alchimie in der Zusammenarbeit von Deutschen und Franzosen : aus der Praxis des interkulturellen Managements / Jacques Pateau. Aus dem Franz. von Karin Albert. – Frankfurt/Main ; New York : Campus Verlag, 1999
(Deutsch-französische Studien zur Industriegesellschaft ; Sonderbd.)
Einheitssacht.: Une étrange alchimie <dt.>
ISBN 3-593-36232-5

Umschlaggestaltung: Atelier Warminski, Büdingen
Satz: Satzstudio Rolfs, Dreis-Brück
Druck und Bindung: Druckhaus »Thomas Müntzer«, Bad Langensalza
Gedruckt auf säurefreiem und chlorfrei gebleichtem Papier.
Printed in Germany

INHALT

Dritter Teil
DIE UNTERSCHIEDE VERSTEHEN

ANHANG

Einleitung

Die deutsch-französische Zusammenarbeit leidet oft unter dem Zerr-
bild, das durch die Medienberichterstattung vermittelt wird. Die Presse er-
götzt sich am Stimmungsbarometer der politischen Leitfiguren und betont in ihren Kommentaren die Langwierigkeit der europäischen Einigung
oder die Schwierigkeiten bei der Erarbeitung eines gemeinsamen Dis-
kurses. Das ist nicht das Anliegen der vorliegenden Studie. Unsere Überlegungen basieren vielmehr auf folgender Überzeugung: Für die sachge-
mäße Beurteilung der Kooperation zwischen beiden Ländern ist es unerläßlich, zunächst die tiefliegenden kulturellen Unterschiede aufzudecken,
die das Verhalten der Akteure prägen. Letztere müssen in die Lage versetzt werden, diese Unterschiede nicht länger als Hindernisse zu betrachten. Im Mittelpunkt unserer Untersuchung steht das Unternehmen.
Hier kommt nämlich die seltsame Alchimie am besten zum Ausdruck, die
von all denjenigen produziert wird, die um des wirtschaftlichen Erfolgs
willen zur Zusammenarbeit gezwungen sind. Unser Ziel besteht darin,
den Verantwortlichen und Mitarbeitern der deutschen und französischen
Unternehmen Instrumente zur Verfügung zu stellen, mit deren Hilfe
sich das jeweils andere System besser verstehen läßt. Unsere Reise führt
mitten in die deutsch-französischen Unternehmen, die dem Druck der
weltweiten Handels- und Kommunikationskultur zunehmend ausgesetzt
sind.

»Wenn die Mauern fallen, die die alten Strukturen schützten, drohen Identitätskrisen
und Hexenjagden. Jeder einzelne ist versucht, seine Gewohnheiten zu zeitlosen Werten zu erklären, und neigt dazu, die für ihn schwer verständlichen Verfahren oder

Ziele des anderen zu kritisieren. Wenn die Welt sich plötzlich öffnet, breitet sich Kulturdogmatismus aus.«[1]

Diese Warnung dürfen die Unternehmen nicht in den Wind schlagen, zumal sie aufgrund des durch die wirtschaftlichen Interessen verschärften Wettbewerbsdrucks mit gravierenden Problemen konfrontiert werden. Für die Mitarbeiter ist wirtschaftliche Annäherung unter dem Gebot des sakrosankten *shareholder-value* oft gleichbedeutend mit Rationalisierung. Zudem wird die interkulturelle Dimension weitgehend ignoriert bzw. heruntergespielt, da ihr aus Zeitmangel nur höchst selten Priorität eingeräumt wird. Und wenn dies doch der Fall ist, dann wird sie meist als oberflächliches Hindernis betrachtet, das lediglich aus Klischees und Stereotypen zu bestehen scheint. Diese drei Faktoren – wirtschaftliche Interessen, Zeitmangel, oberflächliche Wahrnehmung des Interkulturellen – sind prägend für die Unternehmen bei ihren notwendigen Bemühungen, neue, für die kommenden Jahre entscheidende Formen der Zusammenarbeit zu erfinden und zu erproben.

Zur Verwirklichung dieses Ziels sind drei Phasen notwendig: sich der kulturellen Unterschiede bewußt werden, ein spezifisches Wissen erwerben und letzteres umsetzen oder, um mit den Angelsachsen zu sprechen: *awareness, knowledge, implementation.*

Die erste Phase soll mit der interkulturellen Sichtweise vertraut machen und dabei helfen, den Ethnozentrismus zu überwinden und den gewohnten Bezugsrahmen zu verlassen. So mancher wirtschaftliche oder politische Fehlschlag ließe sich sicherlich vermeiden, wenn diese Sensibilisierung Bestandteil der Ausbildung unserer Führungskräfte wäre...

Ziel unserer Studie, so dürfte aus dem Gesagten deutlich geworden sein, ist es, durch Wissensvermittlung bei der Bewältigung der zweiten Phase zu helfen. Anders formuliert, wir wollen versuchen, auf drei Fragen zu antworten: Inwiefern kann man im Unternehmen von kulturellen Unterschieden zwischen Deutschen und Franzosen sprechen? Welche Auswirkungen

---

1   Leenhardt, J., Picht, R., 1997, S. 12.

haben sie für die Zusammenarbeit (Mißverständnisse, Spannungen, Konflikte, Synergien)? Worauf sind die Unterschiede zurückzuführen?

Das sogenannte interkulturelle Management stellt die dritte Phase dar, eine faszinierende Aufgabe für den Praktiker, Berater und Experten. Interkulturelles Management zielt darauf ab, die Unterschiede zu einer neuen Ressource, zu einer Stärke bei der Bildung von bi- oder multikulturellen Arbeitsgruppen zu machen und den Lernprozeß des Unternehmens und die wechselseitige Befruchtung (*cross-fertilization*) zu fördern. Langfristiger Erfolg auf diesem Gebiet macht tiefgreifende Überlegungen erforderlich, ohne beruhigende Rezepte wie »Goldene Regeln für die Zusammenarbeit« oder »Wie arbeitet man mit den Franzosen... oder Deutschen?«, die zu einer verkürzten Sichtweise beider Kulturen führen.

Bei unserer Suche nach Antworten werden wir ständig zwischen den Geistes- und Sozialwissenschaften und der konkreten Unternehmenspraxis hin- und herpendeln müssen. Der wissenschaftliche und der praxisorientierte Ansatz werden sich bei der Identifizierung und Erklärung der kulturellen Unterschiede ständig abwechseln und gegenseitig ergänzen. Es sollen einige Kultureigenschaften untersucht werden, die im Laufe der Geschichte beider Länder durch Austausch und wechselseitige Akkulturation Nahrung erhielten. Diese Faktoren können beide Kulturen dauerhaft beeinflussen und äußern sich bei uns allen in Form von unvermeidlichen Spontanreaktionen auf eine der Nationalkultur »fremde« Verhaltensweise. Wir wollen in diesem Zusammenhang die bekannten Vorbehalte gegenüber dem interkulturellen Ansatz diskutieren. Die Kritiker, die diese Vorbehalte formulieren, klammern die Frage des Unterschieds einfach aus, unter dem Vorwand, Vorurteile und Stereotypen vermeiden zu wollen.

Nach einer kritischen Analyse der wichtigsten quantitativen Studien in diesem Bereich geht es auf die Reise in die Unternehmen. Zunächst stellen wir Berichte von deutschen und französischen Studenten vor, die längere Praktika in Firmen beider Länder absolviert haben. Diese Aussagen, von denen längere Passagen zitiert werden, sind sehr hilfreich bei der Identifizierung der deutsch-französischen Interkulturalität, insbesondere was Fragen der Kommunikation anbelangt. Die Kulturschocks, Enttäuschungen und Frustrationen, die am häufigsten Erwähnung finden, sind Gegenstand des zweiten Teils unserer Studie. Dank der Unterstützung der Robert Bosch Stiftung[2] haben wir unsere Arbeit durch eine zusätzliche Dimension ergänzen und Hunderte von Akteuren interviewen können, die auf unterschiedlichen Ebenen intervenieren, Erfahrung besitzen und mit der deutsch-französischen Arbeit vertraut sind. Unsere Mitarbeiter haben dank der Transkription des größten Teils der etwa 350 Gespräche, die wir ausführlich zitieren wollen, nach und nach eine Datenbank erstellt. Die Interviews sind innerhalb von drei Jahren in etwa zwanzig Unternehmen unterschiedlichen Typs durchgeführt worden: Muttergesellschaft, Filiale, Joint-venture, integriertes deutsch-französisches Unternehmen. Ziel dieses empirischen Ansatzes war es, die starken kulturellen Orientierungen deutlich zu machen, die bei den Verhaltensweisen der deutschen und französischen Akteure eine Rolle spielen, ohne dabei allerdings die Besonderheiten im Zusammenhang mit dem Milieu, dem Unternehmen, dem Beruf und der Branche zu vernachlässigen. Dieser Vergleich geht zunächst thematisch vor: Arbeitsorganisation, Führungsstil, interpersonale Kommunikation. Daran anschließend wird anhand von drei Fallstudien, die auf Langzeituntersuchungen im Rahmen unserer Beratertätigkeit beruhen, die Rolle des Interkulturellen in der täglichen Zusammenarbeit etwas allgemeiner beleuchtet.

Im Mittelpunkt des letzten Teils unserer Studie steht der konkrete Einfluß der historischen Entstehungsprozesse, die unsere Kulturen geprägt haben. Die detaillierte Analyse der entscheidenden Faktoren – politisches System, Familienstrukturen, religiöses Erbe – zeigt, daß jede Kultur aus einer besonderen geschichtlichen Entwicklung hervorgegangen ist und als vorübergehend stabilisiertes Produkt von dominierenden Verhaltensweisen verstanden werden kann. In Deutschland wie in Frankreich »haben Situationen Gewohnheiten hervorgebracht, die zu einem kohärenten Ganzen, zu einem kulturellen System geworden sind. Diese Kohärenz hat es jeder Gesellschaft erlaubt, ihre Besonderheit zu entwickeln und sich durch ›Paraphrasierung‹ ihrer selbst zu verändern«.[3] Die Genese des Nationalen wird

---

2 Die Robert Bosch Stiftung hat unser Forschungsvorhaben »Deutsch-französisches interkulturelles Management« von Dezember 1990 bis März 1993 unterstützt.
3 Burguière, A., Revel, J., 1993, S. 12.

uns jedoch nicht vom Unternehmen entfernen, denn sie soll im Licht der Fallstudien betrachtet werden. Zudem soll der prägende Einfluß der geschichtlichen Entwicklung anhand eines Vergleichs der modernen Bildungssysteme veranschaulicht werden. So läßt sich der Zusammenhang zwischen der Produktion von Unternehmenskultur und der Produktion von Nationalkultur neu reflektieren. Vor allem aber wird deutlich, daß die Definition der kulturellen Unterschiede zwischen Deutschland und Frankreich nicht als feststehendes Faktum verstanden werden darf, sondern einen in der Entwicklung befindlichen Prozeß darstellt.

Erster Teil
Was ist Interkulturalität?

Kapitel 1

GRUNDLAGEN DES VERGLEICHENDEN INTERKULTURELLEN ANSATZES

»Drei Breitengrade näher zum Pol stellen die ganze Rechtswissenschaft auf den Kopf, ein Längengrad entscheidet über Wahrheit; nach wenigen Jahren der Gültigkeit ändern sich grundlegende Gesetze; das Recht hat seine Epochen, der Eintritt des Saturn in den Löwen kennzeichnet das Herkommen von diesem oder jenem Verbrechen. Spaßhafte Gerechtigkeit, die ein Fluß begrenzt! Diesseits der Pyrenäen Wahrheit, jenseits Irrtum.« (Pascal)[1]

DER PHILOSOPHISCHE ANSATZ

Es mag paradox erscheinen, Reflexionen zur Interkulturalität in deutschen und französischen Unternehmen mit einem berühmten Zitat von Pascal einzuleiten. Dieses Zitat enthält jedoch zahlreiche unumgängliche Themen, die jeglicher Methodologie vorausgehen. Hinter der Ablehnung des Absoluten und der Erkenntnis, daß Gerechtigkeit nichts Absolutes ist, sondern ein relativer, schwankender Begriff, der von den Sitten und der geographischen Lage abhängt, verbirgt sich die grundsätzliche Frage nach dem Verstehen des anderen. Bei der Erfassung des kulturellen Unterschieds[2] kommen häufig drei Formen zum Tragen:

---

1 Pascal, (1669), 1937, S. 146-147.
2 Pateau, J., Dissertation, 1994, Kap. I, S. 10-24.

1. Ein Ethnozentrismus, der Ungleichheit predigt: Der andere gilt als Barbar, als minderwertig; er befindet sich auf einer primitiven Entwicklungsstufe.
2. Ein humanistischer Universalismus, der die Einheit der menschlichen Natur proklamiert und der Gefahr des Ethnozentrismus ironisch begegnet. Das ironische Verfahren von Montesquieu[3] kehrt den Blickwinkel um: »Wie kann man nur aus Persien sein?« lautet seine Frage. Durch die Erwähnung einer dem Leser vertrauten Welt zieht er die Wahrnehmung des Andersartigen ins Lächerliche und reduziert den Kulturschock auf Vorurteile. Hier besteht die große Gefahr, im Namen eines relativistischen Humanismus die Unterschiede herunterzuspielen bzw. zu leugnen: »Der andere ist auch ein Mensch, nicht in, sondern trotz seiner Andersartigkeit.«[4] Montesquieu zufolge gibt es beispielsweise zwischen Persern und Parisern zahlreiche Ähnlichkeiten, die die Unterschiede abschwächen. Ohne der Ablehnung oder der Ausgrenzung das Wort reden zu wollen, muß betont werden, daß Unterschiede nicht lediglich Gemeinsamkeiten verbergen. Der andere ist in seinem Wesen ein anderer; dieses Wesen gilt es zu erfassen, ohne dabei zu reduzieren. Wie wir anhand der Zitate von Pascal und Montesquieu gezeigt haben, besteht die erste Phase des »interkulturellen« Verfahrens darin, Erstaunen zu empfinden – Platons *thauma* gemäß der Ausgangspunkt jeder Reflexion –, die Existenz einer anderen Kultur anzuerkennen und ihr Autonomie und Unabhängigkeit vom Denksystem des Betrachters zuzugestehen.
3. Ein Kulturrelativismus, der von der Unterschiedlichkeit der Kulturen ausgeht. Dieser Position gemäß, die den interkulturellen Ansatz rechtfertigt, gilt der andere weder als minderwertig noch als ähnlich, sondern als unterschiedlich, eine Konzeption, die zwei Gefahren birgt: zum einen Abgleiten in totalitäres Denken, da es keinerlei transzendentalen Wert gibt; zum anderen hermeneutische Naivität, die das Axiom setzt, daß Gegensätze sich anziehen, Unterschiede sich leicht überwinden lassen und der beiderseitige Nutzen um so größer ist, je größer die kulturel-

---

3 Montesquieu, Brief 30 von 1712.
4 Pouillon, J., 1956, S. 91.

len Unterschiede sind. Hier stellt sich für uns eine wichtige methodische Frage, die an die Wurzeln der Interkulturalität rührt: Habe ich das Recht, den anderen, der als unterschiedlich gesetzt wird, verstehen zu wollen? Der ethnologische Ansatz erweist sich dabei als unzureichend, da der andere, wie auch immer er beschaffen sein mag, als ein außen befindlicher Beobachtungs- und Erkenntnisgegenstand betrachtet wird.

Hierin liegt das größte Problem bei der philosophischen Begründung der Interkulturalität, das praktisch unweigerlich zu einer Aporie führt. Wie bei Montaigne und sogar bei Herder, dem Begründer des historischen Denkens, festzustellen ist, kann das Fremde nur auf der Grundlage der Einheit der menschlichen Gattung gedacht und nur mit Hilfe der Schemata und Konzepte formuliert werden, die von der westlichen Tradition der durch die ursprüngliche Kultur auferlegten Kategorien herrühren. Kulturrelativismus scheint ein unerreichbares philosophisches Ideal zu sein: diese Schlußfolgerung ist aus dem teilweisen Mißerfolg Herders zu ziehen, eine Logik der Individualität gegen eine universalistische Logik durchzusetzen.

Es existiert somit ein methodisches Hindernis, das sich nicht aus dem Weg räumen läßt. Wir wollen versuchen, es zu umgehen, und als unerläßliche Voraussetzung für das Verstehen des anderen von der grundsätzlichen Übereinstimmung von Subjekt und Objekt ausgehen, die auf der Tatsache beruht, daß jeder zumindest einen winzigen Teil des anderen in sich trägt. Dieser Gedanke führt zu einem dynamischen Antagonismus: der Akt des Verstehens basiert auf der »Polarität zwischen Vertrautem und Fremdem« (Gadamer). Das zweite Element macht das Verstehen notwendig, das erste macht es möglich. Der Handlungsspielraum ist dabei natürlich begrenzt: »[Der Interpret] kann den offenen Horizont der eigenen Lebenspraxis nicht einfach überspringen und den Traditionszusammenhang, durch den seine Subjektivität gebildet ist, nicht schlicht suspendieren.«[5] Die philosophische Diskussion führt somit fast zu einer Aporie. Für die Erfahrung der »Alterität«, die sowohl das Andersartige des Objekts als auch

---

5 Habermas, J., 1968, S. 227-228.

die Position bezeichnet, die das beobachtende Subjekt dem Objekt gegenüber einnehmen muß, ist es jedoch notwendig, »daß wir verschiedene Kleider anlegen, in verschiedene Verstehensrollen schlüpfen«.[6] Dieses Konzept räumt das anfängliche Problem zwar nicht aus dem Weg, ist jedoch immerhin Ausdruck des Wunschs, sich dem Fremden vorurteilslos zu nähern. Diese beiden Elemente – der Antagonismus vertraut/fremd und die Wahrnehmung der Alterität – besitzen zumindest den Vorzug, einen günstigen Rahmen für den interkulturellen Ansatz zu schaffen, können die erwähnte philosophische Ambiguität allerdings keineswegs ausräumen.

Diese Aporie soll im Verlauf unserer interkulturellen Studie nicht aus den Augen verloren werden. Sie veranlaßt dazu, sich vor einem groben Ethnozentrismus zu hüten. Wie geringfügig der Unterschied zwischen der deutschen und der französischen Kultur vor dem Hintergrund der oben erwähnten Diskrepanzen auch sein mag, den jeweiligen Vorstellungen, die beide Länder voneinander haben, muß mit dem Ziel Rechnung getragen werden, das Trugbild der einseitigen Sichtweise zu kompensieren. Das von Herder aufgeworfene, unlösbare Problem kann allerdings auch durch die größte Sorgfalt bei der Ausschaltung von durch ethnozentrische Interferenzen hervorgerufenen Zerrbildern nicht aus der Welt geschafft werden.

DER HISTORISCHE ANSATZ

Interkulturalität wird als Interaktion, als dynamische Beziehung zwischen zwei Entitäten definiert, die sich gegenseitig Sinn verleihen und verändern. Auf einen psychologischen Ansatz kann man dabei nicht verzichten. Diesem Ansatz zufolge, so Lipiansky, intervenieren bei einer derartigen Interaktion »die daraus resultierenden Erfahrungen (Einstellungen, Gefühle, Werte…), die durch sie ausgelösten Diskurse, die beiderseitigen damit verbundenen Vorstellungen«.[7]

---

6   Wierlacher, A., 1985, S. 18.
7   Lipiansky, E.M., 1989, S. 31.

Die Sozialpsychologie hat in diesem Bereich gezeigt, daß neben den individuellen Perzeptionen auch die gesellschaftlichen Vorstellungen zu berücksichtigen sind, d.h. die Zerrspiegel der Stereotypen und Vorurteile. An derartigen, positiv oder negativ besetzten Bildern zu Deutschland und Frankreich mangelt es keineswegs. Bevor wir ihre aktuelle Bedeutung im Wirtschaftsleben untersuchen, wollen wir ein Stück weit in die Vergangenheit beider Länder zurückgehen. Die Literatur im weitesten Sinne (Essays, Romane, Abhandlungen, Pamphlete...) stellt in dieser Hinsicht einen interessanten Ansatz dar, da sie eine »gelehrtere« oder »kultiviertere« Sichtweise eben der Stereotypen darstellt, die sie zum Teil selbst hervorgebracht hat.

Die deutsche Sichtweise

Eine historische Studie zu den Kulturtransfers zwischen Frankreich und Deutschland,[8] bei der Wanderungen, Reisen, Beförderung von Büchern und Kunstgegenständen oder auch Berichte von deutschen Frankreichreisenden im Vordergrund stehen, macht die Formen der Wahrnehmung des Nachbarlandes sehr anschaulich.

Während des Ancien Régime und insbesondere nach dem Dreißigjährigen Krieg war für die jungen deutschen Adligen ein Frankreichaufenthalt obligatorisch, um *savoir-vivre*, Manieren und gesellschaftliche Umgangsformen zu erwerben sowie wertvolle Beziehungen zu den ausländischen Königshäusern zu knüpfen. Zwischen 1717 und 1750 erschienen vier Auflagen eines Reiseführers, dessen Autor sogar die Kosten für einen Jahresaufenthalt bezifferte, und zwar auf zehn- bis zwölftausend Thaler. Ein Kavalier werden, »seine Welt kennen«[9], so sah das Ziel derartiger Reisen aus. Dieser Trend, der während des gesamten 18. Jahrhunderts zunahm, war ein Kulturimport, der die Vorstellung weit verbreitete, daß für den Erfolg in den deutschen Salons ein Parisaufenthalt unerläßlich sei. Das Frankreich-

---

8 Espagne, W., Werner, M., 1988.
9 Die folgenden Zitate sind alle der Studie von W. Espagne und M. Werner entnommen.

bild war folglich eng mit dem Prunk von Versailles verbunden. Diese kostspieligen Reisen stießen auf starke Kritik. Festzuhalten ist, daß neben anderen Herrschern auch Joseph II. im Jahre 1771 mehr oder weniger heimlich nach Frankreich reiste, »nicht um zu tanzen, sondern um möglichst viele Bekanntschaften zu machen«. Er besuchte Manufakturen, Befestigungsanlagen, wohlhabende Städte und verbot es im Jahre 1781 konsequenterweise den unter 28jährigen seines Landes, ohne besondere Gründe eine Auslandreise anzutreten.

Bereits zum damaligen Zeitpunkt galten Paris und Frankreich weitgehend als Ort des Lasters. Die jungen deutschen Großbürger waren sich der Tatsache bewußt, daß angesichts der sozialen Unterschiede ein kurzer Besuch am Königshof die höchste Auszeichnung darstellte, und taten es den Adligen gleich. Eine Parisreise bot vor allem Gelegenheit zu lesen, sich zu bilden, mit Gelehrten Umgang zu haben und sich vom Tummel der Metropole faszinieren zu lassen. Der Sohn einer hoch angesehenen Rostocker Familie schreibt: »Den Nutzen, den ein Deutscher daraus ziehen kann, ist genauso groß wie die Gefahr, mitgerissen zu werden.«

Es sei angemerkt, daß auch Herder, der Frankreich gelinde gesagt nicht sehr schätzte, der Versuchung nachgab und 1769 die Reise antrat. Nicht nur, um dem Provinzialismus von Riga zu entkommen, sondern vor allem, um Kenntnisse über diese feine Welt zu erwerben und möglichst viele Pariser Geschichten zu sammeln, Museen, Galerien und Bibliotheken zu besuchen und Schriftstellern wie Diderot und d'Alembert zu begegnen. Trotz der feindseligen Haltung, die Herder sein Leben lang dem frankophilen deutschen Adel gegenüber an den Tag legte, besuchte er Frankreich selbst.

Dieses Frankreichbild prägt einen Teil des 19. Jahrhunderts und ist insbesondere bei den deutschen Intellektuellen in Paris auszumachen. Die permanente Gegenüberstellung von Ernst und Leichtigkeit, Sittlichkeit und Vergnügen, Beständigkeit und Unbeständigkeit, Geist und Esprit,[10] Sein und

---

10 Vgl. die hervorragende Analyse in dem gleichnamigen, in Frankreich und in Deutschland erschienenen Buch (Leenhardt, J., Picht, R., 1989). (Der Titel der 1997 erschienenen deutschen Neufassung, herausgegeben von Picht, R. u.a., lautet »Fremde Freunde« [vgl. Literaturverzeichnis; Anm.d.Ü.].)

Schein setzt sich durch. In seiner Würdigung der Stadt Paris erwähnt Ernst-Moritz Arndt bereits ein Phänomen, das wir heute als interkulturelles Mißverständnis bezeichnen würden: Vor allem die französische Eleganz, so heißt es bei ihm, werde von vielen Deutschen falsch eingeschätzt. »[Sie] sehen in Feinheit, Höflichkeit und Rücksicht nur Heuchelei, Täuschung und falsche Galanterie. Die französische Urbanität wird nur als Etikette, Formalismus und Zeremoniell verstanden.«

Der Analyse von Günter Oesterle zufolge ist es Schlegel, der aus diesen Bildern eine Theorie macht. An Kant anknüpfend, stellt er fest: »Frankreich ist das Land des Geschmacks, weniger des Kunst- als des Konversationsgeschmacks«, das Land des Journalismus und der Mode; Deutschland ist das Land der Philosophie und der Kunst. In den Augen der Deutschen, so Oesterle, stellen Mobilität und Zurschaustellen die beiden Hauptmerkmale der französischen Mentalität dar. In diesem Zusammenhang hat die Französische Revolution zahlreiche Arbeiten hervorgebracht, die nach soziologischen oder gar anthropologischen Erklärungen suchen. Viele Schriften tragen dazu bei, die französische Mentalität zu zementieren. Sie sehen in der unaufhörlichen Mobilität der Franzosen eine der Ursachen der Revolution und eine Erklärung für die geschichtliche Entwicklung Frankreichs. Diese Mobilität, diese Unbeständigkeit, diese Unzufriedenheit mit dem Erreichten trügen dazu bei, auch den besonnensten, ruhigsten Franzosen in Bewegung zu versetzen.

Ähnlich werden die unnachahmliche Leichtigkeit und das vereinigende Sozialempfinden beschrieben, die in erster Linie durch Paris geprägt sind:

»Das an einem Ort Gedachte verbreitet sich, so als wäre Frankreich ein einziger organischer, empfindsamer Körper. [...] In diesem Land haben die Provinzen das Gesetz der Hauptstadt nicht nur erhalten; sie haben sich ihm mit Vergnügen unterworfen. Nur hier verbindet der Telegraph die am weitesten voneinander entfernten Landesteile zu einem perfekt informierten, sich seiner Existenz bewußten Ganzen.«

Ernst-Moritz Arndt zufolge bieten die vereinigende Dynamik und die rasche Informationsverbreitung eine Erklärung für die Französische Revolution und tragen dazu bei, andere europäische Völker zur Nachahmung anzuregen. Wird Anfang des 19. Jahrhunderts Paris erwähnt, kommt dabei häufig ein angsterfülltes Zeitempfinden zum Ausdruck, denn die Zeit läßt sich in dieser schwindelerregenden Stadt nicht mehr beherrschen. Gretschel geht so weit zu behaupten, das Leben in Paris verkürze die Zeit und verkleinere den Raum; weit entfernt liegende Dinge erschienen sehr nahe: »in der Nähe«, »zwei Schritte weit entfernt« oder, auf die Zeit bezogen, »gerade«, »unverzüglich« veränderten die Wirklichkeit. Um den »blitzschnellen« Parisern zu folgen, bedürfe es »ihrer Phantasie« und müsse man »rennen wie sie, ihre übertriebene Sprache sprechen, um zurechtzukommen und auch nur die einfachsten Dinge des Lebens rechtzeitig und wunschgemäß zu erledigen«.

Zudem steht die deutsche Langsamkeit im Gegensatz zur französischen Schnelligkeit: »Der Deutsche kann nur eine Sache zu einem gegebenen Zeitpunkt genießen; er widmet sich ihr ganz und gar, wie die Maus dem Holländer Käse«, heißt es bei Arndt. In Paris hingegen ist die Kommunikation schnell und unmittelbar; alle neuen politischen und literarischen Ideen verbreiten sich im Handumdrehen von den verrauchten Schenken in die vergoldeten Salons.

Aufgrund dieser außerordentlichen Geschwindigkeit wird den deutschen Reisenden allmählich klar, daß man sich in Frankreich in den gesellschaftlichen Beziehungen ebenso sehr bildet wie in den Universitäten und in den Bibliotheken. Um auf dieses Phänomen zu reagieren, greifen die deutschen Gelehrten immer mehr zum Brief: Das Gedächtnis hat keine Zeit mehr, den Erfahrungsfluß zu erfassen und zu analysieren. Nur durch Briefe gelingt es den Intellektuellen, diese gewaltige Menge von Empfindungen und Informationen, der sie ausgesetzt sind, nicht zu verlieren. Campe, Börne und Mendelssohn entwickeln in Paris einen Briefwechsel, durch den allein sich der flüchtige, rasche, kurzlebige Aspekt des Pariser Lebens erfassen läßt. Mendelssohn schreibt:

»In diesem modernen Babel muß man versuchen, seine Eindrücke in Worte zu verwandeln, wenn man sie bewahren will. Sonst lösen sich sich in dem unaufhörlichen Tumult neuer Erscheinungen und Ereignisse auf [...]. Tage, Wochen, Monate verfliegen hier, als seien sie vom Sturm getrieben. Ich habe oft versucht, denjenigen zu fangen, der mir all diese Zeit gestohlen hatte.«

Wir werden sehen, wie bedeutend das unterschiedliche Zeitempfinden heute noch für die Beziehungen zwischen deutschen und französischen Managern ist; diese seltsamen Ähnlichkeiten gehen über den bloßen Gegensatz zwischen einer großen Metropole und einem provinzielleren Umfeld weit hinaus.

Die Mischung aus Überraschung und Faszination in der Wahrnehmung des urbanen, durch Paris geprägten Frankreich schlägt in schärfste Kritik um, als der Geist der Aufklärung durch die Romantik abgelöst wird, die in der Großstadt nur noch Egoismus, Laster und Merkantilismus ausmacht. Brentano, Schlegel und Oelsner sind Vertreter dieser Richtung, die Paris als einen Ort verdammt, wo die Sinnlichkeit auf Kosten der Vorstellungskraft zunimmt und »wo die maßlose, unaufhörliche Suche nach Neuem, Reizvollem und Verblüffendem trotz allem die Sehnsucht nicht stillt«.

An dieser Stelle sei auf Hegel verwiesen, der in einer vergleichenden Untersuchung der französischen und der deutschen Lyrik das Schlüsselkonzept des Effekts herausstellt. In der »Ästhetik« stellt er Inhalt und Effekt einander gegenüber:

»Die Franzosen vornehmlich arbeiten für das Schmeichelnde, Reizende, Effektvolle und haben deshalb diese leichtfertige, gefällige Wendung gegen das Publikum als die Hauptsache ausgebildet, indem sie den eigentlichen Wert ihrer Werke in der Befriedigung der anderen suchen, welche sie interessieren, auf die sie eine Wirkung hervorbringen wollen. [...] Wir Deutsche dagegen fordern zu sehr einen Gehalt von Kunstwerken, in dessen Tiefe dann der Künstler sich selber befriedigt, unbekümmert um das Publikum, das selber zusehen, sich Mühe geben und helfen muß, wie es will und kann.«[11]

Auf dieses Zitat, das für die Erklärung so mancher deutsch-französischer Mißverständnisse von Nutzen ist, werden wir häufig zurückkommen. Implizit wird hier der Hang der Franzosen zu Glanz und Schein sichtbar. Arndt formuliert es so: »Ihr ganzes Leben ist Plakat, Vorstellung, Angabe.«

Die von Schlegel vorgenommene theoretische Gegenüberstellung von Mode und Kunst scheint allgemein verbreitet zu sein. Während des gesamten 19. Jahrhunderts führt der Kontrast zwischen dem isolierten, häuslichen

---

11 Hegel, G.W.F., 1965, Bd. 2, S. 13-14.

Genie, das in seiner Arbeitsstube in sein Werk vertieft ist, und dem sozialen, brillanten, städtischen, kommunikativen Menschen zu Polemiken und Vergleichen. In den gebildeten Kreisen verkörpert er lange Zeit die Wahrnehmung der kulturellen Unterschiede zwischen Deutschen und Franzosen.

Die französische Sichtweise

Auf französischer Seite steht außer Zweifel, daß Madame de Staël eine Mythologie Deutschlands geschaffen hat, deren große Themen in Frankreich vorherrschend waren, bis Bismarck an die Macht kam. In »De l'Allemagne« entwirft sie ein idealisiertes Bild, das, wie Pierre Macherey feststellt,[12] eher eine Erfindung als eine Entdeckung darstellt und das gesamte französische Denken des 19. Jahrhunderts dauerhaft beeinflußte.

Lange vor ihrer Reise im Jahr 1802 behauptet Madame de Staël, der theoretische Vorsprung, der Deutschland zu einem kulturellen Vorbild macht, sei das Korrelat seiner politischen Rückständigkeit. Da es keinen deutschen Nationalstaat gab, hätten sich Genie und Phantasie hemmungslos entfalten können:

»Die politische und soziale Verbindung der Völker, dieselbe Regierung, dieselbe Religion, dieselben Gesetze, dieselben Interessen, eine klassische Literatur, eine herrschende Meinung, all das gibt es bei den Deutschen nicht.«

Es existiert demnach bei den Deutschen ein unstetes kollektives Gedankengut und eine unbegrenzte Innovationsfähigkeit, wodurch die deutsche Nation zur philosophischen Nation par excellence wird. Das Deutschlandbild Madame de Staëls steht in diametralem Gegensatz zu dem Bild, das die deutschen Reisenden von Paris hatten:

»Ich liebte dieses Allerheiligste der Wissenschaft und der Philosophie, das vom Lärm der Welt nicht erreicht wird, wo friedliche Seelen und fleißige Geister unter sich nach Mitteln suchen, den einsamen Menschen zu vervollkommnen.«

---

12 Macherey, P., in: Espagne, M., Werner, M., 1988, S. 419f.

Madame de Staël zeichnet ein Rousseau'sches Bild des »guten Deutschen« mit der harmlosen Bescheidenheit seiner etwas schläfrigen Alltäglichkeit und seiner universalistischen spekulativen Größe. Er lebe in einem Raum, »wo die Gesellschaft, und durch sie die Waffe des Lächerlichen, nur wenig Gewalt hat«.[13] Er ist unfähig zu Geschick und List, höflich, einfach, fleißig, besonnen, künstlerisch. Das ist letzten Endes das Bild Kants, »der sowohl der bekannte philosophische Titan als auch ein Königsberger Kleinbürger ist, der gerne gut ißt und jeden Tag seinen kleinen Spaziergang macht, mit der legendären Regelmäßigkeit eines Chronometers...«.

Dieses idyllische Porträt weist eine Schwachstelle auf: das Sektierertum. Die deutschen Freidenker, bei denen es keine zentralisierende Macht gibt, werden unweigerlich dazu veranlaßt, sich in ihrem Denken aneinander zu messen, und nehmen schließlich für sich in Anspruch, als einzige im Besitz der Wahrheit zu sein. Was Madame de Staël in Wirklichkeit den Deutschen vorwirft, das ist die Tatsache, daß sie nicht an die Gesellschaft gewöhnt sind:

»Das Talent, sich methodisch und deutlich auszudrücken, ist in Deutschland sehr selten; die spekulativen Studien vermitteln es nicht. Man muß sich gewissermaßen aus seinen eigenen Gedanken herausversetzen, um über die Form zu urteilen, die man ihnen zu geben hat. Die Philosophie lehrt den Menschen, nicht die Menschen kennen. Nur die Gewohnheit des gesellschaftlichen Umgangs gibt uns Aufschlüsse über das Verhältnis unseres Geistes zu dem Geiste anderer.«[14]

Das erinnert an Hegels Gegenüberstellung von deutscher und französischer Lyrik: bei den Franzosen führt die starke Identifizierung mit den Personen, Ausdruck einer sehr dichten, zentralisierten, »höfischen« Gesellschaft, wie Norbert Elias sagen würde, zur perfekten Beherrschung des sozialen Umgangs und somit zu dem Wunsch nach Anerkennung, der für die Franzosen mit Klarheit, Methode oder gutem Geschmack verbunden ist. Wenn auf deutscher Seite hingegen die Abstraktheit des philosophischen Denkens einen derartigen Effekt von Undurchdringlichkeit und Fremdheit hervorruft, dann deshalb, weil die Deutschen weniger die intellektuelle Ausein-

---

13 Staël, A. G. de, 1985, S. 33.
14 Ebenda, S. 575.

andersetzung gesucht und nicht auf eine wirkliche Kommunikation hinge-
arbeitet haben.

Der Ansatz Madame de Staëls ist erstaunlich modern und in interkultureller Hinsicht von grundlegender Bedeutung. »Kulturelle Identität existiert
nur innerhalb des kulturellen Bezugs, der alle Kulturen vereinigt und einander gegenüberstellt«, schreibt Macherey. Der Gedanke einer interkulturellen Dynamik, die zu einer neuen Realität führt, ist in ihrem Werk bereits vorhanden; sie interessiert sich nicht für Deutschland an sich, sondern
für das gemeinsame Netz des Austauschs, das zu einer engen Verflechtung
mit den kulturellen Eigenschaften anderer Länder führt, darunter Frankreich, und das Wesen des Kosmopolitismus ausmacht. Die Gegenüberstellung von romantischem Nationalpartikularismus und klassischem Universalismus wird so überwunden.

Diese originelle, neue Sichtweise Deutschlands war von anhaltendem
Einfluß auf die französischen Denker. Das Bild des bösen Deutschland, das
Bild Hegels, der sich in den Dienst des Reichs Bismarcks stellt, das Bild
der Realpolitik und insbesondere das der französischen Niederlage von
1870-71 denaturierte diese Sichtweise jedoch und führte zu einem regelrechten ethno-psychologischen Trauma. Die unerwartete Veränderung des
Deutschlandbildes erschien wie Verrat.

Deutsch-französische Ethno-Psychoanalyse

Folgt man R. Cheval[15], so befindet man sich auf dem Gebiet der Ethno-
Psychoanalyse[16] und kann die Geschichte des Paares – im engen Sinn des
Wortes – Deutschland/Frankreich untersuchen. Frankreich muß seine Rein-
heit und Jungfräulichkeit um jeden Preis gegen den männlichen, bestiali-
schen, autoritären preußischen Eindringling verteidigen: Jeanne d'Arc, Marianne, die Französische Republik sind emblematische weibliche Figuren.

---

15 Cheval, R., 1972, S. 602-615.
16 Ladmiral, J. R., 1989.

Bei allen ideologischen Strömungen lassen sich diese weiblichen, mütterlichen und tellurischen Prinzipien ausmachen: die zögerliche Rückkehr von Pétain – »Nur die Erde lügt nicht« –, de Gaulle und seine ausschließliche Sohnesliebe zu Frankreich oder, in jüngerer Vergangenheit, François Mitterrand, der sich kurz vor den Präsidentschaftswahlen von 1981 nach Vézelay begibt, um dort in Andacht zu verharren und »Frankreich, unserer Mutter [zu] lauschen«.

Symbolisch betrachtet haben wir es eindeutig mit einer Sexualisierung der deutsch-französischen Beziehungen zu tun, was sich auch bei Jules Romains niederschlägt:

»In der deutsch-französischen Geschichte, in dem jahrhundertealten Drama dieser beiden Völker, in der gegenseitigen Anziehung und im Haß, beides gleichermaßen intensiv, die sie von Generation zu Generation füreinander empfinden, und insbesondere auf deutscher Seite, gibt es durchaus etwas Sexuelles, etwas, das wie eine Übertragung des Sexuellen auf das Kollektive aussieht.«[17]

Diese Passage läßt sich mit einer Bemerkung Bismarcks vergleichen: »Die germanische Rasse, unsere deutsche Rasse, ist das männliche Prinzip, das alles in Europa befruchtet.«[18] Dasselbe gilt für die unzweideutigen lyrischen Äußerungen Friedrich Sieburgs aus dem Jahr 1930:

»Frankreich fühlt mit Recht eine junge Welt über seinen Leib, der so geblutet hat, hinwegstürmen. Es wechselt dauernd in dem Drang, aufzuspringen und mitzustürmen oder liegen zu bleiben und sich mit ergreifender Stimme zu beklagen. Und wer anders ist für Frankreich der Inbegriff dieses dahinstürmenden Tempos als Deutschland!«[19]

Der Inhalt der Kollektivvorstellungen, die ein Land von einem anderen Land (Heteroimages) oder von sich selbst (Autoimages) hat, kann, wie wir gesehen haben, zur Herausbildung von interethnischen Konstanten führen, die im günstigsten Fall in eine wirkliche nationale Identität einmünden.

---

17 Romains, J., 1916, S. 11.
18 Ladmiral, J. R., 1989, S. 65.
19 Sieburg, F., 1929, S. 126.

Kapitel 2

Interkulturalität im Unternehmen

Wozu interkulturelles Management?

Durch die Wahl des Unternehmens als Untersuchungsgegenstand[1] wurden wir sofort mit einem Begriff konfrontiert, der seit etwa zehn Jahren in aller Munde ist: interkulturelles Management. Interkulturelles Management bedeutet, bei der Unternehmensführung, der Personalverwaltung und der betrieblichen Kommunikation die nationalen Besonderheiten zu berücksichtigen. Das Interesse an diesem spezifischen Ansatz hat zahlreiche Ursachen:

- Die Gründung und Entwicklung von in mehreren Ländern präsenten Unternehmen und Organisationen.
- Die Intensivierung der internationalen Handelsbeziehungen und der Umfang der Auslandsinvestitionen im allgemeinen sowie insbesondere in der dritten Welt.
- Die Internationalisierung der Funktion des Managers, die heute die Unternehmen veranlaßt, Personen einzustellen, die über intensive Auslandserfahrung verfügen. Die Unternehmen werden sich zudem der Kosten bewußt, die mit Integrationsproblemen eines im Ausland tätigen Mitarbeiters verbunden sind. Die gesamte Energie des Betreffenden wird in Probleme investiert, die nicht direkt mit dem Arbeitsinhalt zusammenhängen. Dies erklärt die stark wachsende Nachfrage nach kulturellen Schulungsmaßnahmen.

---

1 Pateau, J., Dissertation, 1994, S. 119-122.

- Da finanzielle und technologische Unterstützung allein nicht ausreicht, die wirtschaftliche Entwicklung eines Landes zu fördern, ist die Beherrschung des Managements ein zentraler Strategiefaktor. Deshalb rücken beim Transfer von Managementmodellen die psychologischen und kulturellen Rahmenbedingungen in den Vordergrund.

- Seit zwanzig Jahren wird man sich der Besonderheit und der Vielfalt der verschiedenen Kulturen immer stärker bewußt. Für Keller[2] ist das eine indirekte Auswirkung der Dekolonisierung, die unter anderem Ausdruck der Unmöglichkeit war, eine Kultur importierten Modellen zu unterwerfen.

All diese Faktoren, die eher das Ergebnis von Beobachtung und gesundem Menschenverstand sind, führen auf wissenschaftlicher Ebene zu sehr unterschiedlichen Analysen der Varianten der Managementstile.

DIE GESELLSCHAFTSTHEORETISCHE SCHULE

Die Weigerung, den kulturellen Faktor im Management zu berücksichtigen, kennzeichnet zunächst die Anhänger einer weltweit gültigen Managementkultur. In ihren Augen sind die durchaus realen Unterschiede nur von der Organisation oder vom Individuum ausgehend zu erklären. Die Schlußfolgerung lautet: Die Wissenschaft des Managements ist universal. Das *management by...*-Verfahren weist jedoch Grenzen auf, und in Ländern, denen ein mit ihren tiefen Traditionen nicht zu vereinbarender Führungsstil aufgezwungen wird, äußern sich kulturelle Widerstände. Auf diese beiden Faktoren werden wir an anderer Stelle näher eingehen.

Andere Forscher sind der Meinung, daß die verschiedenen Erscheinungsformen des Managements nicht auf kulturellen Besonderheiten beruhen, sondern auf dem Entwicklungsstand der Volkswirtschaft. Daraus wird gefolgert, das Verhalten von Managern aus Ländern mit vergleichbarem Industrialisierungsgrad sei ähnlich. Die ständig zitierte These von Harbison

---

2   Keller, E. von, 1982, S. 68.

und Myers[3] läuft darauf hinaus, die kulturellen Unterschiede zugunsten einer Industrialisierungslogik unterzubewerten.

Diese beiden universalistisch bzw. ökonomisch geprägten Ansätze veranlassen indirekt zur Erwähnung einer originellen Strömung der französischen Soziologie, die sich dem Primat der Kultur vehement widersetzt. Ein Forscherteam des LEST[4] hat eine Reihe von Einzeluntersuchungen durchgeführt mit dem Ziel, die Elemente zu erfassen, die in deutschen und französischen Unternehmen die beobachteten Unterschiede hervorrufen können:

»Die Bedeutung des gesellschaftsorientierten Ansatzes besteht darin, die Beziehungen zwischen Unternehmen und Gesellschaft nicht auf globale, generelle Weise, sondern anhand von empirischen Untersuchungen herauszustellen, mit deren Hilfe sich die Entstehungsprozesse dieser Beziehungen innerhalb jeder Gesellschaft erfassen lassen.«[5]

Der Vergleich fördert bedeutende Unterschiede zu Tage: die französischen Unternehmen setzen verstärkt Führungskräfte (*cadres*) ein, in den deutschen Unternehmen gibt es mehr Arbeiter. Die Unterschiede variieren je nach Produktionstyp. Die Autoren betonen die Tatsache, daß die Unterschiede in der Arbeitsstruktur nur durch die Sozialbeziehungen und das Spiel der Akteure zu verstehen sind. Das Verhalten eines höheren Technikers (*agent de maîtrise*) oder eines *cadre* darf nicht auf ein Kulturelement zurückgeführt werden, sondern muß durch die komplexen Beziehungen zwischen den unterschiedlichen Kategorien von Akteuren erklärt werden.

Der Begriff der Relativität wird sichtbar: es ist besser, sich auf den Begriff der Arbeitsteilung oder auf die Regeln der technischen Führung zu stützen als auf eine wie immer geartete kulturelle Prägung. Bei einer Arbeitsplatzbeschreibung beispielsweise kommt zu dem technischen Kriterium ein soziales Kriterium hinzu. Unter der Voraussetzung »[einer] wirklichen Entscheidung, die auf Hypothesen zur Psychologie des Arbeiters,

---

3 Harbison, F., Myers, C., 1969, zitiert in: Keller, E., 1982, S. 43.
4 Laboratoire d'économie et de sociologie du travail (LEST). Wir beziehen uns hier auf die Arbeit von Maurice, M., Sellier, F., Silvestre, J.-J., 1982.
5 Ebenda, S. 98.

seiner Fähigkeit, seinen Interessen, seiner Arbeitsmotivation basiert. Sie sind auch Ausdruck der sozialen Rahmenbedingungen für die Entscheidungs-findung: insbesondere der auf dem Arbeitsmarkt verfügbaren Qualifikatio-nen, der Autoritätsverteilung im Unternehmen, der Machthierarchie«.[6]

Beide Analyseebenen halten wir für unverzichtbar. Es ließe sich jedoch ergänzen, daß ein deutsches Unternehmen, unabhängig davon, in welcher Branche es tätig ist, den Arbeitsplatz tendenziell genauer und ausführlicher beschreibt. Dieses Beispiel und die prägnante Arbeit des LEST machen ei-nen scharfen Gegensatz zwischen gesellschafts- und kulturtheoretischem Ansatz deutlich. Hierarchie oder Polyvalenz einzig und allein auf kulturel-le Faktoren zurückzuführen, ist für die Organisationssoziologie inakzep-tabel. Wir teilen diese Ansicht. Darüber hinaus ist es angebracht, von kon-kreten Handlungssystemen auszugehen. Diese Vorsicht, die die erste von Soziologen durchgeführte vergleichende deutsch-französische Untersu-chung prägt, ist zum Teil auf die Gefahr zurückzuführen, sich mit realitäts-fernen kulturellen Eigenschaften zu befassen.

In seinem Buch »Le phénomène bureaucratique«[7] äußert Michel Crozier aber sein Erstaunen darüber, daß noch keine bedeutende Untersuchung zur Funktionsweise eines Systems in seinen Beziehungen sowohl zum sozialen als auch zum kulturellen System, innerhalb dessen es in Erscheinung tritt, durchgeführt worden ist. Er verweist angesichts der einer Organisation ei-genen Dynamik auf die Gefahren der Völkerpsychologie und ihren rigiden Charakter. Bereits 1964 spürt Crozier, daß man sich von der statischen und konservativen Tradition der Völkerpsychologie lösen und die naive Sicht-weise eines vorgeblich universalen Managements überwinden kann:

»Zu einem Zeitpunkt, wo der Neorationalismus eine verständige Sichtweise der Ak-tion und die Elimination der Illusion des ›one best way‹ erlaubt und man beginnt, sich der Tatsache bewußt zu werden, daß verschiedene Organisationsmodelle das-selbe Ergebnis hervorbringen können, dürfte die vergleichende Analyse der Struk-turen und Funktionsstörungen es ermöglichen, die konkreten Intuitionen hinsicht-lich der kulturellen Unterschiede in eine Soziologie der Aktionen zu integrieren, ohne

---

6 Ebenda, S. 112.
7 Crozier, M., 1964, S. 257-260.

dem wissenschaftlichen Rationalismus die immanenten Eigenschaften der Menschengruppen gegenüberzustellen.«

Das einzige, was bei diesem Ansatz noch fehlt, ist das Instrument. Crozier beklagt das Fehlen wissenschaftlicher vergleichender Tests zu den französischen Kultureigenschaften und erklärt, sich »mit den Bemerkungen zahlreicher Beobachter [zu] begnügen, die auf die geringe Bedeutung der bewußten Gruppenaktivitäten hingewiesen haben«.

Diese alte Diskussion ist heute noch aktuell, und die Verbindung zwischen kulturtheoretischer und soziologischer Schule ist schwierig herzustellen. Ein Ansatz, der die Realität der Organisation zu schnell aus dem Weg räumt, stößt auf beträchtliche Schwierigkeiten. Im Namen eines Idealismus, der den Vorurteilen und Stereotypen den Kampf ansagt, werden zu leicht Probleme unterschätzt, die bestehen bleiben, wenn die Logik der Akteure unberücksichtigt geblieben ist.

Der strategische Ansatz der Schule Croziers bereichert die Wahrnehmung bei unserer Untersuchung und verhilft der Realität vor Ort zu ihrem Recht. Interkulturelles Management muß auf bewußt wahrgenommenen empirischen Tatsachen beruhen, wenn es nicht Gefahr laufen will, sich der berechtigten Kritik der Organisationssoziologen auszusetzen.

DIE KULTURVARIABLE, ZENTRALES ELEMENT DES MANAGEMENTS

Das Primat der Kultur als Hauptursache der Unterschiede zwischen den Ländern wird von Peter Drucker klar formuliert: »Das Management ist eine soziale Funktion, die in einer Kultur, einer Gesellschaft, einer Tradition von Werten, Überzeugungen und politischen Systemen verankert ist.«

Wir wollen hier nicht die gesamte Literatur zum interkulturellen Management behandeln.[8] Erwähnt sei jedoch der wichtige Beitrag von Philippe d'Iribarne, der versucht hat, eine Verbindung zwischen Management und

---

8   Drucker, P., zitiert in: Pateau, J., Dissertation, 1994, S. 85-100.

Kultur herzustellen.[9] Sein größtes Verdienst besteht darin zu zeigen, daß im Kontext von Unternehmensinternationalisierung und Technologietransfers Vorsicht und Zurückhaltung angebracht sind, was vorgeblich universelle Managementmethoden betrifft:

»Wie könnten die Erteiler von klugen Ratschlägen vergessen, daß die Traditionen, in denen jedes Volk verwurzelt ist, dasjenige prägen, was seine Angehörigen verehren oder verachten, und daß man nicht regieren kann, ohne sich an die unterschiedlichen Wertvorstellungen und Gebräuche anzupassen? Aber dieses Wissen fließt kaum in die Managementrezepte ein, die nur zu gerne dort allgemeine Weisheiten anbieten, wo es darum ginge, präzise zu erfassen, wie aus jeder Einzelsituation Nutzen zu ziehen ist.«[10]

Das Forschungsteam um Philippe d'Iribarne beschloß, die Unterschiede zu untersuchen, die die menschlichen und technischen Funktionsweisen von in drei verschiedenen Ländern (USA, Frankreich, Niederlande) ansässigen Produktionseinheiten prägen, wobei sich seine Bemühungen jeweils auf eine einzige Fabrik konzentrierten. Danach machen Funktionsweise und Management jeder dieser Fabriken die Entstehung von »Nationalkulturen« deutlich. Letztere stehen in Zusammenhang mit verschiedenen ererbten Kenntnissen, die die Modalitäten des Zusammenlebens erklären, angefangen bei den Formen des politischen Lebens bis hin zu den Ausprägungen des Pflichtgefühls. D'Iribarne versucht, »die Grundeigenschaften [zu erfassen], die über Jahrhunderte hinweg existieren und an die sich jeder Managementstil anzupassen hat, und den Raum [zu identifizieren], der den möglichen Verkörperungen solcher Prinzipien in der Praxis und in den Institutionen offensteht, welche den aktuellen Erfordernissen gerecht werden«.[11]

Er verfolgt somit zwei Zielsetzungen: die Identifizierung der spezifischen nationalen Kultureigenschaften, die die Organisation prägen und sie letztendlich in eine bestimmte Richtung lenken, und die Harmonisierung der Kulturen und des jeweiligen ökonomischen Umfelds.

So sieht u.E. die beste Definition für interkulturelles Management aus:

---

9 d'Iribarne, P., 1989.
10 Ebenda, S. 9.
11 Ebenda, S. 12.

kulturelle Besonderheiten identifizieren und versuchen, sie mit den universalen Erfordernissen des Managements in Einklang zu bringen.

Man wird dem kulturellen Ansatz, selbst wenn er methodologisch abgesichert ist, immer vorwerfen können, zu Ergebnissen zu kommen, die nicht über das Konstrukt hinausreichen und die Organisation als unabhängiges Phänomen behandeln, d.h. als ein Phänomen, das seinen eigenen Funktionsmechanismen gehorcht und nicht durch äußere Faktoren geprägt ist. Wie Philippe d'Iribarne zeigt, besteht aber eine starke Verbindung zwischen der Einzigartigkeit eines Lands und »der Welt der Organisation, der Regeln, der Verfahren, allem, was nicht durch die Gesellschaft gegeben ist, sondern direkt aus der Intelligenz und dem Willen derjenigen hervorgeht, die eine Machtposition innehaben«.[12]

Erste empirische Untersuchungen zu Deutschland und Frankreich

Was unseren Untersuchungsgegenstand betrifft – Deutschland und Frankreich –, wollen wir auf die wichtigsten quantitativen empirischen Untersuchungen eingehen, die bisher durchgeführt worden sind. Eine der ersten Arbeiten ist die Erhebung von D. Schaupp[13]. Er benutzt im wesentlichen vier Items:

- *tells*: Der Vorgesetzte trifft seine Entscheidungen, ohne den Mitarbeitern detaillierte Erklärungen zu geben.
- *sells*: Der Vorgesetzte trifft seine Entscheidungen und gibt im nachhinein den Mitarbeitern detaillierte Erklärungen.
- *consults*: Der Vorgesetzte diskutiert zunächst mit den Mitarbeitern, trifft seine Entscheidung aber allein.
- *joins*: Der Vorgesetzte trifft seine Entscheidung gemeinsam mit den Mitarbeitern.

---

12 Ebenda, S. 11.
13 Schaupp, D., 1978.

Die Ergebnisse dieser Erhebung[14] zeigen einen deutlichen Unterschied zwischen Deutschland und Frankreich, wie sich aus der nachstehenden Tabelle ersehen läßt. Diese Items analysieren die Managementstile aus dem Blickwinkel der Wünsche des Untergebenen. Je größer der Unterschied zwischen der Erfahrung des einzelnen und seinen Wünschen, desto geringer die Arbeitszufriedenheit. Diese Tendenz ist Bestandteil einer seit den 50er Jahren verbreiteten, starken Strömung, die beim Management Interaktion bevorzugt und dem Untergebenen genauso viel Raum gibt wie dem Vorgesetzten. Die Reaktion eines Mitarbeiters auf einen Managementstil hängt immer davon ab, wie er das Verhalten des Vorgesetzten wahrnimmt und wie es um seine eigenen Erwartungen bestellt ist.

TÄTIGKEITEN	FRANKREICH	DEUTSCHLAND
tells	20	16
sells	37	27
consults	21	27
joins	6	19

Zwei andere, ähnliche Erhebungen[15] liefern wertvolle Informationen. In der ersten Untersuchung erklären 68% der befragten Deutschen, daß sie der Form *consults* den Vorzug geben. Das Ergebnis der zweiten Untersuchung, ebenfalls auf Grundlage der vier vorgestellten Items erzielt, bestätigt die Existenz von eklatanten Unterschieden zwischen beiden Ländern[16], wie die folgende Tabelle zeigt.

TÄTIGKEITEN	FRANKREICH	DEUTSCHLAND
tells	11	5
sells	33	17
consults	38	32
joins	18	45

14 Schaupp, D., 1978, S. 34.
15 Sadler, P., Hofstede, G., 1969.
16 Sadler, P., Hofstede, G., 1976.

Von allen befragten Ländern (Argentinien, Kanada, Indien, Japan, Großbritannien, Niederlande, BRD) zeigt Frankreich das geringste Interesse an einer gemeinsamen Entscheidungsfindung von Untergebenem und Vorgesetztem. Umgekehrt ist Deutschland, das knapp hinter dem für sein Konsensstreben bekannten Holland rangiert,[17] das Land mit dem stärksten Interesse an dieser Form der Entscheidungsfindung. Was den ersten Entscheidungstypus (*tells*) anbelangt, liegen Deutschland und Frankreich praktisch an den beiden Extremen. Die besondere Haltung Frankreichs bezüglich des Gegensatzpaars autoritär/demokratisch kam bereits in einer 1969 durchgeführten Erhebung zum Ausdruck.[18] In zwölf Ländern (Kolumbien, Griechenland, Spanien, Frankreich, Italien, Indien, USA, Belgien, Schweiz, Niederlande, Großbritannien, Dänemark) wurden Mitarbeiter gefragt, ob ihnen demokratische oder autoritäre Vorgesetzte lieber wären. Deutschland fehlt zwar in dieser Untersuchung, die nachstehenden Ergebnisse zeigen aber, daß der Wunsch nach Autorität in Frankreich stärker ausgeprägt ist als in anderen Ländern.

Land	Mitarbeiter, die demokratische Vorgesetzte vorziehen (in %)	Mitarbeiter, die autoritäre Vorgesetzte vorziehen (in %)
Kolumbien	60,0	6,7
Griechenland	54,6	8,2
Spanien	50,0	12,5
Frankreich	46,7	40,0
Italien	49,1	15,1
Indien	29,2	20,8
USA	54,2	16,7
Belgien	43,8	12,5
Schweiz	33,3	33,5
Niederlande	42,9	33,3
Großbritannien	54,7	20,8
Dänemark	25,0	25,0

17 D'Iribarne, P., 1989.
18 Thigarajan, K., Deep, S., 1970, S. 173-180.

DER BEITRAG HOFSTEDES

Die Untersuchung Hofstedes, die bekannteste auf diesem Gebiet, hat in den letzten zehn Jahren weite Verbreitung gefunden.[19] Dieser holländische Psychologe führte zwischen 1967 und 1978 Forschungsarbeiten zu den Nationalkulturen durch, wobei er zwei Ziele verfolgte:

- Erarbeitung einer universal akzeptierbaren, gut definierten und auf einer empirischen Basis beruhenden Terminologie zur Beschreibung der Kulturen.
- Benutzung von systematisch und in einer großen Anzahl von Kulturen erfaßten Daten anstelle von bloßen Eindrücken.

Zwischen 1967 und 1971 wurden die ersten Ergebnisse fast zufällig erzielt. Im Rahmen seiner Tätigkeit als Psychologe in der Personalabteilung eines großen multinationalen Konzerns sammelte Hofstede mit Hilfe von normierten Fragebögen Daten zu den Einstellungen und Werten der Angestellten. Fast das gesamte Personal wurde befragt, von den Hilfsarbeitern bis zu den Forschern, und zwar in allen Ländern, in denen das Unternehmen präsent war. Zwischen 1971 und 1973 wurden erneut Erhebungen durchgeführt, wodurch zeitabhängige Fragen eliminiert werden konnten. Die Ergebnisse in den einzelnen Ländern spiegeln sowohl die Kollektivmentalität der Personen als auch die Kollektivsituation wider, mit der sie konfrontiert sind.

»Die Mentalität entwickelt sich sehr viel langsamer als die Rahmenbedingungen, die beispielsweise mit den Marktverhältnissen, der Unternehmenspolitik oder dem Managementstil zusammenhängen.«[20]

Die Auswirkungen der Rahmenbedingungen auf die Daten wurden durch die Eliminierung von Fragen, die im Laufe des Zeitraums 1968 bis 1973 zu stark variierten, erheblich herabgesetzt. Insgesamt wurden 116.000 Fragebögen erfaßt und ausgewertet. Es wurde deutlich, daß bei Fragen, die eher mit den Wertvorstellungen als mit der Einstellung des Personals zusammen-

---

19 Hofstede, G., 1980, 1994.
20 Bollinger, D., Hofstede, G., 1987, S. 67.

hingen, bemerkenswerte und gleichzeitig stabile Unterschiede zwischen den verschiedenen Ländern zum Ausdruck kamen.

Hierarchische Distanz

Bereits bei den ersten Erhebungen stellten die Forscher fest, daß die Antworten auf die Fragen nach den Beziehungen zur Hierarchie sehr unterschiedlich ausfielen. Aufgrund der Korrelationen zwischen verschiedenen Fragen wählte Hofstede drei Fragen aus, aus denen ein Index der hierarchischen Distanz konstruiert wurde:

– der wahrgenommene Führungsstil des direkten Vorgesetzten
– der bevorzugte Führungsstil
– die Furcht, eine kritische Meinung zu äußern

Der Index der hierarchischen Distanz wurde als lineare Funktion der Ergebnisse eines Landes hinsichtlich dieser drei Fragen errechnet, wobei die Paramter so gewählt wurden, daß

– alle drei Fragen mit dem gleichen Gewicht in den Endindex eingingen;
– die Indexwerte von 0 bis 100 reichten.[21]

Was versteht man unter »hierarchischer Distanz«[22]? Hierbei geht es um die

---

21 Ebenda, S. 72.
22 Folgende Items wurden im endgültigen Fragebogen für die Dimension hierarchische Distanz benutzt:
   Item 1: Würden Sie generell sagen, daß Ihr direkter Vorgesetzter
   – allein entscheidet, ohne seine Entscheidung zu begründen (Chef 1),
   – allein entscheidet, aber seine Entscheidung begründet (Chef 2),
   – allein entscheidet, aber erst nachdem er Sie angehört hat (Chef 3),
   – mit Ihnen gemeinsam entscheidet (Chef 4),
   – im Zweifelsfall Sie entscheiden läßt (Chef 5)?
   Item 2: Wenn Sie die Wahl hätten, mit welchem Typ Chef würden Sie am liebsten arbeiten? Chef 1 – Chef 2 – Chef 3 – Chef 4 – Chef 5?
   Item 3: In meinem Betrieb hat das Personal Angst davor, sich offen zu äußern, wenn es mit der Meinung der Chefs nicht einverstanden ist.

Behandlung des Problems der Ungleichheit. In einer Organisation ist der Grad der hierarchischen Distanz mit dem Grad der Zentralisierung der Autorität und dem Autokratiegrad der Geschäftsleitung verbunden. Dieser Zusammenhang macht deutlich, daß Zentralisierung und Autokratie in der »mentalen Programmierung« der Mitglieder einer Gesellschaft verwurzelt sind, und zwar auf allen Stufen der sozialen Rangordnung. Gesellschaften, in denen die Macht ungleich verteilt ist, können unverändert fortbestehen, weil diese Situation das Abhängigkeitsbedürfnis derjenigen, die keine Macht haben, befriedigt. Anders ausgedrückt: »Die hierarchische Distanz entspricht der Wahrnehmung des Ausmaßes ungleicher Machtverteilung zwischen demjenigen, der die Macht besitzt, und demjenigen, der ihr unterworfen ist.«[23] Für die uns hier interessierenden beiden Länder betragen die Indexwerte 35 für Deutschland (der 43. Rangplatz von 53) und 68 für Frankreich (der 16. Rangplatz von 53), wobei das Spektrum möglicher Indexwerte von 0 (geringe hierarchische Distanz) bis 100 (große hierarchische Distanz) reichte. Der Unterschied ist demnach beträchtlich.

Unsicherheitsvermeidung

Unter Zuhilfenahme der Untersuchungen Lynns,[24] der das Angstniveau in 18 Ländern berechnet hatte, stellte Hofstede bei Fragen zu Belastung und Streß am Arbeitsplatz ähnliche Unterschiede fest. Es wurde eine zweite Korrelation hergestellt, und zwar mit Studien, die zur Herausbildung von zwei Hauptdimensionen geführt hatten: Machtkonzentration und Arbeitsstrukturierung. Da die erste Dimension konzeptuell mit der hierarchischen Distanz zusammenhing, wurde die zweite mit dem Streßempfinden in Zusammenhang gebracht. Es stellte sich heraus, daß eine einzige Aussage mit der Arbeitsstrukturierung zu tun hatte: »Im Unternehmen bestehende Regeln dürfen nicht übertreten werden, auch wenn der Mitarbeiter der Mei-

---

23 Bollinger, D., Hofstede, G., 1987, S. 83.
24 Ebenda, S. 101.

nung ist, es sei im Interesse der Firma«. Bei der Auswertung dieses Items kam es zu sehr ähnlichen Ergebnissen wie bei der Frage: »Fühlen Sie sich nervös oder angespannt?« Eine weitere Korrelation existierte mit einer typischen Frage: »Wie lange werden Sie Ihrer Einschätzung nach noch für dieses Unternehmen arbeiten?« Das Konzept der Unsicherheitsvermeidung erfaßt diese neue Dimension, deren Index auf die gleiche Weise konstruiert wurde wie der Index zur hierarchischen Distanz.[25]

Was versteht man unter Unsicherheitsvermeidung[26]? Das grundlegende Problem liegt vielleicht in der Art und Weise, wie eine Gesellschaft mit der Tatsache umgeht, daß die Zeit sich nur in eine Richtung bewegt. Einige Gesellschaften konditionieren ihre Mitglieder dahingehend, diese Ungewißheit zu akzeptieren und sich nicht von ihr beherrschen zu lassen. Letztere neigen dann dazu, jeden neuen Tag einfach zu akzeptieren, gehen relativ leicht persönliche Risiken ein und sind gegenüber andersartigen Verhaltensweisen und Meinungen ziemlich tolerant, da sie sich nicht bedroht fühlen. Diese Gesellschaften sind durch eine geringe Unsicherheitsvermeidung gekennzeichnet und tendieren dazu, sich in relativer Sicherheit zu wiegen. In anderen Gesellschaften hingegen weist die Bevölkerung ein starkes Ausmaß an Angst und Streß, Nervosität und Aggressivität auf. Hier versuchen die Institutionen, Sicherheit zu schaffen und Risiken zu vermeiden, was im wesentlichen drei Formen annimmt:

– Durch Technologie im weiten Sinn des Wortes (Bau von Häusern und Dämmen, aber auch von Kraftwerken oder ballistischen Raketen).
– Durch Gesetze und alle möglichen formalen Institutionen, die vor der Unvorhersehbarkeit menschlichen Verhaltens schützen sollen. Dies er-

---

25 Ebenda, S. 72-73.
26 Folgende Items wurden im endgültigen Fragebogen für die Dimension Unsicherheitsvermeidung benutzt:
Item 1: Wie häufig sind Sie bei der Arbeit nervös oder angespannt?
Item 2: Wie lange werden Sie Ihrer Einschätzung nach noch für dieses Unternehmen arbeiten?
Item 3: Im Unternehmen bestehende Regeln dürfen nicht übertreten werden – auch wenn der Mitarbeiter der Meinung ist, es sei im Interesse der Firma.

klärt die große Zahl von Gesetzen, Vorschriften und, im Unternehmen, die Ernennung von Sachverständigen, die sich jenseits der Ungewißheit befinden.

– Durch die Religionen, die die Ungewißheit erträglich machen. In Gesellschaften mit starken Vermeidungsmechanismen nehmen sie für sich in Anspruch, die absolute Wahrheit zu verkörpern, und sind anderen Religionen gegenüber intolerant. In diesen Gesellschaften findet sich auch eine wissenschaftliche Tradition der Suche nach absoluten Wahrheiten anstelle eines relativistischen, empirischen Ansatzes.

Fassen wir zusammen: »Unsicherheitsvermeidung ist eine kulturelle Dimension, die den Grad der Toleranz mißt, den eine Kultur gegenüber der durch die Ereignisse der Zukunft hervorgerufenen Unsicherheit akzeptieren kann. Ist die Toleranz niedrig, ist die Unsicherheitsvermeidung stark, und umgekehrt.«[27] Die Skala der Unsicherheitsvermeidung reicht von 0 (niedrige Vermeidung) bis 120 (hohe Vermeidung). Für Deutschland liegt der Index bei 65 (29. Rangplatz von 53), für Frankreich bei 86 (10. Rangplatz).

Kollektivismus und Individualismus

In den ersten Phasen der Forschungsarbeit, die sich mit den persönlichen Zielen befaßten, wurden auf individueller Ebene Faktoranalysen durchgeführt, wobei die Ergebnisse der Individuen nach homogenen Gruppen (dasselbe Land, dieselbe berufliche Tätigkeit) ausgewertet wurden. Sechs Erklärungsfaktoren waren am häufigsten anzutreffen: Arbeitsinhalt, Belohnung, zwischenmenschliche Beziehungen, Sicherheit, Wohlbefinden und Unternehmen, was in etwa Maslows Hierarchie der menschlichen Bedürfnisse entspricht.[28] Aber diese individuellen Unterschiede erleichterten keineswegs das Verständnis der Unterschiede auf Länderebene. Im Anschluß daran wurde eine gruppenbezogene Faktoranalyse vorgenommen, die nach Be-

---

27 Bollinger, D., Hofstede, G., 1987, S. 103.
28 Maslow, A.H., 1970.

rufen trennte. Die Skala Maslows war für die Berufstätigkeit noch hilfreich; auf Länderebene hingegen kristallisierten sich zwei Dimensionen heraus:

- die Dimension individuell/gemeinschaftsbezogen
- die Dimension Bedürfnisse des Egos/soziale Bedürfnisse

Die individuelle Dimension erlaubte es, den Individualismusindex zu konstruieren, unter Heranziehung der Durchschnittswerte von Äußerungen zu den Themen: genügend Zeit für Arbeit oder Familie haben, über ein gutes Arbeitsumfeld verfügen, mit effizient kooperierenden Menschen arbeiten, in einer für die Familie und den Betreffenden selbst angenehmen Gegend leben.

Was versteht man unter Individualismus[29]? Das grundlegende Problem ist die Beziehung zwischen Individuum und Gruppe. An dem einen Extrem der Skala befinden sich Gesellschaften mit extrem lockeren Bindungen zwischen den Individuen. Jeder einzelne hat sich lediglich um seine eigenen Interessen und gegebenenfalls um die seiner Familie zu kümmern. Möglich ist dies durch die sehr große Freiheit, die diese Gesellschaft jedem ihrer Mitglieder einräumt. Am anderen Extrem befinden sich Gesellschaften mit starken Bindungen. Jeder wird in ein Kollektiv hineingeboren, soll sich der Interessen seiner Gruppe annehmen und darf keine anderen Überzeugungen haben als die seiner Gruppe. Der Gemeinschaftsgeist kommt in gesteigertem Fortbildungsbedarf, guten Arbeitsbedingungen und einer adäquaten Nutzung der beruflichen Fähigkeiten zum Ausdruck, alles Elemente, die die Abhängigkeit des Individuums von der Organisation unterstreichen. Individualismus äußert sich in dem Bedürfnis, Zeit für sein Privatleben zu

---

29 Folgende Items wurden im endgültigen Fragebogen für die Dimension Individualismus benutzt:
Welche Bedeutung haben für Sie die folgenden Aussagen?
Item 16: In einer Gegend leben, die für Sie selbst und für Ihre Familie angenehm ist.
Item 17: Über gute materielle Arbeitsbedingungen verfügen.
Item 18: Eine Arbeit haben, die genügend Zeit für Privat- und Familienleben läßt.
Item 22: Mit Menschen zusammenarbeiten, die effizient kooperieren.

haben, in Freiräumen bei der Arbeit und in der Möglichkeit, Herausforderungen anzunehmen.

Bei der Untersuchung der Klassifizierung der verschiedenen Länder wird deutlich, daß zwischen Reichtum und Individualismus ein sehr starker Kausalzusammenhang besteht: Durch den Wohlstand eines Landes wird seine Kultur individualistischer. Die Skala für Individualismus reicht von 0 (Gemeinschaftsdenken) bis 100 (Individualismus). Für Deutschland liegt der Index bei 67 (15. Rangplatz), für Frankreich bei 71 (11. Rangplatz). Aufgrund der obigen Beobachtungen erscheint dieses Ergebnis durchaus plausibel. Wie verhält sich dies heute, zwanzig Jahre später?

Maskulinität und Feminität[30]

Die erwähnte Dimension Bedürfnisse des Egos/soziale Bedürfnisse erlaubte es Hofstede, einen Maskulinitätsindex zu konstruieren. Der Maskulinitätsindex wurde wie der Individualismusindex annähernd berechnet. Dabei wurden die Durchschnittswerte zu folgenden Aspekten benutzt: über ein gesichertes Arbeitsverhältnis verfügen; mit Menschen arbeiten, die effizient kooperieren; Aussichten auf ein hohes Gehalt haben; gute Aussichten haben, in höhere Positionen aufzusteigen. Wie festzustellen ist, haben Individualismus und Maskulinität ein Item gemeinsam.

Man sollte meinen, der Anteil der Frauen an den Untersuchungspersonen sei ausschlaggebend gewesen. Die Schwankungen bei den Ergebnissen waren aber bei den Männern derselben Berufsgruppe genauso augenfällig.

---

30 Folgende Items wurden im endgültigen Fragebogen für die Dimension Maskulinität benutzt:
Welche Bedeutung messen Sie den folgenden Aussagen zu?
Item 19: Über einen gesichterten Arbeitsplatz verfügen (keine Angst vor Arbeitsplatzverlust).
Item 20: Über ein hohes Einkommen verfügen.
Item 21: Gute Aussichten haben, in höhere Positionen aufzusteigen.
Item 22: Mit Menschen zusammenarbeiten, die effizient kooperieren.

Die Tatsache, daß diese Kulturdimension auf einem weltweiten ökologischen Niveau auftritt, beweist, daß sie ein grundlegendes Dilemma des Menschen darstellt. Die Gesellschaften, die die geschlechtsspezifische Rollenteilung maximiert haben, können als »maskulin« bezeichnet werden; diejenigen, bei denen die Rollenteilung relativ schwach ausgeprägt ist, können als »feminin« gelten. Die Werte der »maskulinen« Gesellschaften sind die folgenden: Durchsetzungsvermögen, Verwirklichung von etwas Sichtbarem, hohes Einkommen. Die »feminineren« Gesellschaften sind durch Bescheidenheit, Betonung der persönlichen Beziehungen anstatt materieller Werte, Bedeutung der Lebensqualität und der Erhaltung des Umfelds, Hilfeleistung und *small is beautiful* geprägt.

Die Maskulinitätsskala reicht von 0 (feminine Mentalität) bis 100 (maskuline Mentalität). Deutschland belegt mit einem Index von 66 den 10. Rangplatz; Frankreich liegt mit einem Index von 43 an 36. Stelle. Bollinger bemerkt dazu:

»Das war keine große Überraschung. Das Bild unseres Lands, das uns in der Schule vermittelt wird, ist das Bild einer Frau: sei es in der laizistischen öffentlichen Schule mit der Büste von Marianne, sei es in der katholischen Schule, wo von ›Frankreich, der ältesten Tochter der Kirche‹ die Rede ist und wo die heilige Johanna und die Jungfrau Maria mit viel Aufwand gefeiert werden.«[31]

Die Grenzen des quantitativen Ansatzes

Die Ergebnisse Hofstedes[32] zur Dimension der Unsicherheitsvermeidung erschienen uns fraglich. Frankreich erreichte in seiner Untersuchung[33] einen Index von 86, Deutschland einen Index von 65, was bedeuten würde, daß man in Deutschland stärker als in Frankreich dazu neigt, jeden neuen

---

31 Hofstede, G., 1994, S. 142.
32 In seinem jüngsten Buch (1994) führt Hofstede einen fünften Index ein, der langfristig angelegt ist und mit der konfuzianischen Dynamik zusammenhängt. Frankreich gehört hier jedoch nicht zum Panel.
33 Hofstede, G., 1994, S. 105.

Tag ohne weiteres zu akzeptieren, relativ leicht persönliche Risiken einzugehen und weniger Arbeitseifer an den Tag zu legen. Den leicht voneinander abweichenden Indexwerten nach zu urteilen hieße dies, daß die Deutschen anderen Verhaltensweisen und Meinungen gegenüber sehr viel toleranter sind und vor allem, daß sie »naturgemäß dazu neigen, sich in relativer Sicherheit zu wähnen«[34] und somit weniger dazu tendieren, sich abzusichern, egal ob durch Technologie, rechtliche Bestimmungen oder Religion.

Allein schon diese Themen reichten aus, Zweifel an der Stichhaltigkeit von Hofstedes Untersuchungsergebnisse für Deutschland und Frankreich zu wecken. Wie soll man den Gedanken akzeptieren, die deutsche Gesellschaft sei etwas sorgloser als die französische? Ein großer Teil der deutschen Alternativkultur der letzten zwanzig Jahre, die sich im übrigen in der gesamten Bevölkerung weitgehend durchgesetzt zu haben scheint, legt das Gegenteil nah. Wir wollen auf diese abgedroschenen Themen nicht näher eingehen und lediglich darauf hinweisen, daß die Konzepte Sicherheit, Schutz, Angst und Streß in der Regel eher an Deutschland als an Frankreich erinnern. Die Tatsache, daß die Untersuchung in den 70er Jahren durchgeführt wurde und sich auf IBM beschränkte, legt eine Infragestellung oder Aktualisierung der Ergebnisse nah. So kamen wir auf die Idee, Hofstedes Items aufzugreifen und mehrere Dutzend Unternehmen zu befragen, um die damaligen Ergebnisse zu überprüfen. Im übrigen waren die in den drei anderen Bereichen (hierarchische Distanz, Individualismus, Maskulinität/Feminität) erzielten Ergebnisse zwar nicht wirklich schockierend, verdienten es aber zumindest, einer Verifizierung unterzogen zu werden.

	FRANKREICH	DEUTSCHLAND
Hierarchische Distanz	68	35
Individualismus	71	67
Maskulinität/Feminität	66	43

---

34 Ebenda, S. 103.

Zu dem Zeitpunkt, als wir unser Forschungsprojekt starteten, erschien es unumgänglich, auf Hofstedes Raster zurückzugreifen. Wir beschlossen, in deutschen und französischen Unternehmen Erhebungen durchzuführen und dabei Hofstedes Modell zu testen, da es eines der ersten zur Verfügung stehenden Hilfsmittel darstellte. Das veranlaßte uns dazu, zunächst die vor über zehn Jahren erzielten Ergebnisse zu aktualisieren und eine quantitative Untersuchung durchzuführen, deren Resultate nicht sehr überzeugend waren.[35] Ähnlich wie Keller und d'Iribarne wurde uns sehr schnell klar, daß die Behandlung unseres Themas, in dessen Mittelpunkt die Schwierigkeiten, Spannungen bzw. sogar Konflikte im Unternehmen stehen, sich stärker auf einen qualitativen Ansatz stützen mußte.

DAS MODELL VON EDWARD T. HALL

Für eine Forschungsarbeit zu den kulturellen Unterschieden zwischen Deutschland und Frankreich stellt Hall[36] nach wie vor die wichtigste Referenz dar. Das Werk dieses Anthropologen der Schule von Palo Alto hat einen beträchtlichen Beitrag zur Verbesserung der Wahrnehmung von Unterschieden geleistet.

Im Unterschied zu den im vorherigen Kapitel erwähnten quantitativen Untersuchungen versucht Hall in erster Linie, seine Thesen durch eine sehr viel intuitivere Herangehensweise zu validieren. Einer seiner wichtigsten Beiträge besteht in der Unterscheidung von *high context* und *low context*. Hall zufolge sind Information, Kontext und Bedeutung durch einen funktionellen Zusammenhang miteinander verbunden, wobei jedes der drei Elemente zur Aufrechterhaltung des Gleichgewichts beiträgt. Je mehr Informationen übermittelt werden, desto reicher ist der Kontext. Das trifft beispielsweise auf Personen zu, die sich seit langem kennen und sich non-

---

35 Vgl. Anhang.
36 Hall, E.T., 1966, 1979, 1984, 1990 (frz.).

verbal verständigen, d.h. allein durch Blicke oder Gesten. Hall stellt fest, daß ein Kontextverlust durch Informationserweiterung kompensiert werden muß, damit die Bedeutung konstant bleibt. In *low-context*-Kulturen benötigen die Individuen demnach extrem viele Informationen, denn sie verfügen über keine (oder wenige) informelle Informationsnetze und sind oft schlecht informiert. In *high-context*-Kulturen ist die Situation umgekehrt; hier sind die Individuen über informelle, indirekte Kanäle immer informiert.

Aus vornehmlich historischen Gründen, die Hall im übrigen nicht weiter analysiert, scheinen Franzosen und Deutsche extrem gegensätzliche Positionen einzunehmen. Hall zufolge unterscheiden sich die Franzosen mit ihren sehr dichten Informationsnetzen von den Deutschen, bei denen aufgrund ihrer *low-context*-Kultur Informationsbedarf besteht. Das Spektrum von *low-context* bis *high-context* reicht von den deutschsprachigen Schweizern über die Deutschen, die Skandinavier, die Amerikaner, die Franzosen, die Engländer, die Italiener, die Spanier und die Griechen bis hin zu den Arabern.

Ähnlich unterscheidet Hall bezüglich des Faktors Zeit zwischen polychronen und monochronen Kulturen:

– Die polychronen Kulturen sind Ausdruck des Mittelmeermodells; das Individuum ist in mehrere Ereignisse und Situationen gleichzeitig involviert und betrachtet die Zeit eher als einen Punkt als als eine lineare Achse. Die Betonung liegt auf dem Engagement der Individuen; alles scheint kontinuierlich in Bewegung zu sein, was dazu führt, daß selbst wichtige Projekte noch im letzten Augenblick in Frage gestellt werden können.

– Die monochronen Kulturen entsprechen dem nordeuropäischen Modell; die Ereignisse stellen getrennte Einheiten dar, weshalb eins nach dem anderen getan werden soll. In diesen Kulturen wird Organisation extrem positiv gewertet, und man ist stärker aufgaben- als personenorientiert.

Hall hütet sich jedoch in seinem gesamten Werk davor, in Schwarz-Weiß-Denken zu verfallen. Er stellt zwar fest, daß in den westlichen Ländern nur

»weniges dem eisernen Zugriff der monochronen Organisation entgeht«[37], meint aber, daß diese exzessive Programmierung und Unterteilung den individuellen Kommunikationskontext verengen und die Individuen isolieren. Hall weist auch darauf hin, daß diese Denkform für die Verwirklichung von kreativen Unternehmungen nicht linearen Typs vollkommen ungeeignet ist. In polychron ausgerichteten Ländern herrscht ein starker Informationsfluß, und die Individuen sind stark in die Angelegenheiten der anderen einbezogen. Deshalb tendieren die Individuen dazu, all ihre Aktivitäten »nicht nur als ein System, sondern auch als Teil eines größeren Systems«[38] aufzufassen, egal, wie präzise ihre Arbeitsaufgabe definiert ist.

Hall relativiert beide Konzepte jedoch ständig. Er erklärt beispielsweise, daß innerhalb der stark monochron geprägten amerikanischen Kultur zwischen der vollkommen monochronen Arbeitswelt und dem häuslichen Bereich zu unterscheiden ist, wo die Frau tausend Dinge gleichzeitig zu tun habe.

»Wie sollte es ihr in einem monochronen Organisationsmodus gelingen, ihre Kinder zu erziehen, den Haushalt zu führen, einer Berufstätigkeit nachzugehen, Frau, Mutter, Amme, Hauslehrerin und Chauffeur gleichzeitig zu sein und mit all den kleinen Problemen fertig zu werden, mit denen sie konfrontiert wird?«[39]

Hall geht sogar noch weiter und behauptet, daß auf der Ebene des Vorbewußten die Monochronie männlich und die Polychronie weiblich sei, was erkläre, weshalb Frauen drei- bis sechsmal so häufig unter Depressionen leiden wie Männer. Die Bindungslosigkeit unter Individuen, die die gegenwärtige Gesellschaft kennzeichnet, habe katastrophale Auswirkungen auf die Frauen, die sich in zahlreichen Kulturen stark über die zwischenmenschlichen Beziehungen identifizierten und deren Zerstörung nicht ertrügen: dies führe zu Sorgen und Ängstlichkeit sowie deren natürlicher Konsequenz, Depressionen. Anders ausgedrückt, der unmenschlich anmutende Aspekt der monochronen Welt sei für Frauen besonders entfremdend. Es wird deut-

37 Ebenda, S. 60.
38 Ebenda, S. 63.
39 Ebenda, S. 66.

lich, wie schwierig es für Hall ist, die seinem System inhärenten Widersprüche zu meistern. Deshalb muß er unaufhörlich nuancieren: »Jeder Modelltypus besteht aus strengen und flexibleren Varianten.«[40]

Hall erwähnt beispielsweise, die Japaner seien untereinander polychron, in ihren Beziehungen zu westlichen Kulturen aber vollkommen monochron. Die Franzosen hingegen seien intellektuell monochron, in ihrem Verhalten aber polychron.

Diese Dimensionen werden für unserer Studie sehr wertvoll sein. Halls Pionierarbeit darf nicht vernachlässigt werden, wenngleich die etwas starre Unterscheidung zwischen zwei extremen Polen ständig nuanciert und relativiert werden muß. Mit Hilfe von Halls Konzepten lassen sich die grundlegenden Aspekte der deutsch-französischen Kommunikation im Unternehmen besser erfassen.

---

40 Ebenda, S. 80.

Zweiter Teil

Eine Reise in deutsch-französische Unternehmen

Kapitel 3

Den kulturellen Unterschieden auf der Spur

Bereits Mitte der 80er Jahre beschlossen wir, die »Überraschungsberichte« der deutschen und französischen Studenten auszuwerten, die im Rahmen von deutsch-französischen Studiengängen oder Austauschprogrammen kurze oder längere Praktika von 5 bzw. 30 Wochen in Unternehmen des Partnerlandes absolviert hatten. Im Laufe von fünf Jahren entstand unsere erste Datenbank mit etwa hundert Berichten. Sie legen bereits eine Reihe von kulturellen Unterschieden offen, die zu Schwierigkeiten bei der Zusammenarbeit führen können.

Überraschungen und Probleme in einem ausländischen Unternehmen

Die teilnehmende Beobachtung der Studenten beider Länder liefert erstes Untersuchungsmaterial, das die signifikanten Themen deutlich werden läßt und in bestimmten Fällen den sogenannten »Kulturschock« veranschaulicht.

Die Analyse der verschiedenen Berichte zeigte gleich zu Beginn, daß die Momente der Überraschung, Enttäuschung und Verärgerung ein Rohmaterial darstellten, das zu einem späteren Zeitpunkt in einem besser definierten Rahmen eingehender untersucht werden könnte. Aufgrund der Bandbreite der Unternehmen und der Unterschiede hinsichtlich Größe und Branchenzugehörigkeit konnte es sich jedoch zunächst nur darum handeln, die Reaktionen der Praktikanten aufzuzeichnen, ohne eine wie auch immer geartete allgemeine Erklärung liefern zu wollen. Zudem ist die Situation eines

Praktikanten zwar insofern interessant, als Beobachtung und Teilnahme hier miteinander verquickt sind, sie eignet sich aber nicht unbedingt zur Beschreibung der Probleme und Konflikte.

Machtfragen sind für jemanden, der kurze Zeit in einem Unternehmen zubringt, nur selten identifizierbar. Darüber hinaus sind der Beobachtung und der Analyse der Verhaltensweisen aufgrund der Sprachprobleme und der relativen Isolierung des Praktikanten, der häufig monotone Tätigkeiten ausführt, Grenzen gesteckt. Anders ausgedrückt, die Interaktivität ist sehr oberflächlich. Zudem kommt der Praktikant meist über die durch Exotik und Idealismus geprägte Anfangsphase nicht hinaus. Die Aussagen, die wir hier vorstellen wollen, betreffen jedoch in der Regel Aufenthalte von mindestens drei Monaten und verändern die Perspektive beträchtlich, da eine eventuelle Übernahme des Praktikanten zum Teil nicht auszuschließen ist.

Die prägnantesten Äußerungen der deutschen und französischen Praktikanten zu den von ihnen festgestellten Unterschieden sollen im folgenden in zwei Formen vorgestellt werden: linear und chronologisch, wie in den tagebuchartigen Aufzeichnungen der deutschen Studenten, und thematisch angeordnet, wie in den Berichten der französischen Studenten.

Deutsche Eindrücke

Entdeckung des französischen Unternehmens

Die ersten Bemerkungen betreffen die »sehr relative« Pünktlichkeit der Verantwortlichen bei der Ankunft des Praktikanten im Unternehmen. Wir wollen dieses abgegriffene Thema, das zuweilen einen interessanten Hintergrund aufweist, nicht überstrapazieren:

»Ich war voller Begeisterung und Tatendrang, als ich Punkt acht Uhr im Büro ankam. Aber das Büro war leer. Die Angestellten der Exportabteilung kamen erst gegen zehn nach acht. Pünktlich sein, das ist für mich bereits ein guter Start; es wirkt zuverlässig und weckt Vertrauen.«

Kurz nach diesem enttäuschenden Beginn hat der Student eine kurze Unterredung mit seinem Verantwortlichen, der wissen will, ob er irgendwelche Fragen habe.

»Ich hatte das genaue Gegenteil erwartet, d.h. daß man mir einen Berg von Papieren gibt, mich mit Informationen über Schuhindustrie und Verkauf zuschüttet. Ich dachte einfach, daß ich einige Zeit vollauf beschäftigt sein würde.«

Eine Studie ohne grundlegende Informationen, ohne Berücksichtigung der bereits zur Verfügung stehenden Kenntnisse zu beginnen, erscheint dem jungen Deutschen unverständlich. Eine andere Studentin ist über den Verlauf ihres Einstellungsgesprächs erstaunt:

»Der Gründer und Chef des mittelständischen Unternehmens interessierte sich während unseres Gesprächs mehr für meine Kontaktfreudigkeit als für meine eigentlichen Fähigkeiten. Das überraschte mich sehr, denn in Deutschland hatte ich derartige Gespräche nie gehabt.«

Die Entscheidung wird mündlich gefällt, was die Studentin etwas »verunsichert«:

»Man teilte mir mündlich mit, wann mein Praktikum beginnen sollte. Ich hatte zwar oft gehört, daß die Franzosen viele Dinge so erledigen, aber ich hatte Angst, daß das Unternehmen seine Meinung ändert oder einen Vorwand erfindet, um mich nicht mehr einzustellen. Die deutsche Bürokratie und Sicherheit fehlten mir.«

Die ersten äußeren Merkmale für das allgemeine Betriebsklima interpretieren die deutschen Studenten menschlich häufig positiv. Das allmorgendliche Händeschütteln oder sogar Duzen bzw. Siezen unter gleichzeitiger Benutzung des Vornamens finden die jungen Praktikanten lustig; es gefällt ihnen. Sie sehen darin einen Beweis für gute Laune und entspannte Atmosphäre, die zu den guten zwischenmenschlichen Beziehungen im Unternehmen beitragen:

»Das erste, was mich überraschte, war, daß die Leute sich beim Vornamen anredeten und sich gleichzeitig siezten. Ich finde, das schafft eine persönlichere Atmosphäre. In Deutschland habe ich das nie gehört; ich glaube, wir gehen stärker auf Distanz.«

Viele Studenten sind zu Beginn ihres Praktikums erstaunt, daß sie sofort anfangen sollten, ohne unfassend informiert und eingearbeitet zu werden, wie dies in einem deutschen Unternehmen üblich ist. Ähnlich wie der eingangs erwähnte Student nicht verstand, weshalb er gleich zu Beginn Fragen stellen sollte, kam eine deutsche Studentin mit diesem raschen Start nicht zurecht:

»Gleich am ersten Tag erhielt ich nach einer kurzen Einführung meine erste Aufgabe: Ich sollte zehn Großhändler anrufen und mich nach dem Preis für eine Käseglocke erkundigen. Dieser Sprung ins kalte Wasser kam für mich sehr überraschend. Mir wurde klar, daß ich während dieses Praktikums sehr viel Verantwortung zu übernehmen haben würde.«

Eine andere Studentin freute sich über das Vertrauen, das man ihr als Praktikantin entgegenbrachte:

»Im Unterschied zu Deutschland, wo man seine Zeit damit verbringt, Fotokopien zu machen und Telefonanrufe entgegenzunehmen, erhält man in Frankreich anspruchsvolle Aufgaben und wird nicht wie eine etwas blöde Praktikantin, sondern wie eine vollwertige Mitarbeiterin behandelt.«

Manchmal sind die Äußerungen kritischer, und das durch mangelnde Organisation ausgelöste Unbehagen verfestigt sich:

»Man brachte mich zur Verkaufsabteilung, wo die Kollegen über meine Ankunft nicht informiert waren. Sie waren alle sehr nett zu mir, und ich wurde vielen Leuten vorgestellt. Am Ende dieses Tages wußte ich nicht, was die einzelnen machten, wer hier arbeitete oder in einer der Filialen. Um den ersten Tag zusammenzufassen: ich hatte vor allem den Eindruck, das fast alles improvisiert war. Dieser erste Eindruck ist bis heute geblieben.«

Die ersten Eindrücke sind häufig gemischt: meist wird gleichzeitig Erstaunen über das »undurchschaubare« System und Zufriedenheit über die »netten« Leute laut.

Die Spielregeln

Ein Praktikum von maximal drei Monaten kann ausreichen, um sehr signifikante Aspekte des Arbeitsstils zu entdecken. Manchmal handelt es sich ganz einfach um eine tiefergehende Analyse der ersten Eindrücke. Der Händedruck, der ganz zu Anfang sehr positiv bewertet wurde, wird so im Laufe der Zeit unverständlich. Die Schwierigkeiten bei der Befolgung von impliziten Regeln (wann muß man die Hand geben und wann nicht; die Überraschung, wenn eine Frage rhetorisch gemeint ist und keine Antwort erwartet wird) bringen die deutschen Studenten in große Verlegenheit:

»Ein frappierender Unterschied in Frankreich, vor allem im Berufsleben, ist die Sitte des Händeschüttelns. Jeden Tag muß man bei der Ankunft im Büro alle Kollegen mit Handschlag begrüßen. Das beginnt mit ›bonjour, ça va?‹, aber es wird keine Antwort erwartet, und man geht weiter zu den anderen und gibt ihnen zur Begrüßung die Hand... Wenn man das nicht macht, gilt man als sehr unhöflich. Nach zwei Monaten Arbeit habe ich mich endlich an diese Sitte gewöhnt, aber manchmal kommt es noch vor, daß ich mich in einer Situation befinde, wo ich nicht weiß, ob ich die Hand geben soll oder nicht. Jedenfalls finde ich es sehr unhöflich, die Antwort nicht abzuwarten.«

Die Tatsache, daß es in französischen Unternehmen keine offiziellen Pausen gibt, wird in den Äußerungen der Studenten ebenfalls häufig erwähnt:

»Frappierend finde ich die Tatsache, daß die Franzosen keine Frühstückspause machen. Darauf würde in Deutschland niemand verzichten, das ist sozusagen eine ›heilige Kuh‹, an die niemand rühren darf. Ich dachte, in Frankreich wäre das genauso; aber ich mußte mein Butterbrot an meinem Schreibtisch essen, da es keinen speziellen Pausenraum gab.«

Auch die Arbeitszeiten werden häufig erwähnt, insbesondere der Umfang der Mittagspause und die sehr überraschend wirkende Tendenz, am späten Nachmittag im Betrieb zu »trödeln«. Viele Studenten wundern sich darüber, daß die Franzosen es akzeptieren, einen Teil der so wertvollen Freizeit im Unternehmen zu »verlieren«.

»Fließende Grenzen«

Die deutschen Studenten erwähnen in ihren Berichten sehr oft die mangelnde Präzision bei der Aufgabenzuweisung:

»Was ich im Vergleich zu Deutschland noch anders finde, ist die Tatsache, daß sich bei einem Problem alle einmischen. Jeder gibt seine persönliche Meinung zum besten und versucht, eine Lösung zu finden. Jeder verteidigt seinen Standpunkt und ist den anderen Lösungen gegenüber sehr kritisch. In Deutschland hingegen fühlt sich niemand betroffen, und derjenige, der das Problem hat, muß allein damit fertig werden. Andererseits ist in Deutschland jeder Arbeitsplatz genau definiert, und jeder weiß, wofür er verantwortlich ist und was er zu tun hat. Was über diesen Rahmen hinausgeht, geht einen nichts an und ist einem somit gleichgültig.«

Eine interessante Aussage bestätigt diese Analyse und stellt die Konzentration auf eine persönliche Aufgabe der Streuung auf verschiedene Tätigkeiten gegenüber:

»Ich habe mich während der letzten Tage des Praktikums etwas beobachtet. In der Tat neigte ich sehr viel stärker als meine französischen Kollegen dazu, eine aufgetragene Arbeit sofort zu erledigen. Die Franzosen fingen oft mit etwas an, das sie nicht direkt betraf.«

Diese Unklarheit bei der Verteilung der Aufgaben ruft natürlich das Wort »chaotisch« auf den Plan. Was die Effizienz dieser Funktionsweise betrifft, so wird eine gewisse Skepsis laut:

»Ich hatte den Eindruck, daß alles ziemlich chaotisch war, und ich fragte mich oft, wie dieses Unternehmen funktionieren konnte. Wichtige Informationen erreichten nicht immer denjenigen, der die Arbeit erledigen sollte, und gegen Abend waren Überstunden die Regel.«

Die Bedeutung von Informationen, die nicht über die offiziellen Kanäle verbreitet werden, scheint ebenfalls zu den Besonderheiten zu gehören, die von den deutschen Studenten häufig erwähnt werden:

»Die Kaffeemaschine wird hier als Informationsmittel benutzt, und es ist wichtig, oft hinzugehen, denn es gibt kein offizielles schwarzes Brett, wie es in Deutschland in mittleren Unternehmen üblich ist.«

Die Erstaunen auslösende Fähigkeit der Franzosen, mehrere Dinge gleichzeitig zu tun, wird von einem deutschen Praktikanten, der sie sich für seine Arbeit zunutze macht, sehr gut beschrieben. Dieser Student – er war allerdings vor Antritt seines Praktikums bereits mit Interkulturalität vertraut – bietet ein gutes Beispiel für bewußte, positive Wahrnehmung kultureller Unterschiede:

»Oft wurde ich mit typisch polychronen Verhaltensweisen konfrontiert. Die sind mir zwar vollkommen fremd, aber sympathisch, weil die Leute so Streß vermeiden: man kann kommen, wann man will, man wartet nicht zu lange und wird trotz allem freundlich empfangen. Ich wurde oft aufgefordert, mein Problem darzulegen, selbst wenn mein Gesprächspartner mich nicht direkt ansehen konnte, weil er mit etwas anderem beschäftigt war. Anfangs wartete ich immer auf ein Zeichen, daß er bereit war, mir zuzuhören, aber das war vollkommen unnötig.«

Harmlose Bemerkungen der Praktikanten evozieren manchmal die Ursachen für Spannungen und Probleme bei der deutsch-französischen Zusammenarbeit, mit denen die meisten von ihnen im Rahmen eines nur einige Monate dauernden Praktikums selbst nicht in Berührung kamen.

Zwei Beispiele sind in dieser Hinsicht signifikant. Eine deutsche Praktikantin wird gebeten, eine ganze Reihe von Faxmeldungen der letzten zwei Jahre zu übersetzen. Die Studentin kritisiert die Haltung des deutschen Mutterunternehmens, das sich die Mühe hätte machen können, die Mitteilungen an ihre Filiale in Französisch zu formulieren, und wundert sich über die fehlende Reaktion der Franzosen:

»Ein Verkaufsmanager bat mich, all diese Faxmeldungen zu übersetzen. Die Franzosen hatten sie in eine Schublade gesteckt, da sie kein Deutsch konnten. Ich kann dieses Verhalten nicht verstehen. Ich frage mich nämlich, wieso sie auf die Faxe nicht reagiert hatten. Sie hätten in Deutschland anrufen und erklären können, daß sie kein Deutsch konnten. Denn diese Mitteilungen hätten sehr wichtig sein können. Stattdessen steckten sie sie einfach in eine Schublade und warteten ab.«

Ein derartiger Zwischenfall wirft die Frage nach der Kommunikation zwischen Muttergesellschaft und Filiale und nach den vielfältigen Ursachen einer solchen Lähmung auf: schlechte Sprachkenntnisse; schlecht bzw. nicht definierte Verfahren; Identitätsreflex der Betroffenen, die sich nicht die

Mühe geben, auf den anderen zuzugehen; ein Kräftemessen, das zu einem komplexen Spiel führt; die Deutschen »oktroyieren« ihre Sprache, die Franzosen rühren sich nicht und gehen in den »Widerstand«.

Ein zweiter Zwischenfall, über den ein anderer Praktikant berichtet, erschien uns ebenfalls signifikant, da er Schwierigkeiten im deutsch-französischen Management nach sich ziehen kann. Der Praktikant arbeitet an einem Projekt zur Gründung einer Filiale in Deutschland und entdeckt zu seiner Verblüffung, daß zwei der wichtigsten Verantwortlichen des Unternehmens radikal unterschiedliche Auffassungen vertreten:

»Zu meiner großen Überraschung stellte sich heraus, daß die Haltung der Geschäftsführung des Unternehmens extrem auseinanderging. Herr X, mit dem ich zuerst sprach, fragte sich, ob für die Verkäufer, die in Deutschland unterwegs sind, ein Fax und eine Telefonleitung nicht ausreichten. Sein Kollege, der Stratege des Unternehmens, sprach von einer Tochtergesellschaft in Form einer GmbH, die über eine gewisse Unabhängigkeit verfügen und einen Modellentwickler einstellen sollte; die Modelle sollten vor Ort entwickelt werden, um in Deutschland eine Kollektion vorzubereiten, die danach auch in Frankreich vorgestellt werden sollte. Ich akzeptiere zwei derartige unterschiedliche Haltungen, wundere mich aber, daß es auf dieser Ebene so wenig Konsens geben kann.«

Der deutsche Praktikant ist erstaunt darüber, daß den Untergebenen ein heterogenes Bild vermittelt wird. Zudem ist seine eigene Aufgabe betroffen, da er über die konkreten Probleme bei der Bildung einer deutschen Filiale nachdenken soll. Die Geschäftsführung hat aber noch keine klare, einheitliche Strategie definiert. Es erschien uns von Bedeutung, den oft hervorgehobenen augenscheinlichen Widerspruch zwischen deutschem Konsens und französischem Dissens zu vertiefen: zum einen gibt eine Gruppe ein homogenes Bild nach außen, zum anderen bringen Individuen ihre Divergenzen Dritten gegenüber ohne weiteres zum Ausdruck.

Französische Eindrücke

Die Berichte der französischen Studenten sind weniger linear als die der Deutschen und eher thematisch angelegt. Wir haben einige ständig wiederkehrende Themen berücksichtigt, die die französischen Praktikanten sehr geprägt zu haben scheinen. Viele von ihnen betonen gleich zu Beginn die Qualität des Arbeitsumfelds:

»Es herrscht eine gedämpfte Atmosphäre, und der Empfang ist herzlich. Alle Angestellten tun ihr möglichstes, um einen Platz für mich zu schaffen. Das Labor ist perfekt beleuchtet; durch Pflanzen wirkt das Ganze noch angenehmer; die Arbeitsfläche ist geräumig und sauber; eine Minute nach meiner Ankunft erhalte ich das für meine Arbeit notwendige Material. Ich habe wirklich den Eindruck, daß man alles tut, um für bestmögliche Arbeitsbedingungen zu sorgen.«

Sauberkeit, Hygiene und Sicherheit werden ständig erwähnt. Ein Student vergleicht seine Erfahrungen in einer deutschen und einer französischen Gießerei:

»Ich weiß noch, welche Probleme ich beim Besuch der französischen Fabrik hatte. Bevor wir in eine andere Abteilung gehen konnten, mußten wir die Genehmigung abwarten, und das, obwohl der Chef dabei war. Darüber hinaus war die Fabrik nicht sehr aufgeräumt, die Sauberkeit ließ zu wünschen übrig, und der Lärm war unerträglich. Trotz der schlechten Arbeitsbedingungen waren die Arbeiter sehr liebenswürdig. Ich dachte damals, daß das überall so wäre. Aber in Deutschland war es wirklich anders. Gleich bei der Ankunft spürte man den Unterschied; alles war besser organisiert. Mein Begleiter brauchte nur zu sagen, er wolle einem französischen Studenten die Fabrik zeigen, und schon konnten wir uns frei bewegen. Die Sauberkeit der Arbeitsplätze und die Sorgfalt, mit der man mit den Werkzeugen umging, waren bewundernswert. Auch der Lärm war nicht zu vergleichen. Die Werkstatt war besser beleuchtet und belüftet. Die Arbeitsbedingungen erschienen mir allgemein deutlich besser als in Frankreich.«

Zeit und Kontext

Die in jeder Abteilung existierende Küche und die damit verbundenen Pausenzeiten beeindrucken die Franzosen sehr. Die Studenten betonen häufig die sakrosankten Pausen; sie werden manchmal zur Ordnung gerufen, wenn sie den Fehler begehen, während der Pause von der Arbeit zu sprechen:

»Sie lassen alles stehen und liegen, und während der Pausenzeit wird nicht mehr geredet. Sie packen ihre Butterbrote aus und lesen die Zeitung. Auf einmal ist es mucksmäuschenstill; der Kontrast ist frappierend. Vorher ratternde Drucker, Papiergeraschel, Gemurmel; dann vollkommene Ruhe.«

Die Mittagspause erscheint immer kurz. Das Zeitempfinden ist häufig sehr unterschiedlich. Viele Praktikanten sind überrascht, wenn die Angestellten am Nachmittag eilig den Betrieb verlassen. Einige betonen den sehr deutlichen Trend, morgens immer früher anzufangen, um den zweiten Teil des Tages für sich zu haben. Auch die Umtrunke und Geburtstagsfeiern rufen bei den französischen Praktikanten Erstaunen hervor:

»In den meisten Abteilungen ist es Sitte, die Geburtstage zu feiern. An einer Wand hängt ein Kalender, auf dem alle Geburtstage rot gekennzeichnet sind. Jeder muß an seinem Geburtstag genügend Kuchen für den ganzen Tag mitbringen, d.h. für die 9-Uhr-Pause und für die 12-Uhr-Pause. Die übrigen gratulieren einer nach dem anderen mit einem einzigen Händedruck. Danach können sie sich bedienen. Ein Geburtstag gleicht hier einer regelrechten Zeremonie.«

An die Stelle des formalen, feierlichen Aspekts von Zeremonien wie einem Jubiläum treten unter Alkoholeinfluß manchmal Ausschweifungen, die die französischen Praktikanten ebenso sehr überraschen. »Aber am nächsten Morgen wird wieder gearbeitet, als ob überhaupt nichts gewesen wäre.«

Derartige Kommentare sind in den Berichten der Studenten der Universität Compiègne häufig anzutreffen. Als sie zur Karnevalszeit ein technisches Praktikum absolvieren, sind sie verblüfft über den Kontrast zwischen der Beflissenheit bei der Arbeit und den kollektiven Ausschweifungen zu dieser Zeit. Das Bild des gewissenhaften, fleißigen Deutschen gerät ins Wanken, und die Bedeutung, die der Freizeit zugeschrieben wird, ist für die Franzosen schlecht nachvollziehbar. Manchmal hat man sogar den Eindruck, als wolle man es den Deutschen nicht verzeihen, daß sie sich von diesem Klischee entfernen:

»Ab und zu kam ich um viertel vor sieben ins Büro und stellte fest, daß diejenigen, die vor mir gestempelt hatten, sich wirklich Zeit nahmen, diskutierten, die Zeitung lasen, und das bis etwa zehn nach sieben, bis die anderen erschienen.«

Eine Studentin, die sechs Monate in einem bayerischen Unternehmen arbeitete, bestätigt das Gesagte, unterscheidet jedoch zwei Kategorien von Angestellten:

»Als ich in der Abteilung anfing, hatte ich den Eindruck, daß die Leute entspannt arbeiteten und kaum gestreßt waren, was die Atmosphäre sehr angenehm machte. Die Arbeit wurde effizient erledigt, aber ohne Verbissenheit. Uns französischen Praktikanten wurde gesagt, wir arbeiteten zu viel! Verbissene Arbeit gilt nicht als Tugend; Diskussionen und große Kaffeepausen sind wichtiger als das Leben der Arbeitsgruppe. Die Vertreter der oberen Hierarchiestufen, darunter der Abteilungsleiter, erschienen gehetzter und litten mehr unter dem Druck des Unternehmens, da sie sich stärker mit ihm identifizierten.«

Viele Studenten betonen einen der grundlegenden Aspekte der deutschen Kultur, der bereits bei Hall anklingt, nämlich den Wunsch, dem Gesprächspartner vollkommen klare Informationen mit vielen Details zu übermitteln. Bei kurzen Praktika wird dieser Stil positiv bewertet, denn er erleichtert die Integration des Betreffenden. Unsere jüngeren Studenten, die nur einige Wochen in Deutschland verbringen, sind überrascht, wieviel Zeit man ihnen widmet:

»Der Verantwortliche hat sich die Mühe gemacht, mir in allen Einzelheiten zu erklären, worin meine Aufgabe bestand. Er war sehr ansprechbar.«

Die Präzision der Unternehmensbeschreibung, der zur Verfügung stehenden Informationen und der formulierten Erwartungen beurteilen sie positiv. Die Unterstützung, die ihnen zuteil wird, wissen sie immer zu schätzen, wenngleich dies zuweilen die Befürchtung auslöst, die mit ihrer Ausbildung betrauten Personen zu belästigen:

»Ich hatte viel Kontakt mit einem Kollegen, der mir immer half, wenn ich ein Problem mit dem Computer hatte. Ich fürchte, ich habe ihn anfangs viel gestört.«

Dieser Kommunikationstypus, der darin besteht, seinen Gesprächspartner auf dasselbe Informationsniveau zu versetzen, kann den französischen Studenten jedoch auch Unannehmlichkeiten bereiten. Eine Studentin erklärt ihre Probleme im Zusammenhang mit der Segmentierung der Tätigkeiten und der unterschiedlichen Kommunikationsweise:

»Als ich zu Beginn meines Praktikums einigen Personen im Unternehmen von meinem interkulturellen Vorhaben erzählte, hakten sie nach und fragten insbesondere nach der Definition von Interkulturalität. Damals hatte ich davon erst eine vage Vorstellung und konnte meine Studie nur in groben Zügen umreißen. Das war für sie nicht genug und löste Skepsis und Verblüffung aus. Ich hatte den Eindruck, sie nahmen mich nicht ernst, zumal das alles von einer Studentin der Informatik kam, einem Fach, das in ihren Augen nichts mit Interkulturalität zu tun hat. Ich hätte meine Ziele und mein Thema präzise definieren müssen; in meinen Augen waren die groben Umrisse der Arbeit ausreichend. Das ist ein Beispiel für schlechte Kommunikation aufgrund von Kontextunterschieden zwischen diesen Personen und mir selbst.«

Ein zweites, in den Berichten häufig angeführtes Beispiel betrifft die Verärgerung der französischen Studenten, die sich in ihrer Arbeit unterfordert fühlen. Das betrifft ausschließlich Studenten, die im Laufe ihres Praktikums eine gewisse Verantwortung übernehmen wollen. Der langsame innerbetriebliche Aufstieg paßt offensichtlich überhaupt nicht zum Stil der jungen Franzosen, die sehr ungeduldig sind und ihre Fähigkeiten unter Beweis stellen wollen. Eine Studentin, die sich der Vorteile der deutschen innerbetrieblichen Ausbildung durchaus bewußt ist, kritisiert trotzdem folgende Aspekte:

»Die drei Phasen beobachten, teilnehmen und selbst durchführen, die die Ausbildung kennzeichnen, entsprechen einem stufenweisen Prozeß, der überhaupt nicht auf die individuellen Fähigkeiten vertraut.«

Die Studentin betont die systematische Durchführung der Aufgaben; eins geschieht nach dem anderen, in der vorgeschriebenen Reihenfolge:

»Der Handlungsspielraum des einzelnen ist sehr eng, und das Konzept, demzufolge man aus Fehlern lernt, ist hier fehl am Platz. Das vielgelobte Modell der deutschen Ausbildung erlaubt es sicherlich, sich nach und nach mit der Funktionsweise des Unternehmens vertraut zu machen, fördert aber meines Erachtens keineswegs Eigeninitiative und Verantwortungsbereitschaft.«

Hierarchie

Die Beobachter gestehen gern zu, daß die Atmosphäre oft entspannter ist als in den französischen Unternehmen, regelrechten Ameisenhaufen, wo verschiedene Tätigkeitsbereiche zeitlich und räumlich aneinanderstoßen. Ähnlich scheinen sich die Individuen im deutschen Betrieb hinter dem Organisationsschema zu verstecken: »Die deutschen Angestellten weigerten sich oft, die eine oder andere Arbeit zu übernehmen, und sagten, sie seien dafür nicht zuständig.«

Zahlreiche um dieses Thema kreisende Kommentare veranlassen dazu, sich mit den Hierarchieproblemen zu befassen. Häufig wird Gruppenarbeit erwähnt. In vielen Berichten wird die Aufgabenverteilung und die Trennung in zahlreiche autonome Zellen betont. »Jede Abteilung ist vollkommen autonom und für einen ganz bestimmten Bereich zuständig; einzig das Endergebnis wird kontrolliert, und man kann sich Zeit lassen.«

Sehr oft geht es um den Respekt, den sich die verschiedenen Mitarbeiter des Unternehmens entgegenbringen. »Die Beziehungen unter den Mitarbeitern waren hervorragend. Die Chefs haben einen sehr guten Kontakt zu den unteren Ebenen und respektieren sie wirklich.«

Manchmal sind die Praktikanten erstaunt über die Verbindung, die zwischen Technikern und Ingenieuren besteht: »Die Beziehungen zwischen Ingenieuren und Technikern beruhen nicht auf Macht; es sind technische Beziehungen. Man hat den Eindruck, als machten sie dieselbe Arbeit.«

Bisweilen scheint sich sogar eine andere Logik abzuzeichnen: »Hier habe ich wirklich den Eindruck, daß die Arbeitsorganisation nicht auf Hierarchie, sondern auf praktischen Notwendigkeiten beruht.«

Oft werden mehrere Aspekte gleichzeitig erwähnt. Die grundlegende Aussage ist jedoch dieselbe: »Es ist klar, daß die Hierarchie hier nicht auf Diplomen basiert, sondern auf der Fähigkeit der Menschen zu arbeiten. Die Hierarchie äußert sich weder in der Kleidung noch im Verhalten.«

Die Begeisterung, die für solche Praktika in ausländischen Unternehmen häufig kennzeichnend ist, verleitet oft zu einem negativeren Bild des eigenen Landes. Diese Aussagen sind deshalb mit großer Vorsicht zu genießen. Es ist jedoch aufschlußreich, daß es oft Fragen von Macht und Hierarchie sind, die herangezogen werden, um eine derartige Kritik zu formulieren:

»Der französische ›patron‹ gibt Anweisungen, über die die Mitarbeiter nicht mehr verhandeln können. In Deutschland können sie Stellung beziehen. Von Vorteil ist, daß in Frankreich die Arbeit sofort ausgeführt wird, aber nicht sehr gut, weil die Angestellten nicht zufrieden sind. In Deutschland lassen sie sich mehr Zeit bei der Entscheidung; ist die Entscheidung aber gefallen, wird die Arbeit besser erledigt.«

Die französischen Studenten spielen sehr oft auf das Verantwortungsbewußtsein der deutschen Mitarbeiter an, das die Rolle der Vorgesetzten verändert:

»Man kann sagen, daß die Beziehungen zwischen den Arbeitern und den Angestellten ausgesprochen gut sind. Da es sich bei den Arbeitern ausschließlich um Fachkräfte handelt, sind sie für ihre Arbeit verantwortlich. Der Vorarbeiter hat lediglich die Aufgaben zu verteilen. Jeder Arbeiter scheint sehr verantwortungsbewußt zu sein. Die Arbeit wird gewissenhaft ausgeführt und dient einem präzisen Ziel. Aus diesem Grund sind die Beziehungen zwischen Ingenieuren und Arbeitern in erster Linie technischer Natur.«

»Mangelnde Kritikfähigkeit«

Manche Studenten sind über den Mangel an Neugier bei einigen ihrer deutschen Kollegen empört:

»Die Leute waren unfähig, auf meine Fragen zu antworten, ganz einfach weil sie die Antwort nicht kannten. Sie wußten nicht, wozu sie ihre Arbeit taten, und konnten nur sagen: ›Das muß eben gemacht werden‹.«

Der Mangel an Eigeninitiative stört einige Franzosen, die nach neuen Methoden suchen, um beispielsweise die Produktivität zu steigern:

»Man wagt es nicht, bestimmte Verfahren zu verkürzen oder zu vereinfachen, aber darin liegt vielleicht der Schlüssel zum Erfolg der Deutschen: die gewissenhafte Anwendung erprobter Arbeitsmethoden. Etwas in einem, statt in zwei Arbeitsgängen zu erledigen, ist sicherlich sehr französisch; so werden bestimmte Aufgaben zwar schneller durchgeführt, die Ergebnisse entsprechen aber nicht immer den Erwartungen [...].«

Diese ersten Kommentare waren für uns von großem Interesse, denn sie geben Aufschluß über die Reaktionen junger Franzosen und junger Deutscher auf Unternehmen des anderen Lands. Überraschung, Enttäuschung, Verärgerung, wie sie in vielen Aussagen identifiziert werden können, stellen bereits vielversprechende interkulturelle Informationen dar. Die Schwierigkeiten, das andere System zu verstehen, werden in fast allen Berichten deutlich. Sie wurden zum Teil in Zusammenhang gebracht mit den charakteristischen Orientierungen in beiden Ländern: Improvisation/Vorbereitung, Segmentierung der Aufgaben/Transversalität, Monochronie/Polychronie, starker/schwacher Kontext, kurze/lange hierarchische Distanz, Konsens/Dissens. Zudem konnte ein bemerkenswerter Einwand ausgeräumt werden: der Kulturschock ist kein Generationenproblem! Auch unsere jungen Studenten, motiviert und offen, mit vollkommen zufriedenstellenden Sprachkenntnissen, verfingen sich in der Falle des Ethnozentrismus.

Um diesen ersten Ansatz zu validieren, beschlossen wir, unsere Analyse zu vertiefen und zu nuancieren. Arbeitsteams wurden in die Unternehmen geschickt, um den Hauptakteuren der deutsch-französischen Zusammenarbeit das Wort zu erteilen und ihren täglichen Schwierigkeiten auf den Grund zu gehen. Die Studie mußte eine andere Dimension erhalten: das Untersuchungsfeld wurde präzise abgesteckt, der Typus des Zielunternehmens definiert und eine geeignete Methode[1] entwickelt.

Dieses wertvolle Informationsmaterial haben wir zunächst grob nach Themen geordnet: Arbeitsorganisation, Managementstile, interpersonelle

---

1   Dank der Unterstützung der Robert Bosch Stiftung haben wir zwischen Dezember 1990 und März 1993 280 Personen in 20 Unternehmen interviewen können. In den folgenden vier Jahren wurden im Rahmen von Diagnosen oder Beratungen in 15 Unternehmen weitere 400 Gespräche geführt. Vertreten sind die Branchen Luft- und Raumfahrt, Chemie und Pharmazeutik, Maschinenbau, Zulieferer von Automobil-, Metall- und Stahlindustrie, Telekommunikation. Wir haben darüber hinaus für militärische und administrative Organisationen beider Länder Untersuchungen durchgeführt, insbesondere im Bereich der grenzüberschreitenden Zusammenarbeit.Vgl. Pateau, J., Dissertation, 1994, S. 153-164 und Anhang.

Kommunikation. Anschließend werden drei Einzeluntersuchungen vorgestellt; die erste veranschaulicht zwei entgegengesetzte Orientierungen in der Dialektik Kunde/Produkt, die beiden anderen stammen aus zwei deutschfranzösischen Unternehmen. Letztere erlauben eine weiter greifende Darstellung der Funktionsweise des Unternehmens und zeigen, wie es dazu kommt, daß die kulturelle Dimension im Fall einer bikulturellen Einheit in den Konstruktionsmechanismen der Akteure und der Institution eine vorrangige Rolle spielt.

Wir wollen den nachstehenden Interviews folgen und die seltsame Alchimie beobachten, die am Werk ist, wenn Deutsche und Franzosen zusammenarbeiten.

Kapitel 4

DIE ARBEITSORGANISATION

GENAU SEIN UND AUFFALLEN WOLLEN

D[1] *(seit 15 Jahren in Frankreich lebende Mitarbeiterin)*: »In Frankreich gibt es eine Methode, aber man kann es so oder so machen. Hauptsache, man erreicht etwas. Aber bei den deutschen Methoden, da muß es so gemacht werden, und da macht man es eben so. [...] Als Deutsche wende ich die Regeln gewissenhaft an [...]; ich habe aber gleichzeitig diese französische Ader zu meckern und zu sagen: ›Oh je, ist das unflexil, so was Blödes... und überhaupt: wozu das alles?‹ Und gleichzeitig würde ich es nicht wagen, die Initiative zu ergreifen und es anders zu machen. Da liegt vielleicht ein Problem. Es stimmt schon, einerseits folge ich den Anweisungen [...] mir ist gesagt worden, es so zu machen, also mache ich es so, ganz brav, wie ein disziplinierter, folgsamer Deutscher. Andererseits habe ich aber auch diese französische Art: ›Ist das kompliziert! Wozu denn das? Geht es denn nicht anders? Kann man das nicht umgehen?‹ Da kommt's zum Konflikt.«

Das zentrale Konzept der Genauigkeit *(rigueur)*, um die sich alles dreht und organisiert, stellt in den Augen der französischen Kunden das Schlüsselelement der deutschen Kultur dar.

F: »Die Kunden oder die 450 Mitglieder unseres Netzwerks würden Ihnen sagen, daß unsere Stärke darin liegt, daß wir ein deutschstämmiges Unternehmen sind. Denn da finden sie eine Genauigkeit, die in einem entsprechenden französischen Unternehmen vielleicht nicht gegeben wäre. Obwohl ich Ihnen eben gesagt habe, daß die Gewissenhaftigkeit, wie es sie in Deutschland gibt, in Frankreich nicht existiert. Aber sehen Sie, sie färbt trotzdem ein bißchen ab auf unsere Art und Weise, in Frankreich zu arbeiten.«

---

1 D = deutsche(r) Interviewpartner(in), F = französische(r) Interviewpartner(in).

I[2]: »Sie haben also den Eindruck, wirklich in einem deutschen Unternehmen zu arbeiten?«

F: »Ja, vollkommen richtig. Mit Genauigkeit, das ist klar. Ich meine, was dabei interessant ist, ist, daß das bei den Resultaten sehr deutlich wird. Diese Genauigkeit zahlt sich letzten Endes aus, langfristig gesehen.«

Genauigkeit oder Mangel an Flexibilität?

Wie ist diese deutsche Genauigkeit zu definieren? Sie ist in aller Munde: Gemeinplatz und Ausrede in oberflächlichen Gesprächen unter schlecht informierten Mitarbeitern, aber auch gelehrte Schlußfolgerung und Schlüsselkonzept in den ausgefeilten Äußerungen der Experten der deutsch-französischen Beziehungen. In den meisten Interviews gilt Genauigkeit zunächst als Synonym für Ordnung, Methodik, gute Organisation; daran, so heißt es, mangele es in Frankreich leider:

F: »Für mich steht fest, daß das für die Leute bei uns eine tägliche Anstrengung darstellt, denn unsere Mentalität – weiter will ich da nicht gehen – ist wesentlich weniger genau als die deutsche. Das liegt an der Kultur.«

Für einen Interviewpartner, der auf der Wellenlänge der deutschen Unternehmenskultur zu schwimmen scheint, evoziert Genauigkeit eine »Dampfwalze«, die sich linear, regelmäßig und irreversibel vorwärtsbewegt. Es gibt keine Zweideutigkeiten mehr, alles ist »klar, deutlich und präzise« und geht reibungslos seinen gesicherten Gang:

F: »Wenn M. eine Besprechung abhält, dann weiß man von Anfang an, daß sie um 11 Uhr 30 beendet sein muß, und sie wird beendet sein, selbst wenn nicht alles ausdiskutiert worden ist, sie wird beendet sein. Er hört einfach auf.«

In den meisten Interviews wird deutlich, daß die beiden Arbeitskulturen eine gewisse Ambiguität auslösen: auf der einen Seite sind die Franzosen von

---

2   I = Interviewer

der deutschen Art zu arbeiten sehr beeindruckt, auf der anderen Seite haben sie eine Schwäche und viel Nachsicht für die französischen Neigungen:

F: »Bei uns in Frankreich ist so etwas schwierig umzusetzen; wir sind nun einmal ein romanisches Volk.«

Die deutsche Genauigkeit wird erst erträglich, wenn man langen Umgang mit ihr gehabt hat und von ihrer Effizienz überzeugt ist. Die Ansicht, daß die Deutschen »ein bißchen borniert« seien, verschwindet aber nicht vollkommen:

F: »Ich würde für mich eher sagen, daß ich ihre Effizienz anerkenne. Es gibt allerdings Augenblicke, da kann ich wütend werden, weil ich meine, daß sie auf bestimmten Gebieten ein bißchen borniert sind. Eben weil sie das sehr gewissenhaft umsetzen. Das könnte mich also aus der Fassung bringen. Aber da ich sie gut kenne, mit ihnen ständigen Umgang habe und weiß, daß sie da auf jeden Fall effizient sind, stört mich das nicht allzu sehr.«

Man kann sich leicht ausmalen, daß die Beurteilung negativer ausfällt, sobald die interviewten Personen die deutsche Arbeitsmethodik nicht mehr beherrschen. Dann wird die Genauigkeit auf verschiedene Art und Weise angegriffen. Entweder, weil sie als Kostüm interpretiert wird, in das man hineinschlüpft, um sich dem Blick des anderen zu entziehen, oder weil sie auf beruflichem Gebiet als übertrieben oder unerträglich angesehen wird:

F: »In Deutschland gibt es diese Genauigkeit [...] Ist das ein Eindruck, den sie erwecken wollen, oder hängt das damit zusammen, daß sie sich in Deutschland in einer Struktur, einem Modell befinden, von dem sie sich nicht lösen dürfen, weil das ein schlechtes Bild von ihnen abgeben würde? Dabei sind sie doch [...] in den Ferien vollkommen anders [...].«

Hier wird extrem scharfe Kritik an der Genauigkeit laut, die als dogmatisch angesehen wird:

F: »[...] Immer ist eine Gewissenhaftigkeit zu spüren, die manchmal schwerfällig oder lächerlich wird. Das heißt, sie treiben die Gewissenhaftigkeit auf die Spitze... und man gewinnt den Eindruck, als seien sie sich nicht darüber im klaren, daß das manchmal ein bißchen dumm ist [...]. Oft sind sie ganz schön schwierig, weil sie uns nach Dingen fragen, die uns absolut nichts bringen. [...] Wir – ja also, das ist jetzt ein bißchen scherzhaft gemeint – wir nennen das dogmatisch. Der Deutsche ist seinem Wesen nach dogmatisch, das heißt es gibt da ein Dogma, man begibt sich in einen fest definierten Rahmen, und der Deutsche macht nicht mit, wenn da etwas aus dem Rahmen fällt.«

Vorbereiten oder improvisieren?

Ständig wird ein – nicht unbedingt negativ besetzter – Gegensatz zwischen »deutscher« und »französischer« Kultur laut. Auf der einen Seite die langsame, allmähliche, konstruierte und vollkommene Durchführung einer seit langem reiflich vorbereiteten Operation, bei der keine Zwischenetappe übersprungen wird; auf der anderen Seite ein spontaneres, intuitiveres, weniger lineares Vorgehen, bei dem oft improvisiert wird:

F: »Der französische Ingenieur ist intuitiver. Das ist zweischneidig: manchmal stößt man direkt zum wirklichen Problem vor, findet den wunden Punkt; es kann aber auch passieren, daß man stunden- oder tagelang einfach danebenliegt.«

F: »Der Deutsche ist sehr viel methodischer: es gibt ein Problem, man fängt bei A an und sucht die verschiedenen Möglichkeiten ab, bis man auf das Problem stößt. Der Vorteil dabei ist, daß man sicher ist, nichts vergessen zu haben. Bei diesem Verfahren des Absuchens, bei diesem sehr methodischen Verfahren ist man jedenfalls sicher, daß man nichts vergißt. Die Franzosen, die ja eher intuitiv sind, können tagelang am Problem vorbeigehen. Kein Zweifel. Manchmal kommen sie sehr viel schneller voran. Da haben wir bereits zwei sehr unterschiedliche Ansätze.«

F: »Die Deutschen lassen sich Zeit, setzen die notwendigen Mittel ein, beraten sich mit den anderen. Wenn die Entscheidung dann gefallen ist, wenn das Ziel definiert ist, konstruieren sie die Mittel, die notwendig sind, um dieses Ziel zu erreichen. Wir sind vielleicht kreativer. Aber das führt dazu, daß sich immer jemand findet, der sagt: ›Also, das ist gut, aber wir könnten vielleicht auch das versuchen.‹ Und so vergißt man das erste Ziel und geht zu einem anderen über. Ich finde, daß wir eine unangenehme Eigenschaft haben, die es in Deutschland wohl nicht gibt; es werden neue Dinge angefangen, bevor überhaupt Zeit gewesen ist, die alten zu prüfen. Wir gehen nicht systematisch genug vor, während die Deutschen sehr viel langfristiger auf die definierten Ziele hinarbeiten. Sie denken nach. Ich glaube aber, daß es ihnen im Vergleich zu uns wohl an Schnelligkeit und Flexibilität mangelt. Und auch an Improvisationstalent.«

Die französischen Mitarbeiter, die seit vielen Jahren mit Deutschland zu tun haben, erwähnen diesen Aspekt häufig. Für sie existiert ein grundlegender Unterschied bei der Vorbereitung eines Projekts: Definition der Ziele und Budgetplanung auf der einen, riskanter Start auf der anderen Seite:

I: »Sie sprechen von unterschiedlichen Arbeitsmethoden?«

F: »Oh ja! Ich möchte mal sagen, daß wir in Frankreich weniger vorausplanen. Die Deutschen planen gewöhnlich sehr lange im voraus. Wenn sie etwas planen, dann haben sie auch die entsprechenden Mittel, das heißt, man plant nicht einfach irgend etwas, ein neues Produkt auf den Markt bringen, die eine oder andere Kampagne starten. Bei den Deutschen, da gibt es die Form, das Konzept, und daneben, da gibt es die notwendigen finanziellen Mittel. Vielleicht wird das Ganze auf halbem Weg abgebrochen, weil man feststellt, daß man nicht mehr über die notwendigen Mitteln verfügt, daß die entsprechenden Beträge nicht richtig im Budget vorgesehen waren. In Deutschland kann man keinen Vorschlag machen, egal worum es sich dabei handelt, ohne gleichzeitig die entsprechenden Kosten und Mittel anzuführen. Das ist immer so. Auch da würde ich sagen, daß die Deutschen uns überlegen sind. Sie sagen vielleicht nein, aus dem einen oder anderen Grund sei es unmöglich. In Frankreich hätte man stattdessen irgendeinen Dreh gefunden.«

Ein Verantwortlicher der Verkaufsabwicklung weist zunächst alles zurück, was er als Stereotypen betrachtet – Schwerfälligkeit, Bestimmtheit, mangelnde Diplomatie – und kommt dann auf die Arbeitsmethode zu sprechen. Er betont die umfassende Art und Weise, die Dinge zu behandeln, die tiefgehende Reflexion, mit deren Hilfe sich Schwierigkeiten identifizieren und aus dem Weg räumen lassen, bevor das Geringste unternommen wird. Ein »Spätzünder«, um die bildhafte Sprache des zitierten Mitarbeiters zu benutzen, der allerdings nicht das Risiko eingeht, blind »loszulegen« und anschließend die Sache »ausbaden« zu müssen.

F: »Ich glaube, ihre beste Eigenschaft – im Unterschied zu uns – besteht darin, daß sie, wenn sie ein Thema anpacken, es vollkommen vertiefen, um alle Dornen zu beseitigen. Wenn eine Entscheidung gefallen ist, haben sie dann alle Elemente, alle Faktoren berücksichtigt, die Probleme mit sich bringen könnten. In Frankreich denken wir vollkommen anders. Wir sind ein romanisches Volk und von daher sehr viel dynamischer. Deshalb legen wir oft einfach los und müssen anschließend ausbaden, was es alles an Funktionsstörungen gegeben hat, denn die haben wir mangels Reflexion nicht voraussehen können.«

Ein Vorantwortlicher des Kundendiensts beschreibt einen ähnlichen Fall und hebt tiefgreifende kulturelle Unterschiede in der Arbeitsweise hervor:

F: »Ich will einen präzisen Fall nennen. Letztes Jahr wollten wir Kunden nach Deutschland schicken, was wir schon seit langem nicht mehr getan hatten – in Frankreich gibt es 450 Unternehmen, die für X arbeiten, und diese 450 Unternehmen waren eingeplant. Wir hatten das Ganze über sechs Monate verteilt, usw. [...], und da sagten die Deutschen ab. ›Nein, wir können Sie in unsere Fabriken in [...] nicht empfangen, in unserem Versuchszentrum können wir erst in einem Jahr Leute empfangen.‹ Wir erklärten ihnen, daß sie keinen großen Aufwand zu betreiben hätten. Aber die Deutschen sagten: ›Nein, es geht nicht.‹ Wir haben es trotzdem gemacht. Und die Deutschen waren sauer, weil sie die Kunden nicht unter bestmöglichen Bedingungen empfangen konnten. Wenn alles geplant gewesen wäre, zu dem Zeitpunkt, den sie uns genannt hatten, dann wäre ganz bestimmt alles perfekt gewesen. Ich würde sagen, wir haben die Sache halb gemacht. Die Kunden waren aber sehr zufrieden. Auf französischer Seite heißt es, daß das Ganze nicht übel war; für die Deutschen ist es sehr, sehr schlecht gelaufen [...] Wissen Sie, in Frankreich sagen wir uns, daß ein Jahr vollkommen lächerlich ist, denn es ging nur um Zweitagesbesuche, die man notfalls auch improvisieren kann. Improvisation, das kennen sie nicht, bzw. da wollen sie nichts von wissen. Darin liegt aber auch ihre Stärke auf industriellem Gebiet. Wir lösen 20% der Ausnahmefälle. Die Deutschen durchdenken 80% der Fälle, und die 20% Ausnahmen, die vernachlässigen sie notfalls.«

Auf deutscher Seite wird das Vorhaben abgelehnt, da die idealen Voraussetzungen nicht gegeben sind. Der zeitliche Druck ist zu groß, würde Streß hervorrufen und vor allem eine korrekte Durchführung der Arbeit unmöglich machen. Auf französischer Seite besteht die »Herausforderung« gerade darin, das genaue Gegenteil von der Entscheidung der Muttergesellschaft zu tun, zu improvisieren und in größter Eile organisatorische Probleme zu lösen, die, so möchte man sagen, nur insofern von Interesse sind, als die Situation kritisch geworden ist. Widerspruchsgeist verbindet sich bei den Franzosen mit Improvisationstalent, und die Kunden reisen sehr zufrieden wieder ab, wenngleich die Arbeit nur zur Hälfte erledigt worden ist. Nicht uninteressant ist dabei, daß der französische Mitarbeiter im Interview wiederholt das Wort »notfalls« verwendet, was die Begeisterung darüber, es »gerade noch geschafft zu haben« und Ausnahmesituationen meistern zu können, bestens zum Ausdruck bringt.

Die Verärgerung im Mutterhaus kann man sich leicht ausmalen: seine Zeitplanung wurde über den Haufen geworfen, und die Arbeit konnte nur schlampig gemacht werden. Die Zufriedenheit des Kunden war da ein schwacher Trost. Wie wir oft festgestellt haben, identifiziert man sich in Deutschland in der Regel weniger mit den Personen als mit der Arbeitsaufgabe. Dieser Fall ist in mehrerer Hinsicht aufschlußreich. Er zeigt, daß immer häufiger auftretender Zeitdruck das Risiko mit sich bringt, zwischen Deutschen und Franzosen zu Konflikten zu führen. Anders ausgedrückt, die Gefahr, nicht synchron zu sein, ist permanent gegeben, und ein Franzose muß sich ständig die grundlegende Frage stellen, ob seine Intervention zum richtigen Zeitpunkt und am richtigen Ort erfolgt, in der Linearität des deutschen Vorhabens.

F: »[...] wir bereiten diesen Leuten Probleme, weil für sie alles feststeht, schön gerade und regelmäßig ist, und dann sind wir auf einmal da. Wir mögen solche Probleme, das ist es, was uns interessiert. Wenn alles schön gerade und regelmäßig ist, dann weiß ich nicht, weshalb man überhaupt weitermachen sollte, wenn der Weg schon vorgezeichnet ist. Was interessant ist, das sind so die Herausforderungen, wir kämpfen gern ein bißchen... das ist es, was uns interessiert [...].«

Dank ihrer Schnelligkeit, ihrer Flexibilität und ihrer Improvisationsgabe gelingt es den Franzosen – zumindest ihrer eigenen Einschätzung nach –, schwierige Situationen zu meistern und vor allem eine ihrer wichtigsten Motivationsquellen am Leben zu erhalten: sich selbst eine Freude zu machen, nach einer persönlichen Art der Problembewältigung zu suchen, sich zu amüsieren, neue Wege einzuschlagen, sich Herausforderungen zu stellen.

Der Wunsch, sich von der Masse abzuheben, wirft die Frage nach der Arbeitsethik von Deutschen und Franzosen auf. Dieses Thema wird in dem Interview des Kundendienstmitarbeiters ebenfalls angeschnitten. Nach zwanzig Jahren Tätigkeit in verschiedenen Filialen deutscher Unternehmen betrachtet er beide Kulturen mit ziemlicher Strenge:

F: »In Frankreich gibt es zehn Personen. Wenn man einer von ihnen sagt, etwas zu tun, dann heißt es: ›Ja, aber kann man das nicht auch so machen?‹ In Deutschland wird der Betreffende ja sagen und dann tun, was man ihm aufgetragen hat, selbst wenn das vielleicht eine Dummheit ist. Aber er wird es tun. Ich würde sagen, das macht ein bißchen die Stärke Deutschlands aus.«

Aufgabensegmentierung und Improvisationskunst

Auf französischer Seite ist ein ständiges Verlangen auszumachen, sich durch Originalität und Einfallsreichtum auszuzeichnen, was dazu führen kann, daß sich der Betreffende von seiner eigentlichen Aufgabe abwendet. Dem steht auf deutscher Seite die Tendenz zu präzisem, nicht blindem aber kurzsichtigem Gehorsam gegenüber. Was für einen Franzosen als Mangel an Kritikfähigkeit oder Abstand bezüglich der Arbeitsaufgabe gilt, wird in Deutschland als logische Ausführung einer Arbeit gewertet, bei der jeder einzelne eben durch seine Aufgabe mit der Gruppe verbunden ist, ohne dabei die vorab festgelegten Grenzen zu überschreiten. Diese Fähigkeit, sich auf seine Funktion oder Aufgabe zu beschränken, ist einem Franzosen unverständlich; er will angenehm auffallen, selbst wenn er nicht sicher ist, sein Engagement zu Ende führen zu können.

F: »Bei den Deutschen... wenn man da jemanden um etwas bittet, was ihn nicht betrifft, dann sagt er nicht: ›Okay, ich kümmere mich darum‹, sondern: ›Da müssen Sie sich an Herrn sowieso wenden.‹ In Frankreich versucht man, dem anderen einen Gefallen zu tun, oder man will sich aufplustern und sagt: ›Okay, ich kümmere mich darum‹, selbst wenn das nicht in den eigentlichen Aufgabenbereich fällt. Das kann sogar dazu führen, daß die Arbeit, für die man eigentlich bezahlt wird, nicht erledigt wird. Da liegt ein sehr präziser Mentalitätsunterschied zwischen Deutschen und Franzosen: der Franzose kümmert sich oft um Dinge, die ihn nicht direkt betreffen, während der Deutsche sich nur um das kümmert, was ihn betrifft.«

F: »Wollen Sie wissen, was mich in einem deutschen Unternehmen beeindruckt hat und im übrigen auch heute noch beeindruckt? [...] Die Organisation, die natürlich mit der deutschen Mentalität zusammenhängt. Jeder weiß ganz genau, was er zu tun hat, wo seine Arbeit anfängt, und jeder weiß auch ganz genau, wo die Arbeit des anderen anfängt und wo sie aufhört. Das fällt uns in Frankreich sehr schwer, denn wir sind ein romanisches Volk. Ganz klar, wir kommen gern mit dem in Berührung, was etwas vorher oder etwas nachher liegt; wir kümmern uns nicht unbedingt sehr gern um das, wofür wir theoretisch bezahlt werden.«

Der Januskopf der Genauigkeit ist hier Synonym für Mangel an Flexibilität. Die fehlende Verbindung zwischen den verschiedenen Abteilungen ist eine Konsequenz der strengen Segmentierung der Arbeitsaufgaben und wird zu einer Abkapselung, die der Kommunikation zwischen den Abteilungen abträglich ist. Das führt zu Funktionsstörungen oder sogar zu einer vollkommenen Blockierung der Tätigkeit, wenn sich jeder auf die offiziellen Verfahrensweisen und Vorschriften beruft und auf eine Anfrage, die nicht direkt in seinen Zuständigkeitsbereich fällt, nicht reagiert.

F: »Sie berufen sich gern auf die etablierte Politik oder Strategie, auf bekannte Vorschriften. Für mich ist das Mangel an Flexibilität [...] Die verschiedenen Zuständigkeitsbereiche, die verschiedenen Abteilungen sind in K. sehr voneinander abgekapselt. Sobald wir ein Problem haben, das mehrere Bereiche betrifft, wird es in 90% der Fälle nicht zur beiderseitigen Zufriedenheit gelöst. Weil das nicht gut funktioniert. Jeder verweist auf die Zuständigkeit des anderen, der selbst auch wieder... usw. Wir haben da ein riesiges Problem... das riecht ein bißchen nach Beamtenmentalität.«

F: »Das zweite Beispiel für zu starkes Abkapseln, wo es ständig schiefgeht, das ist, wenn wir eine personalisierte Produktpalette auf den Markt bringen. Die Verpackung wird in Deutschland hergestellt. Sobald eine neue Produktpalette lanciert wird, wird zunächst die Marketingabteilung eingeschaltet, dann die Abteilung, die sich um die Herstellung der Verpackung kümmert, dann die Verkaufsabteilung, die grünes Licht gibt – na ja, das ist jetzt nicht die richtige Reihenfolge –, die also für das eigentliche Produkt grünes Licht gibt, danach kommt die Abteilung, die sich um die Lagerhaltung kümmert, Bestellungen an die Fabrik weiterleitet und die Ware lagert. Das sind also vier verschiedene Orte. Egal, ob wir ein Jahr, neun Monate, sechs Monate oder zwei Monate vorher anfangen, wir sind nicht in der Lage, dieses Produkt zu einem vorab festgelegten Zeitpunkt auf den Markt zu bringen. Da ist immer einer, der nicht die richtige Information an den anderen weitergegeben hat; der andere reagiert nicht und hakt nicht nach. Kurzum, das ist einfach ein Ding der Unmöglichkeit.«

In einer deutschen Fabrik macht ein deutscher Mitarbeiter unmißverständlich klar, daß die Nichtbeachtung des Zuständigkeitsbereichs eines Kollegen schwerwiegende Konsequenzen haben kann:

D: »Unsere Organisation ist so beschaffen, daß jeder für einen Bereich zuständig ist. Wenn er den verläßt, kann's heikel für ihn werden.«

In einer französischen Organisation, die meist weniger strukturiert ist, wo viele sich auf ihre Intuition verlassen müssen, wirkt die starke Strukturierung der Deutschen natürlich schwerfällig und steht im Gegensatz zur französischen Mentalität. So erklärt sich die Ambiguität der Vorwürfe, die den als »hierarchisch« geltenden Deutschen gegenüber formuliert werden:

F: »Die Deutschen haben Respekt vor der Hierarchie, ihre Zuständigkeiten sind genau definiert; sie können nichts auf ihre eigene Kappe nehmen. Wir können die Rolle der Hierarchie spielen; es gibt Leute, die im Namen der Hierarchie sprechen, und in der Regel, wenn Vertrauen herrscht, werden sie von den oberen Etagen gedeckt. [...] Sie [die Deutschen] verschanzen sich immer wieder hinter Diskussionen: ›wir können nicht‹, ›wir müssen das erst abklären‹, ›wir brauchen das Einverständnis von der einen oder anderen Abteilung‹. Und das ist für uns ein bißchen frustrierend.«

Diese Beschreibung der deutschen Funktionsweise ist vielleicht nicht ganz zutreffend:

F: »Es handelt sich vielmehr um Respekt vor dem Zuständigkeitsbereich und der Souveränität des einzelnen; man bemüht sich, nichts zu tun, was im Widerspruch zur offiziellen Organisation stehen könnte. Der Mangel an Flexibilität steht außer Zweifel, zumal die Zusammenarbeit zwischen den Abteilungen nicht immer reibungslos funktioniert.«

Zahlreiche Franzosen in gehobener Stellung neigen dazu, das deutsche System zu kritisieren, das vollkommen von einer zuweilen zu engen Aufgabendelegation abhängt. In einem Unternehmen, das wir untersucht haben, veranlaßt die dem deutschen Mutterhaus zugeschriebene Langsamkeit Mitarbeiter, die Hindernisse aus dem Weg räumen wollen, dazu, sich an den Leiter zu wenden, damit er auf hoher Hierarchieebene interveniert. Dieses in Frankreich häufig anzutreffende und durchaus tolerierte Verhalten hat in Deutschland katastrophale Auswirkungen und kann zu schweren Repressalien führen.

F: »Also, das normale Verfahren sieht so aus, daß meine Mitarbeiter mit den verschiedenen Hierarchiestufen sprechen. Wenn sie so nichts erreichen, kommen sie zu mir und sagen: ›Da muß auf höherer Ebene interveniert werden‹, und ich interveniere auf höherer Ebene. Ich muß aufpassen, an welche Tür ich da klopfe. Wenn ich außerhalb der normalen hierarchischen Beziehungen interveniere, das heißt beim Verwaltungsratsvorsitzenden, dann kommt es auf allen Ebenen zu Frustrationen. Das muß man nicht sofort ausbaden, weil die Entscheidung auf höchster Ebene gefällt wurde und das Problem gelöst ist. Die Entscheidung wird aber sehr schlecht akzeptiert, und das muß man später ausbaden, auf sehr indirekte Art und Weise. Wenn man beispielsweise

600 oder mehr Stückzahlen haben könnte, dann werden die einfach, sagen wir mal nach Israel oder Griechenland gegeben, man selbst bekommt sie aber nicht [...] Da ist so etwas wie Rachsucht und Vergeltung im Spiel: ›Vorsicht, du hast mich einmal hereingelegt, aber paß auf, daß das nicht nochmal passiert.‹ Das ist hier sehr wichtig.«

Es wird deutlich, daß die Verletzung der Arbeitsautonomie einem Entzug von Verantwortung gleichkommt, den das deutsche Unternehmen nicht akzeptiert. Verschiedene Aussagen unterstreichen die Empfindlichkeit der Deutschen, was die Organisation, das System und die Strukturen anbelangt sowie die Disziplin, die eher auf eine Norm als auf ein Individuum zurückzuführen ist.

F: »Vor allem, das ist doch kein Kleinbetrieb; das Unternehmen hat seine Strukturen, seine Reaktionsgeschwindigkeiten, das ist doch etwas Gewaltiges. Es ist schon manchmal schockierend, sechs Monate oder ein Jahr auf Antwort zu warten, wenn man eine Frage aufwirft. Dabei muß man berücksichtigen, daß wir aufgrund der komplexen Organisation nicht die Flexibilität haben, die hier möglich wäre. In Deutschland, da gibt es Strukturen, eine Organisation, die definiert ist. Sie ist nicht nur definiert, sondern wird auch beachtet. In Deutschland ist es in der Regel unmöglich, den anderen ins Gehege zu kommen. Hat man eine Beschreibung seiner Aufgabe, dann erledigt man diese Aufgabe; dabei kommt man aber den anderen weniger ins Gehege, und es werden sicherlich weniger Fragen gestellt als in Frankreich [...].«

Für die Franzosen besteht die Schwierigkeit letztendlich darin, die Segmentierung zu begreifen und zu beherrschen, die in einem deutsch-französischen Unternehmen zweierlei umfaßt: die Arbeitsaufgaben und die Zeit. Der deutsche Ansatz ist, wie wir gesehen haben, eher monochron: man konzentriert sich auf eine Aufgabe, man tendiert dazu, eines nach dem anderen zu tun, gründlich, und es konsequent zu Ende zu führen. Im Gegensatz dazu ist die französische Herangehensweise polychron; wichtig ist die Fähigkeit, mehrere Probleme gleichzeitig zu behandeln, wobei allerdings den Details weniger Gewicht zugeschrieben wird. Das wird bereits bei den Besprechungen sichtbar, gilt aber für die gesamte Arbeitsgestaltung:

F *(in Deutschland lebend)*: »Es fällt uns schwer, mehrere Aktionen zeitlich zu organisieren; es ist sehr schwierig, Daten einander überschneiden zu lassen. Das wird bei den Planungen deutlich, wenn Ziele festgesetzt werden. Es ist einfacher zu sagen: ›Für die Woche 10 ist unser Ziel soundso. Wenn das erreicht ist, gehen wir zur nächsten Phase über.‹ […] Hier wird der Unterschied im Vergleich zu Frankreich sehr schnell deutlich. Vielleicht funktioniert das besser. Die Verteilung der Aufgaben auf die verschiedenen Teilnehmer, das macht Arbeit erforderlich, um die Themen als Aktionen zu formulieren. Aber wenn die Aktionen erst einmal feststehen, dann braucht man sie nur noch auf die Teilnehmer zu verteilen, mit einem Zeitplan natürlich. In Frankreich macht man sich diese Mühe nicht, da sagt man eher: ›Sie kümmern sich um alle Aktionen. Sehen Sie zu, daß Sie Ergebnisse vorzuweisen haben. Wie Sie das anstellen, ist Ihre Sache, aber zu diesem Zeitpunkt sollten Ergebnisse vorliegen […].«

F *(in Deutschland lebend)*: »Hier gibt man sehr viel mehr formale Anweisungen […]. In einer Besprechung neigte ich dazu zu sagen: ›OK, Sie kümmern sich um den Punkt X‹, aber dann hieß es sofort: ›Moment, wie meinen Sie das? Können wir da etwas in die Einzelheiten gehen?‹ Die Leute schließen eine Besprechung nicht ab, solange sie keine präzisen Aufgaben mit einer Methode und einer Frist haben. Sonst wird die Arbeit nicht erledigt […].«

F *(in Deutschland lebend)*: »Von den deutschen *cadres* waren wenige in der Lage bzw. willens, verschiedene Projekte gleichzeitig zu bearbeiten. Mit dem früheren Controller wurden fünf Themen eines nach dem anderen behandelt; er bat mich immer, erst eines abzuhaken, bevor wir das nächste behandelten.«

Eines der größten Probleme, das von den Franzosen häufig erwähnt wird, besteht in der Unfähigkeit, transversal, d.h. abteilungsübergreifend zu arbeiten. Zahlreiche Aktionen laufen langsamer ab, weil die Rückmeldungen an die Hierarchie Zeit in Anspruch nehmen, was das Unternehmen um seine Reaktionsfähigkeit bringt und Querverbindungen unmöglich macht:

F: »Querverbindungen gibt es nicht. Es ist immer dasselbe: ›Ich fälle keine Entscheidung, dafür bin ich nicht zuständig, wenden Sie sich an die zuständige Person.‹ Die Leute sind nicht sehr engagiert, was das Gesamte angeht. Auf ihrem Gebiet sind sie sehr kompetent, aber da darf man nicht drüber hinausgehen. Wenn Verantwortliche mir eine häufig sehr präzise Frage stellen, habe ich nicht immer die Anwort parat und versuche, den Kontext zu begreifen. Aber da heißt es dann sofort: ›Nein, beantworten Sie meine Frage‹, während ich einfach mehr Information brauche, ich will das Ziel wissen. Für sie geht das wohl zu weit, während ich einfach Zusatzinformationen brauche […]. Und so ergeht es mir täglich […].«

Dieses sehr stark ausgeprägte Charakteristikum der deutschen Gemeinschaftskultur, das zur Trennung der Aktivitäten und zur Aufgabensegmentierung führt, hat, wie wir sehen werden, geschichtliche Gründe und hängt auch mit dem Ausbildungssystem zusammen. Die Logik der raschen Projektentwicklung, die in Frankreich wie in Deutschland zu einer zwingenden Notwendigkeit geworden ist, leidet darunter. Derartige Probleme sind sicherlich auch in den französischen Unternehmen anzutreffen. In Deutschland aber hat der organisatorische Wandel später eingesetzt als in Frankreich, und die erzieherischen und soziokulturellen Rahmenbedingungen tragen weitgehend zur Förderung des Widerstands gegen den Wandel bei. Monochronie, der tendenzielle Bezug auf althergebrachte, erprobte Modelle, Sinn für Kontinuität, eine Spezialistenkultur, der Begriff der Aufgabensegmentierung machen Projektmanagement noch problematischer. In Deutschland impliziert die Entwicklung der Organisation zu mehr Transversalität folglich ein starkes Engagement von Seiten des Managements, das diesen neuen Aktionstypus präzise und formal zu koordinieren hat, unter Vermeidung von allzu allgemeinen, abstrakten oder impliziten Botschaften.

Detailfreude und Denken in Zusammenhängen

Der Gegensatz zwischen streng definiertem Zuständigkeitsbereich und ungenau bestimmten Aufgaben hängt natürlich mit einem grundlegenden Unterschied zusammen, der in den Gesprächen häufig erwähnt wurde: der globale Ansatz der Franzosen und die Genauigkeit der Deutschen. In den Augen vieler deutscher Verantwortlicher interessieren die Franzosen sich nur für die allgemeine Erfassung der Probleme; sie zeichnen die groben Linien, sind aber nicht bereit, sich in den Details zu verlieren.

D: »Ich habe den Eindruck, daß die Franzosen sich mit der allgemeinen Struktur, dem Gesamtüberblick befassen und sich nicht gern um Einzelheiten kümmern; die Deutschen hingegen versteigen sich erst dann in umfassende Visionen, wenn alle Details geregelt sind.«

Dieses Denken in Zusammenhängen scheint dazu zu veranlassen, nur allgemeine Ziele zu definieren und Details zu vernachlässigen. Bei den Deutschen löst ein derartiges Verhalten größtes Unbehagen aus.

D: »Wir brauchen ein mittelfristiges Ziel, und dieses Ziel ist nicht klar definiert. Und das würde auch die Verständigung erleichtern. Jeder Eingeweihte wüßte, wo es lang geht.«

Kritischer noch wird das Verhalten mancher Franzosen gewertet, die den feinen Mann markieren und meinen, über den materiellen Dingen des Arbeitsalltags zu stehen:

D: »Wenn sie etwas organisieren sollen, dann mieten sie vielleicht einen tollen Saal, installieren eine perfekte Technik, machen einen schönen Video-Film, laden dann die internationale Presse ein, und alles klappt wie am Schnürchen. Aber es hapert am Detail. Ein Bus kommt nicht, obwohl es regnet... das sind die winzigen Einzelheiten. Nur, das macht hier einen schlechten Eindruck. Die Journalisten beklagen sich, weil sie eine halbe Stunde im Regen haben warten müssen, und dann läuft natürlich die gesamte Konferenz schlecht. Nur, für die Franzosen ist das vollkommen zweitrangig, das spielt überhaupt keine Rolle. Sie haben keine Lust, sich vorher darum zu kümmern, und stellen sich noch nicht einmal die Frage.«

Die Abneigung gegen das Detail kann, vom deutschen Blickwinkel aus betrachtet und in diesem bestimmten Fall, zu Mißerfolgen oder Mangel an Professionalität führen.

Der Gegensatz zwischen den beiden Mentalitäten wird auch von einem französischen Juristen erwähnt, der vor dem Kontrast zwischen rascher Synthese und Detailfreude warnt:

F: »Auf juristischem Gebiet ist die deutsch-französische Zusammenarbeit die reinste Katastrophe! Die Deutschen sind sehr viel diskursiver und weit weniger synthetisch als die Franzosen. So etwas habe ich noch nie gesehen. Ein Freund von mir, ein Anwalt, arbeitete mit einer Kanzlei in Paris, die einen Vertreter in München hatte. Beide waren mit einem Fall beschäftigt, den man ihnen aus Frankreich geschickt hatte. Die Antwort kam ziemlich schnell, aber mit zehn Kilo Papier, und die Franzosen sagten: ›Was denken die sich eigentlich dabei? Wo sollen wir denn die Zeit finden, das alles zu lesen, zu durchdenken und zusammenzufassen? Die Deutschen können wirklich nichts.‹ Die Deutschen baten die Franzosen um ein Dossier; das dauerte drei Wochen, und es kamen drei Seiten. Die Deutschen: ›Also diese Franzosen! Ein Haufen Spaßvögel, Dilettanten und Faulpelze.‹ Eine Synthese zu machen, das ist effizienter, kann aber zu vielen Mißverständnissen führen. Und das Problem dabei, wenn man nicht bis zum Anfang zurückgeht, wie das die Deutschen immer tun, besteht darin, daß man vieles nicht versteht. Wir erhalten oft sehr synthetische Briefe von Franzosen in hochrangiger Stellung. Und da verstehen wir nicht, was sie meinen. Sie gehen einfach davon aus, daß wir so einiges schon wissen. Das ist aber nicht so einfach.«

Bei frankophilen Deutschen, die in unserem Panel die Mehrheit ausmachen, wird von diesen Besonderheiten mit viel Sympathie gesprochen:

D: »Die Arbeitsweisen sind natürlich verschieden. Mit den Franzosen arbeite ich sehr gern zusammen, weil bei ihnen nicht alles so streng geregelt ist wie bei uns. Hier gibts für alles und jedes eine Norm, wir haben viele Vorschriften zu befolgen. Die Franzosen setzen sich da einfach drüber hinweg, ohne im übrigen schlechter abzuschneiden, ganz im Gegenteil, sie sind viel flexibler [...]. Wenn wir eine Besprechung haben, dann muß natürlich von den Ergebnissen gesprochen werden, es müssen Korrekturen vorgenommen werden. Aber die Franzosen haben keine feste Tagesordnung, das mögen sie nicht, das versetzt sie in schlechte Laune, da sind sie viel weniger mitteilsam als wenn lediglich das Thema vorgegeben ist. Nun ja, dann wird eben vom Motor gesprochen, aber ohne festgelegte Etappen; wie die Franzosen das nennen: ›à bâtons rompus‹, es wird von diesem und jenem gesprochen. Wenn es zu steif wird, schließen sie sich wie eine Auster.«

Der deutsche Techniker hat durchaus den Wunsch begriffen, durch ein informelles Gespräch Hintergrundinformationen zu bekommen. Er scheint sich diesem etwas »exotischen«, gleichwohl aber sympathischen Stil ohne Probleme anzupassen. Während des gesamten Interviews prangert er die Vorurteile an, denen zufolge die Franzosen oberflächlich seien; es komme ihnen vor allem darauf an, ernst genommen zu werden, »das ist den Franzosen im Kontakt mit Deutschen am wichtigsten«.

In einem anderen Gespräch wird darauf hingewiesen, der angebliche Mangel an Kreativität bei den Deutschen sei weitgehend auf die Tatsache zurückzuführen, daß die meiste Zeit damit verbracht werde, eine Aufgabe präzise, sorgfältig und methodisch zu erledigen. Es geht somit um Gewissenhaftigkeit *um* die Arbeit *herum* und nicht *in* der Arbeit, wie es ein Verantwortlicher der deutschen Filiale formuliert:

D: »Die Franzosen sind es gewohnt, in der Arbeit mehr Freiheit zu haben, sich einen größeren Freiraum zu schaffen und so ein oder zwei Stunden darauf zu verwenden, über etwas Kreatives nachzudenken. Das ist übrigens manchmal hilfreich, denn es ist nicht immer die konsequente, beständige Arbeit, bei der man nicht abschweift, die letzten Endes das beste Ergebnis bringt.«

Dieses hohe Maß an Flexibilität wird nicht immer so positiv bewertet, insbesondere von einem Projektleiter, der mit einer der französischen Produktionsstätten wöchentlich in Kontakt steht. Er betont sogleich die historisch bedingten Strukturunterschiede, da die französische Fabrik später in das deutsche Unternehmen integriert worden war. Er erwähnt den kreativeren, unbürokratischeren Stil der Franzosen, bevor er vorsichtig auf die wirklichen Schwierigkeiten bei einem deutsch-französischen Projekt eingeht:

D: »Natürlich, im Laufe der Produktentwicklung gibt es gewisse Querverbindungen. Jede Abteilung entwickelt etwas, und dann trifft man wieder zusammen und soll sich einigen. Und da kommt es manchmal zu Verständigungsproblemen. Alles hätte eigentlich klar sein sollen, aber dann stellt sich heraus, daß die Dinge nicht so klar waren, wie man damals gedacht hatte. Woran das liegt – keine Ahnung… Es kann vorkommen, daß in einer Besprechung alle Aspekte behandelt worden sind, und dann stellt man später fest, daß es anders ausgeführt worden ist und uns keiner vorab informiert hat [...].«

Es handelt sich um die üblichen Funktionsstörungen, die bereits von den Franzosen der Filiale erwähnt worden waren: es ist unlogisch, aus welchem Grund auch immer – und auf französischer Seite wird es immer ein guter Grund sein, da man hier inzwischen eine bessere Lösung gefunden hat – eine Vereinbarung in Frage zu stellen, die das Ergebnis eines langwierigen Konsens ist. In einem solchen Kontext werden häufig Begriffe wie *abhaken**, *abarbeiten**, *abstimmen** benutzt, was im Deutschen Ausdruck einer methodischen, allmählichen, endgültigen und somit quasi irreversiblen Behandlung der verschiedenen Punkte einer Besprechung ist. Das Verb, mit dem die Art bezeichnet wird, in der die Themen behandelt werden, ist *ansprechen**: hier kommt deutlich eine oberflächliche Herangehensweise zum Ausdruck, die es nicht erlaubt, das Thema erschöpfend zu behandeln und zum nächsten Punkt überzugehen.

Das Bedürfnis der Franzosen, die Aufmerksamkeit auf sich zu ziehen, trifft bei den deutschen Partnern bei weitem nicht immer auf Verständnis. Die Reaktion einer Deutschen, die für Werbung zuständig ist, veranschau-

---

* Im französichen Originaltext auf deutsch.

licht dies. Sie ist sichtlich sehr enttäuscht über ihre Zusammenarbeit mit Frankreich im allgemeinen und mit der französischen Filiale im besonderen:

D: »Wir lassen Frankreich nie aus den Augen, das ist unser wichtigster Exportmarkt. Vor einigen Jahren trugen wir regelrechte Kämpfe aus, die Termine mußten eingehalten werden, die Qualität, alles wurde vorher ausgehandelt, durchaus rechtzeitig, und die Franzosen hatten ständig Sonderwünsche. Hier mußte noch was geändert werden und da noch was. Wenn das gerechtfertigt war, sagten wir: ›Okay, der Markt ist anders, wir müssen uns konkret an die Produktpräsentierung anpassen, jetzt müssen wir die Veränderung auch berücksichtigen.‹ Nur, was dann kam... das ging einfach zu weit. Zunächst wurde die Frist nicht beachtet, und es geschah nichts. Es war ihre Aufgabe, uns eine Arbeitsgrundlage zu liefern, Übersetzungen, Texte, Skripte usw. Es wurde ein vollständiges Chaos. Und dann passierten Dinge, das war einfach inakzeptabel, handschriftliche, vollkommen unleserliche Texte beispielsweise. Selbst für jemanden, der die französische Sprache vollkommen beherrscht, wäre das unzumutbar gewesen. ›Unordentlich‹ ist überhaupt kein Ausdruck [...]. Was ich einfach sagen will, auf der einen Seite extreme Anforderungen und Wünsche, was man gerne hätte, auf der anderen Seite minimales Engagement, minimale Disziplin, was die eigene Leistung anbelangt.«

Diese Mitarbeiterin ist ebenfalls Opfer der »Sonderwünsche der Franzosen« und kann dieses in ihren Augen vollkommen abwegige Verhalten nicht verstehen. Für sie tritt das Bedürfnis, sich von der Masse abzuheben, sehr deutlich zu Tage. Insbesondere fällt ihr der Wunsch der Franzosen auf, sich nicht ernsthaft bei der gemeinsamen Aktion zu engagieren:

D: »Sich fügen, das ist für alle dasselbe, das ist sehr schwierig [...] und es gibt natürlich Reibungen. Aber ich meine, man muß sich zusammensetzen, die fünf Länder, und sagen: ›Das machen wir, daran halten wir uns‹; man müßte den Mut haben, sich daran zu halten und das gesamte Projekt weiterzubringen, ohne Hintergedanken. [...] Und genau da merkte ich, daß der Franzose ›Ja, ja‹ sagte, aber ›Nein, nein‹ dachte. Wir hatten uns in einem Komitee geeinigt, ja, wir folgen euch, usw. Und dann stellt man ein Jahr später fest, daß sie maximal zwei Werbespots geschaltet hatten, so waren sie ihrer Pflicht nachgekommen. Sie hatten die Kampagne gestartet, in Wirklichkeit aber das Geld für die Verkaufsförderung gebraucht oder Photographen gesponsert oder Bücher gemacht. Da sage ich, es hieß zwar ›Ja, ja‹, aber gemeint war ›Nein, nein‹ [...]. Diese Erfahrung habe nicht nur ich gemacht, die haben unglaublich viele Personen gemacht. Deshalb meine Formulierung: ›In Frankreich gehen die Uhren anders.‹«

Die deutsche Mitarbeiterin geht noch weiter und sagt, mit den anderen romanischen Ländern habe es nicht die geringsten Probleme gegeben, im Gegensatz zu den Franzosen:

D: »Wir haben den Eindruck, daß die Franzosen nicht nach den Gemeinsamkeiten suchen, sondern eher fragen: ›Worin unterscheiden wir uns? Wir müssen das berücksichtigen, was bei uns anders ist; die Gemeinsamkeiten können wir vergessen.‹«

Die Arbeitsorganisation beruht in Deutschland und Frankreich ganz offensichtlich nicht auf denselben kulturellen Grundlagen. Vorbereitung, Planung, Aufgabensegmentierung und strenge Rollenverteilung charakterisieren weitgehend die deutschen Unternehmen der verschiedenen Wirtschaftszweige. Improvisation, Gefallen an Transversalität und Abkürzungen sowie der Wunsch aufzufallen sind in Frankreich stärker vertreten. Bei unserer Beratertätigkeit wurde uns klar, daß beide Länder ständig versuchten, sich anzupassen. Die enormen Veränderungen, die vor kurzem in Deutschland stattgefunden haben, sollen nicht vernachlässigt werden: fraktale Fabrik, Teamorganisation, Projektmanagement usw. zielen darauf ab, die kleinen Einheiten zu zerstören und die Aufgaben besser miteinander zu verbinden. Auf französischer Seite besteht man immer stärker auf der strengen Beachtung der Verfahrensweisen, was durch die Organisations- und Qualitätssysteme (Kaizen, ISO usw.) gefördert wird. Es wäre somit naiv anzunehmen, die in deutschen und französischen Organisationen festzustellenden kulturellen Prägungen seien systematisch und endgültig. Es ist jedoch illusorisch, davon auszugehen, daß die Unterschiede sich wie durch Zauber allmählich in Luft auflösen, wenn die eine oder andere vorgeblich universale Methode eingeführt wird.

Ein zweiter Teil des deutsch-französischen Puzzles macht einen weiteren Unterschied deutlich, der eng mit der Organisation zusammenhängt: das Verhältnis zur Hierarchie, d.h. die Art und Weise zu managen, zu delegieren und zu entscheiden. Auch auf diesem Gebiet förderte unsere Reise in Unternehmen beider Länder zwei sehr unterschiedliche Welten zu Tage.

Kapitel 5

MANAGEMENTSTILE

»In Frankreich, da improvisiert man ganz gern und trifft oft viele kleine Entscheidungen, auf allen Ebenen. Aber es wird ständig in Frage gestellt, improvisiert, neu diskutiert, und das geht dann nicht immer in die richtige Richtung. Am Ende muß der Franzose sich oft mit der Entscheidung seines Vorgesetzten arrangieren. Er versucht übrigens häufig, das Verhalten seines Chefs abzuschätzen und sich dann dementsprechend zu verhalten, während ein Deutscher etwas ruhig entwickelt, Zahlen nennt und Vorschläge macht. Er versucht also in aller Ruhe, die Hierarchie zu überzeugen, und die hört oft auf ihn. Wenn die Strategie dann erst einmal definiert ist, wenn die Entscheidung auf höchster Ebene gefallen ist, dann wird das nicht ständig wieder in Frage gestellt. Vorausgesetzt allerdings, daß die Geschäftsführung bei der Entscheidung ihr gesamtes Gewicht in die Waagschale geworfen hat. In Frankreich hat jeder seine eigene Interpretation, und ständig müssen Korrekturen vorgenommen werden. Unser Franzose hat also zunächst weniger Autonomie und Initiative; später aber, wenn die Dinge weniger präzise sind, verfügt er wieder über Freiheit bzw. Handlungsspielraum. In Deutschland gibt es bei der Ausführung gar keine persönliche Freiheit, aber der einzelne beklagt sich auch nicht, weil er sich mit der Entscheidung, zu der er selbst beigetragen hat, ganz selbstverständlich identifiziert.«

(Deutsch-französisches Tandem: zwei Ingenieure,
die seit zwanzig Jahren in Unternehmen beider Länder arbeiten)

VORTEILE UND GRENZEN DES DEUTSCHEN KONSENSMODELLS

Das Gegensatzpaar Konsens/Dissens spielt bei der deutsch-französischen Zusammenarbeit immer eine Rolle und macht es notwendig, die unterschiedlichen Managementstile in beiden Ländern zu betrachten. Auf französischer Seite besteht eines der häufigsten Mißverständnisse darin, daß die Präsenz zahlreicher deutscher Partner falsch interpretiert wird. Wenn die deutschen Teilnehmer in der Mehrzahl sind, so ganz einfach deshalb, weil Wert darauf gelegt wird, daß die verschiedenen in ein Projekt involvierten Verantwortlichen dabei sind.

Allein schon die Tatsache, daß die Deutschen als Gruppe auftreten, veranlaßt einen französischen Generaldirektor zu spöttischen, ironischen Kommentaren:

F: »Oh je, bei der Arbeit, also da liegt das Problem woanders, weil meine deutschen Kollegen immer glauben, daß man die Leute besser überzeugen kann, wenn man zu fünft auftritt, als wenn man allein kommt und unter vier Augen diskutiert. Das ähnelt irgendwie einem Bulldozer, ich meine, die treten geballt auf in dem Glauben, so ihren Standpunkt durchsetzen zu können [...].«

Der unbeugsame Individualismus des französischen Einzelgängers, der auf seinem Wunsch beruht, sich von der Masse abzuheben, gibt sich mit einer kollektiven Verfahrensweise, bei der die Überzeugungskraft nicht auf einem brillanten Individuum beruht, nicht zufrieden. Ein Verantwortlicher für den Verkauf, der den größten Teil seiner Laufbahn im Mutterhaus absolviert hat, betont sofort die französische Art der Entscheidungsfindung, bei der die Meinung der betreffenden Gruppe kaum berücksichtigt wird, im Gegensatz zu Deutschland, wo die Information nach unten weitergegeben und konsultiert wird:

F: »In einer relativ großen Gruppe wird über etwas diskutiert. Und da kann jeder seine Meinung abgeben. Danach wird in Kleingruppen beraten, und es ist natürlich der Verantwortliche, der die Entscheidung trifft, aber erst, nachdem er die Leute angehört hat und die Mitarbeiter Stellung bezogen haben... Aber hier geht man nicht zu den Betroffenen hin und fragt: ›Was halten Sie davon? Kann man dieses oder jenes ändern?‹ Hier heißt es eher: ›So, ab morgen läuft das so. Basta.‹ So etwas habe ich in Deutschland nie erlebt.«

Ein kritisches, humorvolles Interview liefert eine Erklärung für dieses Verhalten. Der Betreffende betont die konzentrierte Energie der Deutschen, d.h. Zentripetalkräfte, die in den deutschen Unternehmen am Werk sind:

F: »Unterschied? Oh ja, das kann man wohl sagen! Vielleicht nicht in der Art zu arbeiten, aber in der Arbeitsorganisation. *Absolut**! Das liegt auf der Hand. *Klar**. In Frankreich wird sehr viel Energie verbraucht; das sind aber entgegengesetzte Energien, so daß das Ergebnis weniger stark ist als die deutschen Energien, die individuell weniger stark sind, sich aber bündeln. *Verstehen Sie**? (*lacht*) Da haben wir's! Da liegt der Hund begraben! Irgendwo gibt es wohl auch eine Hierarchie, ganz bestimmt, aber an der Entscheidung wird auf der Ebene der abteilungsübergreifenden Kompetenzen mitgewirkt. Da wird nicht jemand auf die Rolle des Experten beschränkt; ein Experte hat nicht nur die Funktion, auf einen Knopf zu drücken. Er wird geachtet, er wird an der Entscheidung beteiligt, seine Meinung wird berücksichtigt, und zwar sehr viel stärker als in einem traditionellen vertikalen System.«

Die konsensgeprägte Berücksichtigung aller Kompetenzen schafft eine erhebliche, gebündelte Energie, im Unterschied zu Frankreich, wo »nicht unbedingt alle am selben Strang ziehen«. Diesem Argument zufolge ist das deutsche Management ein System, das auf dem optimalen Einsatz einer Reihe von Kompetenzen beruht, die den perfekt segmentierten Aufgaben entsprechen. Auf französischer Seite ist der individuelle Kraftaufwand in gewisser Weise zum Scheitern verurteilt, da die Gesamtenergie nicht unbedingt für den einzelnen nutzbar ist. Segmentierung ist das in beiden Systemen anzutreffende Schlüsselkonzept: in Deutschland Aufgabenverteilung, in Frankreich eine Kluft zwischen technischer Kompetenz und Entscheidungsbefugnis. Ein französischer Verantwortlicher macht den bekannten Gegensatz zwischen *cadres* und nicht-*cadres* sehr deutlich:

F: »Wenn man wirklich die Verständigung verbessern will… also, ich persönlich unterscheide nämlich nicht zwischen den *cadres* und den übrigen Mitarbeitern. Ich gehe nicht hin und sage, daß die *cadres* das Recht haben, zu wissen, was in Deutschland abläuft, und die übrigen, na, die sollen nur ihre Arbeit weiter machen, die zählen ja gar nicht. Absolut nicht! Ich finde, daß jeder einzelne Mitarbeiter potentiell das Image des Unternehmens zu verkaufen hat.«

Diese Aussage hebt einen wesentlichen Aspekt des Mangels an Organisation in den französischen Unternehmen hervor. In Deutschland scheint der Gegensatz zwischen »anspruchsvollen« und »niedrigen« Tätigkeiten weniger krass zu sein. So entsteht der Eindruck mühsamer Kleinarbeit, bei der auf jeder Ebene eine Meinung abgegeben werden darf, die auch ernst genommen wird. In Frankreich ist die Gesamtorganisation weniger stringent, und die einzelnen äußern ihre Meinung, ohne daß ein fest abgesteckter Rahmen existiert. Aber Entscheidungen beruhen meist auf einer Meinung, die auf der höchsten Managementebene geäußert worden ist. Das Bemühen um Anerkennung der Fachkompetenz wird in einem Gespräch in einem deutschen Mutterhaus erwähnt. Es genügt nicht, die Ebenen der Fachkompetenz in die Entscheidung mit einzubeziehen. In vielen Unternehmen denkt man darüber nach, wo man Mitarbeiter, die sich nicht sehr für das Management interessieren und den Kontakt zum Fach nicht verlieren wollen, innerhalb der Hierarchie ansiedeln könnte:

D: »Hierarchie betrifft nur die Führungskräfte, und je weiter man aufsteigt, desto weniger ist man beruflich integriert, was die Fachkompetenz betrifft. Und auf der anderen Seite gibt es keine Möglichkeiten für jemanden, der fachlich sehr gut ist, seinen Job aber weitermachen möchte. Leuten, die fachlich sehr gut sind, aber keine Managementambitionen haben und keine Leute unter sich haben wollen, müßte man etwas anbieten.«

Distanz und Macht: quantitativer Ansatz

An dieser Stelle scheint es interessant, auf einige wichtige Aspekte unserer quantitativen Untersuchung[1] hinzuweisen, in der wir die Dimensionen Hofstedes aufgegriffen haben. In zwei Punkten unterscheiden sich Deutschland und Frankreich sehr stark voneinander. Auf die Frage nach dem Stil ihres Vorgesetzten – der Extremfall eines Vorgesetzten, der seine Entscheidungen trifft, ohne etwas dazu zu sagen, ist anscheinend inexistent – meinen nur 5,9% der Deutschen, ihr Vorgesetzter entscheide alleine und rechtfertige seinen Standpunkt, gegenüber 15,2% der Franzosen. 39,2% der Deutschen meinen, kollegiale Vorgesetzte zu haben, die nach Anhörung entscheiden, bei den Franzosen sind es lediglich 24%. 45,1% der Deutschen erwähnen schließlich demokratische Vorgesetzte, die gemeinsame Entscheidungsfindung praktizieren, gegenüber lediglich 33,3% der Franzosen. Die

---

1 Vgl. die methodologischen Anmerkungen im Anhang.

Unterschiede zwischen beiden Ländern sind beträchtlich und bleiben konstant.

Die Frage nach dem idealen Vorgesetzten ist noch aufschlußreicher. Die beiden ersten Kategorien (entscheidet allein, ohne Anhörung, und entscheidet allein, unter Rechtfertigung seines Standpunkts) werden in beiden Ländern vehement abgelehnt. Nur 6,1% der Franzosen gefiele ein Vorgesetzter, der nach Anhörung allein entscheidet; bei den Deutschen sind es hingegen 25,5%. 84,8% der Franzosen träumen aber von einem Chef, der mit ihnen zusammen entscheidet, was um 51,5 Prozentpunkte von der konstatierten Wirklichkeit abweicht. Von den Deutschen teilen nur 58,8% diese Ansicht; hier liegt der Unterschied zur Realität bei nur 6,4 Prozentpunkten.

Auf diesem für das reibungslose Funktionieren des Unternehmens immens wichtigen Gebiet erscheint Deutschland somit homogener, geschlossener, konsensorientierter und weniger anspruchsvoll. Die Abweichung zwischen Ideal und Wirklichkeit, die in Deutschland nur 6,4%, in Frankreich aber 51,5% beträgt, könnte als Indikator für Unzufriedenheit mit dem Vorgesetzten bezeichnet werden. Paradoxerweise scheinen die Franzosen aber auch ein Bedürfnis nach Autorität zu haben. Zwar geben 18,2% von ihnen (0% der Deutschen!) an, ihr Chef überlasse ihnen gelegentlich die Entscheidung, ein solcher Manager gehört aber nicht zum Idealbild des Chefs (0% gegenüber 11,8% in Deutschland).

Die im westlichen Management am weitesten verbreitete und wohl auch realistischste Form (Entscheidung nach Anhörung) findet lediglich bei 6,1% der Franzosen Anklang. Schließlich sei betont, daß nur 9,1% der Franzosen – aber 21,6% der Deutschen – meinen, das Personal scheue nicht davor zurück, eine abweichende Meinung zu äußern.

Neben Unterschieden bei der Entscheidungsfindung wird in den Interviews auch deutlich auf die geringere Abhängigkeit von der Hierarchie hingewiesen:

F: »In Deutschland gibt es eine kollegiale Entscheidungsfindung; es ist ziemlich selten, daß ein Abteilungsleiter allein entscheidet. Er wird wahrscheinlich verschiedene Personen nach ihrer Meinung fragen, und danach kommt es mehr oder weniger zu einem Konsens mehrerer Personen [...]. In Deutschland kann auf der Ebene der verschiedenen Abteilungsleiter eine wichtige Kollegialentscheidung getroffen werden, wahrscheinlich unter stärkerer Berücksichtigung der Mitarbeiter. In Frankreich wird die Entscheidung eher vom Chef gefällt, weil er meint, er habe recht und das müsse so gemacht werden. Danach muß die Entscheidung umgesetzt werden, und die Personen, die arbeiten, müssen diese Entscheidung umsetzen, aber es gibt sehr viel weniger Konzertierung.«

Die Gefahren der Kollegialität

An diesem Punkt der Untersuchung erscheint es sinnvoll, auf ein Thema näher einzugehen, das in den zuvor untersuchten Unternehmen nicht zur Sprache kam. Die Aussagen eines französischen Chemieingenieurs, der ein Labor leitet und seit sieben Jahren regelmäßig einige Tage in den deutschen Fabriken des Mutterhauses verbringt, sind in diesem Zusammenhang sehr aufschlußreich. In den ersten zehn Minuten des Gesprächs gelingt es ihm nicht, die von ihm beobachteten Unterschiede in der Arbeitsweise zu formalisieren. Er beschränkt sich auf banale Bemerkungen und führt die beobachteten Schwierigkeiten hauptsächlich auf Sprachprobleme oder das für die Beziehungen zwischen Mutterhaus und Filiale typische Abhängigkeitsverhältnis zurück. Als der Interviewer am wenigsten damit rechnet und an der Relevanz dieses Gesprächs zu zweifeln beginnt, kommt der Ingenieur auf die deutsche Teamarbeit zu sprechen, wobei er für unsere Zwecke sehr nützliche Aspekte betont:

F: »Es gibt da vielleicht einen Unterschied zwischen der deutschen und der französischen Mentalität. Ich finde, daß die Deutschen ihren Kollegen vollkommen vertrauen. Das heißt, wenn jemand zu bestimmten, nachvollziehbaren Ergebnissen gekommen ist, dann wird niemand diese Ergebnisse in Frage stellen, was meiner Meinung nach auf die Franzosen nicht zutrifft. Es stimmt schon, wir tendieren ständig dazu, die Ergebnisse der anderen zu hinterfragen. Wir sagen immer: ›Ja gut, aber hat er das auch… hat er das auch richtig gemacht? Das sollte man vielleicht noch einmal überprüfen […] Ich bin mir nicht sicher, daß das so stimmt.‹ Und das ist irgendwie typisch für die Franzosen, finde ich. Die Deutschen hingegen sagen: ›Ja, also da ist jemand zu diesem Ergebnis gekommen, kein Problem, wenn er zu diesem Ergebnis gekommen ist und das Ganze begründen kann, dann weiß ich nicht, weshalb das falsch sein sollte; und wenn es keinen Grund gibt, weshalb das falsch sein sollte, dann deshalb, weil es stimmt. Dann muß man das eben berücksichtigen und nicht in Frage stellen, was diese Person festgestellt hat.‹«

Die Ausführung einer Aufgabe ist Bestandteil eines Ganzen, das nach gemeinsamer Erarbeitung und Entscheidung definiert worden ist. Deshalb herrscht in der Phase der Umsetzung vollkommenes Vertrauen, was einem französischen Beobachter extrem dubios erscheint. Letzterer wird die Arbeit des anderen weiterhin kritisch beobachten, denn egal ob es sich um die Vorbereitung oder die Durchführung eines Projekts handelt, jeder darf eine Tätigkeit kontrollieren, auch wenn er sich nicht vollkommen zuständig fühlt. Dieser Unterschied erklärt zahlreiche Eigenschaften, die sich die beiden Kulturen gegenseitig zuschreiben: die positive Seite der Deutschen, die die Schlußfolgerungen der Kollegen für bare Münze nehmen, das grundsätzliche Vertrauen in die Fähigkeiten von in der Gruppe akzeptierten Kollegen und die fehlende Infragestellung einer Aufgabe, die nicht in ihren eigenen Bereich fällt, lassen sich mit Hilfe der Aussagen des französischen Ingenieurs weitgehend erklären.

Umgekehrt stoßen der Wunsch und die Versuchung der Franzosen, die Arbeit der anderen ständig in Frage zu stellen, bei den Deutschen auf Unverständnis; sie sehen hierin lediglich Sonderwünsche und Langsamkeit bei der Ausführung. Genauso muß die ständige Einmischung während der Abwicklung einer Operation auf jemanden, dem die Verantwortung für ein Projekt übertragen worden ist, schockierend wirken. Dieses Verhalten steht im Zentrum verschiedener Antagonismen, auf die wir im erklärenden, diachronischen Teil unserer Untersuchung zurückkommen werden.

An dieser Stelle soll präzisiert werden, daß die gesamte Analyse die Phase betrifft, die der Erledigung der Arbeitsaufgabe dient. In der Vorbereitungsphase, die der gemeinsamen Entscheidungsfindung vorausgeht, sind es meist die deutschen Kollegen, die Informationen verlangen und Detailfragen aufwerfen. Später hingegen tritt an die Stelle von Zweifeln und Neugier der gemeinsame Wunsch, ein Projekt, an dem nicht mehr zu rütteln ist, zu Ende zu führen. Der französische Beobachter sieht zwar die Effizienz dieser Methode, betont aber die enorme Gefahr, die die Arbeitsweise der Deutschen in seinen Augen in sich birgt: das große Risiko kollektiver Abweichungen und Verirrungen, da niemand wirklich noch in der Lage ist, den Prozeß zu stoppen und im nachhinein einen Fehler zu identifizieren.

F: »Der Nachteil besteht darin, daß, wenn irgendwo ein Fehler vorliegt, wenn jemand etwas gesagt hat, was nicht stimmt, was nicht vollkommen zutrifft, dann kann das irreleiten [...] und das ist auch schon vorgekommen; da wurden Aussagen gemacht, die nicht hundertprozentig stimmten, und die Leute haben in die falsche Richtung gearbeitet und ein schlechtes Endergebnis erzielt.«

Die Klarsicht der Franzosen, ihr methodischer Zweifel, ihre ständige Kritikfreudigkeit, ihre tastenden Versuche führen natürlich zu einer ruckartigeren Aktion und lähmen ihre Effizienz etwas. Der Chemieingenieur wechselt das Thema und kommt auf administrative Probleme zu sprechen, bevor er das bereits ausführlich behandelte Thema wieder aufgreift und folgenden Vorfall erzählt, der die Gefahren des deutschen Vertrauens veranschaulicht:

F: »Einmal sahen sich die Deutschen ein Arbeitsprotokoll an, lasen die Schlußfolgerungen und nahmen das ganze für bare Münze. Und es ist ein-, zweimal vorgekommen, daß ich denselben Text las, eine Studie über den Versuchsverlauf, und die Art und Weise, wie die Versuche abgelaufen waren, ließ die Schlußfolgerung, die in dem Text stand, nicht zu. Die Schlußfolgerung war falsch. Und das schockierte mich, und ich diskutierte darüber. Da stand jemand neben mir, und ich sagte zu ihm: ›Haben Sie diesen Bericht gelesen?‹

Er: ›Ja, ja, den habe ich gelesen.‹

Ich: ›Und was halten Sie davon?‹

Er: ›Na ja, so sieht die Schlußfolgerung nun mal aus, die müssen wir berücksichtigen.‹

Ich: ›Finden Sie die Schlußfolgerung denn richtig?‹

Er: ›Nein! Nein, ich habe das nicht gelesen.‹

Ich: ›Na, dann lesen Sie es mal.‹

Und dann hat er in der Tat das ganze Versuchsprotokoll gelesen, das gesamte Protokoll, und da ist ihm klar geworden, daß die Schlußfolgerung falsch war.

Er: ›Hm, ja, in der Tat, stimmt schon, solche Folgerungen darf man vielleicht nicht ziehen.‹

Aber er hatte die Schußfolgerung gelesen, und das war's dann.«

Anzumerken ist, daß der Interviewpartner selbst durch das französische Verhalten geprägt ist, von dem er vorher gesprochen hatte. Er legt selbst ein Mißtrauen an den Tag, das es ihm erlaubt, einen Fehler zu entdecken. Hier wird ein starker Kontrast deutlich zwischen dem Wunsch des Franzosen, die Angelegenheit »aufzubauschen«, und der Tendenz des deutschen Kollegen, den Zwischenfall herunterzuspielen. Unsere Erfahrungen in deutschen Unternehmen zeigen, daß es dort häufig sehr riskant ist, die Arbeit der anderen zu kritisieren, weil jeder auf die Verteidigung seines Terrains bedacht ist; in Frankreich wird derartige Kritik manchmal ganz gern gesehen. Aufgrund dessen waren von Seiten des deutschen Ingenieurs weder heftige Reaktionen noch Gefühlsausbrüche zu erwarten. Das deutsche Konsensstreben, das mit der starken Aufgabensegmentierung zusammenhängt, kann jedoch zu einem kollektiven Abdriften führen, denn wenn die Entscheidungen erst einmal gefallen sind, wird eine kritische Synthese nicht mehr für nötig befunden.

Wir schließen uns hier der Analyse eines technischen Leiters an, der ebenfalls die Verweigerung offener Kritik erwähnt: die Meinung der Hierarchie und somit der Gruppe, d.h. die getroffenen Entscheidungen, dürfen nicht mehr in Frage gestellt werden, allenfalls vielleicht unter Personen, die in einem starken Vertrauensverhältnis zueinander stehen:

F: »Es ist nicht die Hierarchie, unter der sie zu leiden haben. Sie haben unter einer Entscheidung zu leiden, der sie auf einer bestimmten Ebene nicht gewachsen sind und zu der sie noch nicht einmal Kritik zu formulieren haben. Sie kritisieren zwar, aber nur im engen Kreis und nur mit sorgfältig ausgewählten Personen. Sobald die Beziehungen sich aber auf andere Länder, auf andere Unternehmen erstrecken, äußern sie immer dieselbe Meinung, eine offizielle Meinung, und sie sagen nichts, sie sagen noch nicht einmal: ›Das ist bedauerlich‹ oder ›Das stimmt, das könnten wir so machen‹, sie schlagen keine Lösungen vor, noch nicht einmal, um die Entscheidung zu modifizieren. Die Entscheidung kommt von da, sie kommt von da.«

Allmählich zeichnet sich ein Bild der deutschen Teamarbeit ab, das sich deutlich vom französischen Stil unterscheidet. Offiziell gibt es weniger Raum für Unzufriedenheit und Kritik. Letzteres trägt zur geschäftigen Atmosphäre in Frankreich bei, mit ihren zahlreichen verrückten Plänen, widersprüchlichen Ideen und umstürzlerischen Anwandlungen. Dieser Teamgeist wird in Frankreich manchmal sehr negativ aufgenommen und als Flucht vor persönlicher Verantwortung interpretiert:

F: »Ich glaube, das ist ein Gruppenphänomen. Ich habe bei einigen oft so eine Art Entpersonalisierung festgestellt. Man spricht vom Unternehmen, vergißt aber zu sagen, daß man dazugehört und das, was man selbst tut, letztendlich auch ein kleiner Teil der Aktion der Gruppe ist. Das schockiert mich heute noch, wenn die Leute sich hinter dem Namen des Unternehmens verstecken und sagen: ›Ja, so ist das, denn das Unternehmen hat es gesagt.‹ Da bin ich nicht mit einverstanden, denn ein ›Herr Unternehmen‹, der existiert nicht, der hat nie existiert. Ja, ich glaube, es gibt da so etwas wie Entpersonalisierung, und die ist vielleicht bei den Deutschen stärker ausgeprägt als bei den Franzosen. Es entsteht der Eindruck, daß sie alle gleich denken, alle tragen das Etikett des Unternehmens. Dann aber handeln sie auch manchmal, sie sind sogar emotional engagiert bei dem, was sie tun. Sie sind wirklich motiviert, aber sie nehmen die Entscheidungen hin und sagen: ›Ja, das ist das Unternehmen.‹ Tja, und ich als Individuum tue mich schwerer damit. Ich glaube, das liegt ein bißchen an der französischen Kultur.«

Der Ausdruck »Entpersonalisierung« ist in diesem Zusammenhang sehr aufschlußreich: so kann man sich hinter der Funktion verstecken und alles auf das Unternehmen abwälzen, was auch stereotype Antworten erleichtert. Für den französischen Interviewpartner besteht ein Widerspruch zwischen der starken Motivation und dem Mangel an individuellem Handeln, was er auf eine Kultureigenschaft zurückführt.

DIE FRANZÖSISCHE HIERARCHIE: »DER HIMMEL HAT ENTSCHIEDEN« ODER »LASS IHN REDEN!«?

Der in Deutschland am stärksten verbreitete Managementstil hat Vor- und Nachteile. Das Konsensstreben vermeidet Überraschungen und sorgt für ein starkes Zusammengehörigkeitsgefühl. Es bringt auf ihrem Gebiet sehr fähige Experten hervor, und bei der Entscheidungsfindung wird stark delegiert. Andererseits ist die Reaktionsfähigkeit schwach, wenn es darum geht, schnelle Entscheidungen zu fällen, Fehler zu korrigieren oder unkonventionell zu verfahren; es ist schwierig, sich einen allgemeinen Überblick zu verschaffen.

Der französische Managementstil weist häufig zwei widersprüchliche Aspekte auf. Aussagen von Mitarbeitern einer anderen Firma machen die Schwierigkeiten der deutschen Mitarbeiter deutlich. Ein Marketingleiter, der dreizehn Jahre lang bei einem französischen Konkurrenten gearbeitet hat, weist sofort darauf hin, daß die symbolische wie reale Distanz zwischen dem Chef und seinen Untergebenen in Frankreich enorm ist und gewissermaßen ins Auge springt, sobald man mit Franzosen arbeitet:

D: »Auf beruflicher Ebene, wenn ich da an die Unterschiede denke, da hatte ich den Eindruck, daß die Hierarchien in Frankreich stärker waren, der Vorgesetzte war der Chef und zwischen Chef und Untergebenen herrschte eine klare Distanz. Und das mußte man berücksichtigen, auch wenn man sie ansprach [...]. In Frankreich war das sehr deutlich. Der Chef kam als erster herein, und das war im Prinzip immer so.«

Die Haltung des Chefs

In den Augen der deutschen Mitarbeiter erscheint der französischen Managementstil sehr häufig schneidend und autoritär. Vor allem lasse er den Mitarbeitern keine Zeit, einem Projekt zuzustimmen oder sich mit einer Entscheidung zu identifizieren.

F (*nach fünfundzwanzigjährigem Deutschlandaufenthalt wieder in Frankreich*): »Der Managementstil regt einen nicht dazu an, in diesem Unternehmen zu bleiben; so denken alle – ausnahmslos –, die gegangen sind [...]. Dieser Managementstil besteht nur aus Anweisungen. Das hört sich vielleicht übertrieben an, aber da möchte ich keine Abstriche machen [...]. In dem deutschen Unternehmen, wo ich war, da gab es auch Anweisungen, aber die Entscheidungen wurden von allen vorbereitet, oder es konnte sich zumindest jeder ein wenig mit den Entscheidungen identifizieren [...]. Das war damals nicht so wie heute, wo jemand kommt und sagt: ›Ab morgen läuft das so.‹«

D: »Das erste Wort, das mir in den Sinn kommt, ist Zentralismus. Wenn oben gesagt wird: ›So ist das‹, dann werden keine Fragen gestellt, es wird ausgeführt. Punkt.

Für mich ist Frankreich ein autoritäres Land. Das erinnert mich auch an einen Schüleraustausch… ich fand damals, daß es in Frankreich sehr viel disziplinierter zuging als in Deutschland.«

Der in Deutschland am weitesten verbreitete Managementstil besteht darin, eine Angelegenheit korrekt im einzelnen zu behandeln, d.h. die Zustimmung der Gruppen anzustreben, bevor die Entscheidung getroffen wird. Das erscheint den französischen Managern langsamer, hat aber den Vorteil, die Phase der Umsetzung zu verkürzen, da die Hindernisse bereits während der Vorbereitungsphase aus dem Weg geräumt worden sind. In Frankreich besteht ein scharfer Gegensatz zwischen der schnellen Entscheidung und der langsamen Umsetzung, die auf verständlichen Widerstand stößt insofern, als die Betroffenen weniger stark in den gesamten Prozeß einbezogen werden. Dieser Stil ist für französische Manager zunächst schwierig, wenngleich ihre Geduld immer belohnt wird und sie angenehm überrascht sind, wenn sie sich an die Spielregeln halten und auf effiziente Umsetzung zählen. Der gröbste Irrtum bestünde darin, wegen des Klischees der deutschen Disziplin zu glauben, daß die Dinge schnell durchgesetzt werden müssen. Es genügt schon, eine Entscheidung zu fällen, ohne die Details zu behandeln, um die Motivation der Belegschaft zu zerstören. Einem französischen Vorgesetzten kann man deshalb nur raten, auf den charismatischen, intuitiven Stil zu verzichten und sich nicht mit allgemein gehaltenen Informationen zu begnügen in dem Glauben, daß das dann schon umgesetzt werden wird.

Eines der häufigsten Probleme deutscher Mitarbeiter, die direkt mit französischen Kollegen zusammenarbeiten, besteht darin, den richtigen Ansprechpartner zu identifizieren, der sowohl über die technische Kompetenz als auch über die Entscheidungsgewalt verfügt. Aufgrund der französischen Hierarchie ist es nämlich sehr schwierig für einen Mitarbeiter einer niedrigeren Rangstufe, Kontakt zu einem französischen Vorgesetzten zu bekommen, was den gesamten Entscheidungsprozeß in die Länge zieht:

D: »Diejenigen, die sich als Manager bezeichnen, sind nicht ansprechbar für Leute in untergeordneter Position. Deshalb muß man sich an die französischen Kollegen wenden und abwarten, bis endlich jemand eine Entscheidung trifft.«

Eine gewisse Herablassung von Seiten des französischen Managements gegenüber ausländischen Gesprächspartnern in untergeordneter Stellung und die mangelnde Entscheidungsbefugnis der französischen Mitarbeiter machen es in den Augen der deutschen Kollegen ungemein schwierig, die laufenden Arbeiten zu erledigen. In Frankreich verliert man viel Zeit damit, die Genehmigung des Vorgesetzten einzuholen, der sich seinerseits bei seinem Vorgesetzten rückversichern muß. Die deutschen Mitarbeiter, die von ihrer Hierarchie stärker gedeckt werden, staunen über den Mangel an Machtdelegation. Es bestehen somit zwei Gefahren: auf Gesprächspartner zu treffen, die keine Entscheidungsbefugnis haben, oder aber mit Vorgesetzten zu tun zu haben, die nicht wirklich wissen, wo das Problem liegt, da sie in der Hierarchie zu weit oben stehen:

D: »Frappierend ist natürlich, daß die Struktur und sogar der Arbeitsalltag sehr viel stärker auf Hierarchie beruhen als bei uns. Das führt dann dazu, daß die Delegierung nicht funktioniert, daß es auf der unteren oder mittleren Ebene keine Entscheidungsbefugnis gibt. Man muß die Meinung des Managers abwarten, oder es heißt, man müsse ihm zuerst die Angelegenheit vorlegen. Die Entscheidungspyramide ist ziemlich steil.«

Im Unterschied zu seinen Kollegen, bei denen oft der Eindruck eines Mißerfolgs bestehen bleibt, hatte dieser Verantwortliche in all den Jahren, die er in Frankreich verbracht hatte, die Möglichkeit, eine Strategie zu entwickeln, die für den »durchschnittlichen« deutschen Mitarbeiter zwar kompliziert ist, in seinen Augen aber die einzig wirksame war: die Informationen an der Basis holen und dann allmählich die Hierarchiepyramide hinaufklettern. Implizit hat dieses Verfahren den Vorteil, »politische« Verzerrungen zu vermeiden und mit dem »Rohmaterial« zu arbeiten:

D: »Ich sorgte immer dafür, mit allen Hierarchieebenen Kontakt zu haben. Zuerst holte ich Informationen auf untergeordneter Ebene ein, da, wo keine Politik betrieben wird und die Informationen noch nicht diese politische Färbung haben. Und mit diesem zusätzlichen Wissen kletterte ich die Hierarchie hinauf, und das funktionierte [...]. Die Aufgaben sind verteilt, aber das sind keine wirklichen Zuständigkeitsbereiche, sie sind nicht mit Entscheidungsgewalt verbunden.«

Ähnlich wendet sich der Verantwortliche für den Vertrieb in Europa, der mit der französischen Funktionsweise vertraut ist, an eine sehr niedrige

Hierarchiestufe, denn für ihn sind dort die richtigen Informationen zu holen:

D:»Wenn ich einen Verantwortlichen anrufe und er nicht da ist, wende ich mich an jemanden, der in der Pyramide nicht hoch steht. Denn ich kenne die niedrigeren Ebenen und weiß, wer technisch auf dem laufenden ist.«

Ein ehemaliger Verantwortlicher für den Frankreichexport beschreibt diese französische Realität ebenfalls sehr ausführlich und formuliert auf ähnliche Weise, was er von der Managementstruktur in Frankreich hält:

D:»Wenn man das Geschäftsleben betrachtet, bin ich der Ansicht, daß die Hierarchiestufen in Frankreich in der Regel stärker ausgeprägt sind als in Deutschland [...]. Das ist keine Diktatur, sondern ein Patriarchat. Und in einem ziemlich bedeutenden Unternehmen, Sie kennen unseren Importeur, ich will da keine Namen nennen, eine Firma mit 800 Mitarbeitern, da sind die Hierarchieebenen eben sehr viel ausgeprägter und werden stärker respektiert, selbst wenn man manchmal Witze darüber macht. Klar, die Leute sind nett, lachen und duzen sich, aber im Grunde ist das sehr ausgeprägt.«

Wer mit den Gegebenheiten vertraut ist, weiß diese Zwanglosigkeit richtig einordnen. Klaus Herterich skizziert in diesem Zusammenhang folgenden Sachverhalt, um die deutschen Mitarbeiter auf das »Management à la française« aufmerksam zu machen:

»Die Befehlsgewalt wird durch Vorgesetzte verkörpert, die sich dank Eigenschaften wie Selbstbewußtsein, Allgemeinbildung, aber auch durch rationales Denken und Distanz, intellektuelle Kälte durchsetzen. Wer in Frankreich mit Befehlston und Strammstehen rechnet, wird enttäuscht sein. Die Beziehungen zwischen Vorgesetzten und Untergebenen befinden sich auf der Ebene freundlicher Höflichkeit. Nuancen und Anspielungen sind von großer Bedeutung. Es wird vorausgesetzt, daß der Gesprächspartner zwischen den Zeilen zu lesen versteht. Ein deutscher Besucher hatte das nicht recht verstanden. Die Anweisung, die ein Vorgesetzter einem Untergebenen erteilt hatte, hatte er für einen Scherz gehalten.«[2]

Dieser überraschende Kontrast wird von dem ehemaligen Exportleiter erwähnt. Scherzhaft kommt er auf das bezaubernde Bild der französischen Ungezwungenheit zu sprechen, stößt sich aber gleichzeitig an dem Gegen-

---

2   Herterich, K., 1984, S. 23.

satz menschlich/hierarchisch, der so widersprüchlich wirkt und eines der größten Rätsel der französischen Kultur darstellt:

D: »Die Arbeitsweise ist menschlicher, obwohl die Hierarchie stärker ausgeprägt ist. Das ist schon sehr widersprüchlich.«

Französische Unternehmen scheinen im Kontakt mit Deutschland auch bei der kleinsten Gelegenheit gern ihre starke Hierarchisierung unter Beweis zu stellen. Zwei Erklärungen bieten sich an.

In Frankreich wird gewöhnlich so gearbeitet: Bei den »wichtigen« Besprechungen sind nur die Vorgesetzten anwesend. Im Unterschied zu den Deutschen erscheinen sie selten in Begleitung von Experten, die auf Fragen zu ihrem Zuständigkeitsbereich bessere Auskunft geben könnten:

D: »Bei den Vorstellungen, daran kann ich mich noch gut erinnern, hatten wir eine Einladung geschickt und gesagt, wer aus unserer Sicht teilnehmen sollte. Das Management sollte natürlich vertreten sein, aber auch die niedrigere Ebene, insbesondere diejenigen, die genau wußten, worum es bei dem Problem ging. Die Manager sollten kommen, um zu sagen: ›Vorsicht, das ist eine wichtige Angelegenheit, darüber müssen Sie sprechen‹. Andererseits sollten aber auch die Experten da sein, um zu sagen: ›Wir haben ein Problem, und das wollen wir in Zukunft so und so behandeln‹ [...] Aber in beiden Fällen kam kein einziger Experte zur Besprechung. Nur die Hierarchie war da [...]. Und ich bekam das nicht auf die Reihe, da waren jede Menge Leute, ein Manager für dieses, ein Manager für jenes... Und nie hatte ich einen direkten Ansprechpartner.«

Das ist für den deutschen Partner verwirrend. Er erwartet keine starke Präsenz der Hierarchie, sondern wirkliche Ansprechpartner, mit denen er arbeiten kann. Dabei ist nicht auszuschließen, daß die Franzosen etwas übertreiben, wenn sie mit Deutschen zu tun haben. Aufgrund der zahlreichen Stereotypen (»teutonische Ordnung und preußische Hierarchie«) meinen sie fälschlicherweise, daß dieser Ansatz besonders geeignet sei. Sobald die deutsche Mutterfirma sich meldet, rückt man zusammen und schickt die Chefs an die Front, was den Wünschen der Deutschen zuwiderläuft, die ganz einfach Antworten auf ihre Fragen erwarten.

Dieser Aspekt des französischen Managements ließe sich anhand von Hunderten von Beispielen veranschaulichen. Das ist Selbstherrlichkeit, Willkürherrschaft. Ein deutscher Manager bringt es auf die Formel: »Der Himmel hat entschieden«.

Handlungsspielräume

Es dabei bewenden zu lassen, würde natürlich der Realität nicht gerecht und ließe das erwähnte Bestreben, sich von den anderen abzuheben, unberücksichtigt. Diese Tendenz führt zu einer starken Dissenskultur, die der folgende Auszug sehr treffend schildert:

F: »Ich gebe meinen neuen Angestellten oft folgendes Beispiel: Bei der Erarbeitung eines Entwicklungsprogramms oder einer Verkaufsstrategie in Deutschland wird eine Besprechung gemacht, die Leute diskutieren zuweilen heftig, der Ton steigt um einige Dezibel – das ist übrigens sehr deutsch – und dann kommt der Augenblick der Synthese. Da wird alles hineingepackt, alles in den Trichter, und man sieht, wie sich das absetzt. Und dann sagt der Chef – dazu ist er ja schließlich da, und deswegen wird er auch besser bezahlt als die anderen: ›Hm, also ich meine, wir sollten alle in diese Richtung gehen‹. Und damit ist die Polemik beendet. Alle gehen in die angegebene Richtung. Bei einer ähnlichen Besprechung in Frankreich ist es dasselbe, allen raucht der Kopf, es wird lauter gesprochen, aber es werden auch Anekdoten erzählt. Der Chef sagt: ›Hm, ich habe den Eindruck, wir gehen in diese Richtung.‹ Wären fünf Personen bei dieser Besprechung dabeigewesen, wären vielleicht nur eine oder zwei mit der Entscheidung des Chefs einverstanden gewesen. Die übrigen drei hätten sämtliche Energien darangesetzt zu zeigen, daß die Entscheidung falsch ist.«

Anders formuliert gibt es in den Managementstilen beider Länder Zwänge und Freiräume, aber sie sind zeitlich versetzt. Bei der Vorbereitung der Entscheidung werden die deutschen Mitarbeiter oft stärker einbezogen, wenn ihre jeweiligen Kompetenzen betroffen sind. Sie würden es weniger als die Franzosen akzeptieren, nicht einbezogen zu werden. Ist jedoch die Entscheidung gefallen, dann wird sie sofort umgesetzt und gibt selten Anlaß zu Diskussionen. In Frankreich sieht das Schema praktisch umgekehrt aus: Wie wir seit vielen Jahren ständig beobachten können, wird die Entscheidung auf hoher Hierarchieebene von einer Person getroffen. Erst nach der Entscheidung besitzt der einzelne den Freiraum, zu korrigieren und zu verfeinern, und dies um so mehr, als die französischen Vorgesetzten oft weit von der konkreten Berufspraxis entfernt sind. Sie sind weniger spezialisiert als ihre deutschen Amtskollegen und beschränken sich häufig auf allgemeine Richtlinien. Wir haben es folglich mit zwei unterschiedlichen Entscheidungsprozessen zu tun, was natürlich bei der täglichen Arbeit zu zahlreichen Schwierigkeiten führt. Viele deutsche Mitarbeiter äußerten ihr Erstaunen über die Freiräume, über die die Franzosen bei der Umsetzung einer Entscheidung verfügen. Im Unterschied dazu werden in der deutschen Kultur die Einzelheiten oft bereits bei der Entscheidungsfindung geregelt. Der Qualitätsbeauftragte einer deutschen Filiale liefert einen besonders aufschlußreichen Kommentar zur französischen Unternehmenskultur in seinem Betrieb:

D: »Das Verhalten der Franzosen gegenüber den Filialen ist sehr liberal. Wir haben viele Freiräume und man versucht, durch diese Freiräume eine Selbstregulierung zu erreichen [...]. Wer aber als Manager seine Aufgabe nur unter fachlichen Gesichtspunkten betrachtet, bekommt Schwierigkeiten. Man braucht politisches Flair, um zu wissen, was man zu tun hat; es gibt keine präzisen Zielvorgaben. Diese Freiräume bedeuten auch, daß man leicht vom Weg abkommt. Manchmal wäre uns etwas mehr Autorität ganz lieb. Ich kenne das von damals, als ich bei X war. Wir hatten ein präzises Ziel, der Weg stand fest, wir durften leicht nach links oder rechts abweichen, aber nicht zu stark... Und das fehlt bei den Franzosen ein bißchen.«

Das Verhalten der Franzosen gilt als sehr liberal, was bei den deutschen Managern, die sich nur auf ihre präzise Aufgabe beziehen, einige Schwierigkeiten auslöst. Eine Art »sechster Sinn« ist vonnöten, um zu erahnen, wo es langgehen soll.

D: »Die Deutschen brauchen Schutzvorrichtungen, die Franzosen können derartiges nicht ertragen. Die Deutschen warten auf die Anweisungen aus Paris, und die Franzosen geben manchmal sehr strenge, manchmal aber auch gar keine Anweisungen, sie lassen Handlungsspielräume.«

Folgerichtig nennt diese Person, die die kulturell bedingte Funktionsweise verstanden zu haben scheint, zwei mit diesem Managementstil verbundene Gefahren: die Deutschen haben den Eindruck, sich im Nebel vorwärtszubewegen, ohne jedwede Hilfestellung, und beklagen den Mangel an Führung, die für sie unerläßlich ist.

»In Frankreich ist nichts stetiger als der Wandel!«

In fast allen Interviews wird sehr deutlich, daß das französische Management mit seinem Mangel an Kohärenz und Kontinuität den Deutschen kaum liegt. Der Respekt vor der Hierarchie ist sehr stark, vorausgesetzt, letztere ist glaubwürdig und es werden Ergebnisse erzielt. Seine Fähigkeiten über einen langen Zeitraum hinweg unter Beweis zu stellen, ist das beste Mittel, diese Glaubwürdigkeit zu erreichen. Die Deutschen müssen von der Kohärenz ihrer Vorgesetzten überzeugt sein, und deren Aktion muß wie gesagt kontinuierlich sein:

F: »Bei den Deutschen dauert es etwas, bis sie loslegen. Wenn sie dann aber erst einmal angefangen haben, dann halten sie auch durch; die Franzosen legen schneller los, aber das kommt dann auch viel schneller wieder zum Erlahmen.«

D: »Die deutsche Führungskraft, der deutsche Techniker oder der deutsche Arbeiter akzeptiert es nur unter großen Schwierigkeiten, daß wichtige Ziele alle zwei, drei oder sechs Monate wieder in Frage gestellt werden.«

Ständiger Wechsel bei den Personen und den Zielen, wie er in Frankreich häufig anzutreffen ist, muß die Arbeitsteams destabilisieren, denn dies ist mit der Personalführung in Deutschland unvereinbar. Der Begriff der Karriere wird in beiden Ländern unterschiedlich gedeutet. Will ein französischer *cadre* beruflich weiterkommen, muß er die Stelle wechseln. Sein deutscher Kollege hingegen steigt langsamer auf:

F: »In der Stahlindustrie, die kenne ich gut, da sagten mir viele Deutsche, sie hätten meinen Vorgänger, den Vorgänger meines Vorgängers usw. gekannt.«

In Deutschland ist es häufiger als in Frankreich der Fall, daß ein Manager innerhalb des Unternehmens aufsteigt, in dem er angefangen hat:

F: »In Deutschland wird ein Managementposten häufig mit dem Nachfolger oder Stellvertreter besetzt, der schon mehrere Jahre in der Firma ist und seinen Vorgesetzten ablöst. In Frankreich haben wir eher eine One-man-show, bei der beruflichen Laufbahn gibt es sehr viel Veränderung und kaum Kontinuität.«

Was wir für die Kontinuität festgestellt haben, gilt natürlich auch für die Entscheidungsfindung:

F: »Bei den Besprechungen kommt man langsamer vorwärts als in Frankreich, da gibt es mehr Vorgaben. In Frankreich trifft man in einer Besprechung sehr viel schneller eine Entscheidung. Aber sobald man den Raum verlassen hat, wird sie wieder in Frage gestellt, während in Deutschland die Entscheidung umgesetzt wird, selbst wenn drei Sitzungen notwendig waren, um sie zu treffen.«

Die Interviewpartner erwähnen sehr häufig die vermeintliche Unfähigkeit der Franzosen, eine Entscheidung umzusetzen und langfristig konsequent zu sein:

D: »Die ständigen personalen Veränderungen sind häufig die Ursache für diese Unannehmlichkeit. Was beispielsweise die Entscheidungen und das Leben erschwert: die Managementfunktionen werden immer neu besetzt. (*Schweigen.*) Ich möchte das so formulieren: nichts ist konstanter als die Veränderung. Das heißt, im Unterschied zu Deutschland, wo die Managementfunktionen langfristig besetzt sind, haben wir ständig neue Ansprechpartner. Und das bedeutet immer wieder neue Verfahren, was Verwaltung, Technik und Informationsweitergabe angeht [...], jedesmal eine Umorientierung, die Prioritäten sind nicht dieselben, und wenn die Veränderung teilweise alle zwei Jahre erfolgt, dann führt das zu zahlreichen Problemen bei der Erfüllung der Managementaufgaben.«

Die Tatsache, häufig einen neuen Ansprechpartner zu haben, stört die Deutschen gewaltig, zumal dies den Arbeitsaufwand erheblich vergrößert und jedesmal wieder neue Anpassung erforderlich macht. Auf allen Stufen der Pyramide steht Veränderung auf der Tagesordnung, auch auf der höchsten Entscheidungsebene, was der deutschen Mentalität kaum liegt. Den ständigen Veränderungen auf französischer Seite steht die ruhige Arbeitswelt des deutschen Mitarbeiters gegenüber, der sich auf den Tag genau daran erinnern kann, wann er im Unternehmen angefangen hat. Dieser Aspekt des deutschen Unternehmens überrascht die französischen Beobachter häufig. Es handelt sich dabei um eine Ritualisierung aller bedeutenden Momente, aller einschneidenden Ereignisse des Berufslebens, die gebührend gefeiert werden (Geburtstage, Jubiläen, Pensionierungen) und dem Berufsleben einen sakralen Charakter verleihen. Von daher ist es nicht erstaunlich, daß die so häufigen Veränderungen der letzten Jahre die Deutschen ganz besonders destabilisieren. Der Großteil der Industrie bestand aus kleineren Betrieben, von denen die meisten seit den 50er Jahren ein ruhiges Dasein

fristeten, weit ab von den Turbulenzen in den Städten. Ein Entwicklungs-
beauftragter erklärt den ständigen Stellenwechsel in Frankreich mit der starken Unternehmenskultur, die permanenten Austausch fördert und so eine
schlechte Ausführung der Arbeit provoziert, im Unterschied zur deutschen
Kultur, die ihm zufolge die Ausweitung der Funktionen innerhalb desselben Bereichs favorisiert:

D:»Die Unternehmenskultur verlangt, daß die Leute alle drei Jahre den Job wechseln. Und wenn einer nach vier Jahren immer noch da ist, dann wird er ganz schön
nervös und legt sich ins Zeug, um im fünften Jahr eine andere Stelle zu ergattern
[...]. Das ist unglaublich unproduktiv und gefährlich, denn so werden die Leute, die
an ihrem Posten leistungsfähig sind, um ihre besten Kompetenzen gebracht, und sie
kommen auf Posten, wo sie nicht kompetent sind. Überzogen sieht das so aus: der
Typ tritt seinen Posten an, sieht, was der Vorgänger gemacht hat, kapiert das nicht
so ganz, meckert, macht nichts Konstruktives, sondern versucht, etwas Neues zu
schaffen, und wenn er dann das Ganze im Griff hat, wird er versetzt, sein Nachfolger kommt, und das Spiel geht von vorn los. Und da kommt nichts Produktives bei
heraus [...]. Genau das ist es, in Punkto Europa, was aus deutscher Sicht zu vermeiden ist. In Deutschland hängt das persönliche Fortkommen mehr mit der Ausweitung des Zuständigkeitsbereichs zusammen. Jemand hat angefangen, er verbessert
seine Schraube, dann das ganze Instrument, dann die ganze Abteilung, und das wächst
und steigert sich. Und so bleibt er kompetent [...].«

Zwei Logiken der Arbeitsbereicherung lassen sich an diesem Kommentar
deutlich ablesen: die eine hängt mit Unterbrechung und Diskontinuität, die
andere mit Verknüpfung und Kontinuität zusammen. Das sind bekannte
Themen, die mit diesem Prozeß eng verbunden sind. Die »diplomatische«
oder »politische« Seite der Franzosen, von der die Deutschen so gern sprechen, kommt in einer solchen Karriere bestens zum Ausdruck: gewandtes
Auftreten, Flair, Geschick in den zwischenmenschlichen Beziehungen erlauben es, sich für eine neue Stelle zu bewerben, wenn man zur rechten Zeit
auf sich aufmerksam gemacht hat, ohne dabei allerdings den direkten Vorgesetzten zu kränken, denn der soll die Versetzung ja akzeptieren. Dieser
starken Personenorientierung steht auf deutscher Seite der langsame Aufstieg eines Mitarbeiters gegenüber, der seinen Zuständigkeitsbereich vergrößert und seinen Kenntnisstand erweitert, wodurch er immer enger an
seine Tätigkeit gebunden ist und unabhängiger von der eventuellen Will-

kür eines Vorgesetzten wird. Obwohl es nicht immer leicht ist, zwischen allgemeinen sozioökonomischen Zwängen und nationalen Kultureigenschaften zu unterscheiden, sei darauf hingewiesen, daß das Konzept des Wandels im Unternehmen im Zentrum der deutsch-französischen Antagonismen steht.

Kontinuität impliziert, daß die nach reiflicher Überlegung getroffene Entscheidung konsequent umgesetzt wird. Auch da hapert es bei der Zusammenarbeit, was viele Deutsche nicht auf mangelnde Entscheidungsfreude, sondern auf die Unfähigkeit der Franzosen zurückführen, eine Entscheidung umzusetzen:

D: »Es werden zwar Entscheidungen getroffen, aber die werden nicht konsequent umgesetzt, es werden wieder Zweifel laut, und dann sagt immer jemand: ›Fangen wir doch erstmal an, dann sehen wir weiter.‹ Oft wird impulsiv etwas geändert. Ich hatte früher viel Kontakt mit den deutschen Maschinenbauern, die auch enorme Projekte haben und riesigen Umsatz machen; da wurden Managemententscheidungen getroffen, die Maschine wurde gebaut, das wurde korrekt geplant und umgesetzt, und das macht wohl den Erfolg des deutschen Managements aus [...]. Bei den Franzosen ist das umgekehrt, da gibt es zu viele Sprünge, man ist allzu unentschieden, ob das, was man tut, nun richtig ist oder nicht [...].Vielleicht hängt das damit zusammen, daß zuviele Leute ihre Zeit in Besprechungen verbringen.«

Die Umsetzung scheint für die Franzosen eine extrem schwierige Phase zu sein. Der erwähnte ständige Wechsel in den gehobenen Positionen, Zögern und Unsicherheit sind Faktoren, die diesen Eindruck von permanenter Unterbrechung und Mangel an Konsequenz erwecken. Für die Deutschen ist der Weg von der Entscheidung zur Umsetzung zu lang, zu holprig. Es gibt viele Beispiele dafür, daß die Begeisterung plötzlich abflaut oder vom Mutterhaus angekündigte Aktionen schlicht und ergreifend aufgegeben werden.

D: »Viele Vorhaben, die Ausdruck einer Unternehmenskultur waren, wurden vom Mutterhaus nicht zu Ende geführt. So zum Beispiel das Projekt ›junge Führungskräfte‹. Da wurden in ganz Europa junge Leute rekrutiert, die für Managementfunktionen ausgebildet werden sollten. Zwei Jahre später wurden die Projektleiter versetzt, und all diese jungen Leute standen plötzlich allein da. Zum Teil wurden sie in Tochtergesellschaften integriert, oder sie verließen das Unternehmen, weil die geweckten Hoffnungen und Erwartungen nicht erfüllt worden waren [...]. Bei den Deutschen, die für ein, zwei oder drei Jahre nach Frankreich gingen, um dort zu arbeiten, war es dasselbe. Die Erwartungen wurden nicht erfüllt und die Versprechen oft nicht gehalten.«

Wieder einmal bedauern es die Deutschen, die unter einer derartigen Kursänderung zu leiden haben, daß sie nicht verstehen, weshalb eine Aktion plötzlich gestoppt wird, ohne daß jemand darüber informiert wird:

D: »Etwas anderes frappiert bei der Zusammenarbeit, und das ist vielleicht wirklich typisch für die Franzosen: sie können sich unglaublich für Dinge oder Personen begeistern, sie aber genauso schnell wieder fallen lassen. Vorhaben von enormer Bedeutung verschwinden von heute auf morgen von der Bildfläche, werden unwichtig, werden ausgeschaltet, ohne daß man verstehen könnte weshalb, ohne daß man uns darüber informiert, weshalb nicht weitergemacht wird. Da ist es schwierig, sich Klarheit zu verschaffen, zu wissen, ob man weitermachen soll oder ob man sich nicht mit Arbeiten befaßt, die keinen Sinn mehr haben.«

Aus dem Blickwinkel eines Mitarbeiters der Tochtergesellschaft betrachtet, wird die Arbeit dadurch schwieriger. Die erwähnten Kommentare zum Handlungsspielraum sind in diese Problematik einzuordnen. Werden Projekte, deren Umsetzung beschlossen worden ist, plötzlich gestoppt, so destabilisiert dies die deutschen Teams, die nicht in der Lage sind einzuschätzen, ob sie sich engagieren sollen oder nicht. Kontinuität ist somit nicht das Hauptmerkmal des französischen Managements. Vorherrschend ist vielmehr der Eindruck von Unterbrechung, Wandel und Unstetigkeit, was vom deutschen Standpunkt aus gesehen zu gewaltigen Problemen führt:

D: »Wenn alle vier Jahre eine Veränderung stattfindet, wie das bisher der Fall war, dann verliert sich die Kontinuität, denn jeder hat seine Ideen und trägt sie vor, und dann wird wieder geändert. Es gibt Unordnung, und wenn man eine bestimmte Strategie verfolgen will, dann braucht man Zeit, eine gewisse Zeit, um sie umzusetzen, und das Ganze muß eine gewisse Zeit funktionieren, um Früchte zu tragen; man darf nicht einfach auf halbem Weg kehrtmachen, denn die Kapitalinvestitionen können sich dann nie mehr rentieren [...]. Die Entscheidungen werden zögernd getroffen, und wenn sie getroffen worden sind, dann heißt das nicht, daß es keine weiteren Entscheidungen geben wird, die den ersten widersprechen oder sie einschränken usw. Darin sehe ich Mangel an Kontinuität [...].«

In diesen Äußerungen herrscht der Eindruck von Unordnung und Ungeduld vor, von Unfähigkeit auf Seiten der Franzosen, eine Sache weiterzuverfolgen und die Angestellten zu beruhigen, die ihre Aufgabe in Ruhe zu Ende bringen wollen und eine Langzeitperspektive brauchen. Der Rhythmus ist wohl verschieden: auf der einen Seite die französische Agilität, Intrigen, Richtungswechsel, ruckartigen Bewegungen; auf der anderen Seite der Wunsch nach Ruhe und Regelmäßigkeit, um eine perfekt erklärte Arbeit perfekt und gründlich zu erledigen. Dieser Gegensatz ist im deutsch-französischen Management häufig anzutreffen: die Vorliebe für das Langfristige, wo Vorhaben allmählich heranreifen können – dies erinnert an die japanische Konzeption der Verhandlung – ist mit der französischen Überstürzung und Mobilität schlecht zu vereinbaren.

Neben den erwähnten Erklärungen – der permanente Wechsel der Vorgesetzten, die häufige politische Färbung der Entscheidungen, die Vielzahl hoher Entscheidungsebenen – wird auch der mangelnde Pragmatismus der Franzosen häufig als wesentliches Element des Problems genannt.

D: »Mich frappiert, daß die Franzosen ausgezeichnete Theoretiker sind; das ist wirklich so. Sie haben eine ziemlich gute universitäre Ausbildung genossen. Aber wenn es um die Praxis geht, da hapert es dann. Also, da werden unglaubliche Theorien entworfen, die in gewissem Maße interessant sind, aber wenn es an die Praxis geht, da sind die Franzosen sehr viel schlechter als die Schweizer oder die Deutschen. Diese Erfahrung machen wir seit Jahren.«

Der Leiter der Rechtsabteilung eines Unternehmens nimmt eine interessante Zusammenfassung vor. Während des gesamten Interviews betrachtet er die französische Kultur etwas spöttisch, wenngleich er sie in gewissem Sinne auch bewundert. Aber in seinen Augen sind die Hauptbestandteile der französischen Kultur kaum auf die Erfordernisse der modernen, immer stärker unter Wettbewerbsdruck stehenden Industrie zugeschnitten:

D: »Der Charakter unserer beiden Nationen in kultureller Hinsicht, deshalb rede ich auch von Nation, ist sehr verschieden. Die Franzosen sind sehr intelligent, sie diskutieren gern, sie versuchen, die Probleme anders anzufassen als wir. Wir sind Pragmatiker; wir setzen um, was beschlossen worden ist; wir versuchen, dabei so effizient wie möglich vorzugehen, damit die Entscheidung auch Wirklichkeit wird. Die Franzosen sind da anders, sie sind nie sicher; das hängt damit zusammen, daß sie sich selbst beim Reden zuhören; sie sind sehr intelligent, aber vollkommen unpragmatisch, sie können nichts umsetzen. Ich habe große Achtung vor ihnen. Aber andererseits machen sie uns das Leben schwer, weil sie ungern Entscheidungen treffen, sie brauchen Zeit, es dauert länger, bis sie sagen: ›Wir machen es.‹ Bei uns, da gibt es die Vorhaben 1, 2 und 3. Wir vergleichen sie, wägen die Vor- und Nachteile ab und hopp, los geht's! Die Franzosen sind da anders. Wenn sie zehn Modelle haben, dann denken sie über das fünfzehnte nach, und das dauert sehr viel länger. Für uns in der Industrie ist das ein Problem, die Märkte ändern sich laufend, man muß schnell reagieren können [...]. Die Entscheidungen, die wir heute treffen, werden wegen der Investitionsmaßnahmen einfach zwei Jahre später umgesetzt. Und das ist ein Problem, denn die Konkurrenz ist schneller, und diese Marktlücken, diese Besonderheiten, die findet man nicht mehr.«

Schlussfolgerung: Was ist Hierarchie?

In deutsch-französischen Seminaren wird der Begriff Hierarchie sehr oft negativ eingesetzt, um sowohl die eine als auch die andere Kultur zu beschreiben. Wir verstehen nun besser, was die Franzosen unter typisch deutscher Hierarchie verstehen: strenge und somit exzessive Beachtung einer genau definierten Funktion, die einer Kompetenz, einer Person, einer Entscheidung entspricht. Statussymbole, wie z.B. Doktortitel, werden häufig als Bestandteil des Hierarchiearsenals genannt. Machtsymbole existieren zwar, gehorchen jedoch einer Norm und sind reproduzierbar. Dies führt vielleicht zu einem gewissen Unbehagen, denn das Bild, das man von sich selbst gibt, ist notwendigerweise expliziter Ausdruck des sozialen Status. Ein französischer Mitarbeiter, mittlerer *cadre* in einem deutschen Unternehmen, erklärte, daß er sich mit einem Mittelklassewagen habe begnügen müssen, obwohl er ein Faible für schöne Autos hatte. Den Wagen stattete er »zu seinem eigenen Vergnügen« mit allen erdenklichen Extras aus, ohne aber Gefahr zu laufen, sich von dem abzuheben, was er gesellschaftlich darstellen sollte.

Die französischen Interviews bieten zwei ähnliche Beispiele. Das erste veranschaulicht die perfekte, für die Franzosen fast Angst einflößende Ko-

härenz eines normierten, für alle transparenten Systems, das den Vorteil aufweist, vollkommen gerecht zu sein:

F:»Ich glaube, da müssen sie sich ziemlich gestreßt fühlen; Sie sprachen doch eben
von Hierarchie [...]. Ab einer bestimmten Stufe beispielsweise hat man Anspruch
auf einen Stuhl mit soundso viel Beinen und Armlehnen, soundso hoch und mit einem bestimmten Kissen. Also, eine bestimmte Schreibtischlampe, soundso viel
Platz... ich glaube, der Streß kommt ein bißchen daher. Man muß etwas darstellen,
aber das sieht man von außen nicht sofort. Die Leute würden es nicht ertragen, wenn
man ihre Stuhlbeine zählen würde, aber sie wissen ganz genau, wieviele Beine ihr Stuhl
hat, das ist Ausdruck der hierarchischen Position. Aber das muß ziemlichen Druck
ausüben.«

Das zweite Beispiel ist ähnlich:

F:»In Deutschland hängt man vielleicht mehr am Titel, man legt etwas mehr Wert
auf äußere Statussymbole wie die Größe des Büros, der Hubraum des Wagens [...].
Da fällt mir ein... eines Tages, das muß wohl 1985 gewesen sein, als ich bei X arbeitete, da hatte ich einen kleinen Peugeot 205 mit Telefon. Die Deutschen lachten sich
kringelig darüber: für sie gehörte das Telefon in einen Mercedes und nicht in einen
Peugeot 205. Das sind so Dinge... ich war Marketingleiter, und sie verstanden nicht,
weshalb ich einen 205 fuhr. Sie hängen wohl stärker an bestimmten Statussymbolen,
an ihrem berühmten Doktortitel [...].«

Peugeot 205 und Autotelefon, das löst bei den Deutschen Gelächter aus.
Für sie ist das komisch, denn ein Statussymbol und ein banaler Wagen pas-
sen nicht zusammen. Hier wird der Gegensatz deutlich zwischen dem französischen Hang zum Ungewöhnlichen, zur Provokation, der Freude darüber,
aus dem Rahmen zu fallen, und einer gewissen konventionellen Haltung auf
deutscher Seite, wo man sich an die Funktionen und ihre äußeren Symbole
klammert.

Die französische Spielart der Hierarchie sieht in den Augen der Deutschen anders aus. Es handelt sich nicht um eine einengende, erdrückende
Organisation, sondern um Ermessensspielraum – der die demokratische
Funktionsweise in einem Entscheidungsprozeß nicht unbedingt respektiert
– und eine komplexe Logik von Gegendruck. Ein Verantwortlicher faßt diesen Sachverhalt treffend zusammen. Nach fünfzehnjähriger Tätigkeit in einem deutschen Unternehmen ist er beiden Hierarchieformen gegenüber

gleichermaßen kritisch: Ungenauigkeit auf französischer Seite, die den Vorgesetzten große Vorteile einräumt, und Abkapselung auf deutscher Seite, wo jeder sich hinter dem System versteckt:

F: »Die Hierarchie erdrückt nicht auf dieselbe Weise. In Frankreich ist sie erdrückkend, weil sie oft nicht sehr klar ist. Sie ist also irgendwie eine Bremse. In Deutschland ist sie erdrückend, weil sie unwahrscheinlich langsam ist, mit obligatorischen, präzisen Wegen. Da ist sie erdrückend, und wenn man sie umgeht, bringt das bei den Deutschen immer Probleme mit sich. Hat man einen Deutschen umgangen, dann ist die Hölle los. Hat man einen Franzosen umgangen, dann meckert der ein bißchen, und dann legt sich das. Man muß also ständig dieselben Wege benutzen.«

Wie die Arbeitsorganisation unterscheiden sich auch die Managementstile in Deutschland und Frankreich erheblich. Auch hier müssen in jedem Unternehmen die spezifische Kultur, die Branche, die Persönlichkeit und die Strategien der Akteure berücksichtigt werden, die das Bild erheblich nuancieren. Ein weiteres Thema hängt mit den beiden bereits behandelten Aspekten eng zusammen und soll im folgenden untersucht werden, denn so läßt sich das bisher Gesagte besser verstehen und überprüfen: Kommunikationsstil und interpersonelle Beziehungen.

Kapitel 6

Interpersonelle Kommunikation

»Ein Deutscher gibt nichts von sich aus. Was man haben will, das muß man sich verdienen, da muß man nach fragen. Aber in Frankreich, in unserer Art und Weise, uns mitzuteilen, wir formulieren einen Wunsch, und der Empfänger muß intelligent genug sein, ihn zu verstehen. In Frankreich gehen wir davon aus, daß die Botschaft angekommen ist und der andere dementsprechend handeln wird. Aber in Deutschland, wenn nicht der letzte Zweifel ausgeräumt worden ist, dann wird der Deutsche davon ausgehen, daß man nicht präzise genug war, und da kommt dann nichts. In Frankreich verhält man sich abwartend.«

Französischer Ingenieur, seit fünf Jahren in Deutschland tätig

Explizit und implizit

Bei allen französischen Mitarbeitern, die mit der deutschen Sprache und Kultur vertraut sind, findet sich diese determinierende Vorstellung von der deutsch-französischen Kommunikation: eher explizit sein, selbst wenn man sich manchmal dazu zwingen muß. Eine junge, mit beiden Kulturen vertraute Mitarbeiterin bietet das beste Beispiel. Sie erwähnt die Haltung der Franzosen, die »um jeden Preis höflich« sein wollen, was nicht sehr weit von Scheinheiligkeit entfernt ist:

D *(seit 20 Jahren in Frankreich lebend)*: »Ich will noch einmal auf diese Höflichkeit um jeden Preis zurückkommen. Ich habe den Eindruck, die deutschen Mitarbeiter sind direkter. Sie fragen nach etwas. Sie wollen etwas. Und wenn sie es nicht bekommen, dann werden sie auf ihre Weise etwas sauer […] während ein Franzose drei-, viermal nachhakt. Dem Betreffenden gegenüber bleibt er dabei höflich […], aber hintenrum, da wird man runtergemacht. Ein deutscher Mitarbeiter würde mir sagen: ›Sie haben mir gesagt, ich hätte es um drei Uhr. Ich hab's immer noch nicht.‹ Das wird gleich persönlich. Das ist vielleicht schon ein kleiner Anschnauzer, aber es ist direkt. Ein Franzose würde sagen: ›Wann bekomme ich es denn?‹ Aber er würde nicht sagen, daß man in Verzug ist oder nicht Wort gehalten hat. Sie sind weniger direkt... eher verbrämt... und alles wird in Höflichkeit verpackt [...]. Das kritisiere ich ein bißchen [...].«

Ein korrekter Umgangston, Selbstbeherrschung und, wie wir gesehen haben, ein anderes Verhältnis zur Autorität bewirken, daß die Franzosen das, was sie zu sagen haben, verwässern und in einer zum Teil umständlichen Formulierung verstecken, die bei den Deutschen keinerlei Aussicht auf Erfolg hat. Was für viele Franzosen die höchste Vollendung von gutem Benehmen, Stil oder Distinktion darstellt, läuft Gefahr, verschnörkelt und umständlich zu wirken und keine Reaktion auszulösen. »Klartext reden« ist eine Forderung, die auf die Anhänger des Unterschwelligen und Indirekten leicht abschreckend wirkt; sie ist jedoch eine Notwendigkeit, die sich im Laufe der Zeit bezahlt macht:

F: »Unser Chef hier, Herr M., kannte mich und hatte mitbekommen, wie ich mit dem Personal der Mutterfirma umging und diskutierte. Und als ich zur Branche A zurückkommen wollte, sagte er: ›Oh nein, Sie sind zu brutal, viel zu direkt. So geht das nicht.‹ Ich sagte: ›Nein, da irren Sie sich [...] Denn unseren deutschen Kollegen gegenüber muß man ein Verhalten an den Tag legen, das ihren Erwartungen entspricht. Und ich glaube in der Tat, daß die Deutschen unter sich einen ziemlich entschiedenen Ton anschlagen.‹ Zu einem der Hauptverantwortlichen des Unternehmens hatten wir immer sehr klare Beziehungen, das waren keine Meinungsverschiedenheiten. Sicher wurde die Diskussion zeitweise härter, etwas lauter, aber das hieß nicht, daß einer von uns über den anderen verärgert war. Das entsprach einfach seinem Temperament. Und wenn ich die französische Art und Weise beibehalten hätte, dann wäre das, was ich sagen wollte, nicht angekommen [...]. Und das findet man nicht in Büchern. Das merkt man einfach. Das braucht Zeit, so nach zwei, drei Jahren Kontakt...«

Vom Standpunkt der Deutschen aus betrachtet ist die implizitere französische Kommunikationsform manchmal positiv konnotiert, da sie »menschlicher« wirkt als die brüske, direkte Methode, die schockieren kann. Letztere ist aber in einem beruflichen Kontext mit starkem Zeitdruck vielleicht effizienter. Viele in Frankreich lebende Deutsche sind sich hingegen der Gefahren ihres eigenen Kommunikationsstils bewußt, in einem Kontext, wo das Implizite nach wie vor dominiert:

D: »Ich glaube, wenn die Deutschen die Dinge klar und offen aussprechen, dann wird alles klarer, und man kommt sofort zu einem Punkt, wo man sagt: ›So, jetzt machen wir das, und zwar auf die und die Art und Weise.‹ Ich glaube auch, daß die Deutschen manchmal vergessen, daß es die Leute schockieren kann, wenn sie die Dinge so brutal sagen... das kann sie verletzen, weil sie sich persönlich angegriffen fühlen. In den deutsch-französischen Beziehungen ist das, glaube ich, ein klassisches Mißverständnis. Für die Deutschen hört es da dann auf... Na ja, die Leute, die da vor mir sitzen, die können ein Bier zusammen trinken. Danach kann man noch einen trinken gehen. Jetzt sind wir hier, und jetzt werden die Themen behandelt und Entscheidungen getroffen. Und wir werden die Dinge beim Namen nennen und klipp und klar Entscheidungen treffen; und danach werden sich alle sehr, sehr wohl fühlen, weil die Probleme gelöst sind, die Sachen klargestellt worden sind, ja, und da kann man dann wieder auseinandergehen und jeder für sich arbeiten.«

Manchmal wirkt diese explizite, ausführliche, gründliche, in die Einzelheiten gehende Kommunikation für die Franzosen verletzend:

F *(Übersetzer)*: »Da gibt es noch etwas, was man wissen sollte, das ist ein Vorwurf, der den Deutschen oft gemacht wird: sie erklären zu viel, gehen zu stark in die Einzelheiten. Ich weiß nicht..., um den Ölstand zu überprüfen... sehen Sie mal in die Reparaturanleitung für irgendeinen Motor... immerhin sind die Leser Profis, Leute, die ihre Arbeit wirklich kennen, und für die steht dann in der Anleitung: ›Um den Ölstand zu überprüfen, ziehen Sie den Ölstandanzeiger heraus, wischen ihn mit einem fusselfreien Tuch ab, führen ihn wieder ein, ziehen ihn wieder heraus und beobachten, ob der Ölstand zwischen dem Minimal- und dem Maximalwert liegt.‹ Das ist schwerfällig, sehr, sehr schwerfällig...«

Gewisse Erklärungen sind präzise, richten sich aber an Fachleute und sind für die Franzosen manchmal überflüssig oder selbstverständlich. Zahlreiche Vorurteile bezüglich der angeblichen deutschen Schwerfälligkeit beruhen auf diesem wesentlichen, diametralen Gegensatz zwischen den beiden Kommunikationsformen. An Verständigungsproblemen, Mißverständnissen oder gar Konflikten, die auf diesen starken Unterschied zurückzuführen sind, mangelt es nicht:

F: »Der Franzose drückt sich gern implizit aus, während sie expliziter sind, und es stimmt schon, nachdem ich das jetzt gehört habe... Es gab Situationen, da verstanden wir besser, denn für uns war das alles schon in Andeutungen vorhanden, ich meine, das verstand sich von selbst, obwohl es nicht konkret formuliert worden war. Das führte dann zu einem Problem: ›Jetzt hören Sie doch mal, das haben Sie doch akzeptiert, das haben wir Ihnen doch gesagt‹. Nein, wir hatten es nicht gesagt, das war etwas Unausgesprochenes, das verstand sich für uns von selbst, aber für sie war das überhaupt nicht so, weil das eben nicht deutlich gesagt worden war.«

Das ist wieder dieser starke Wunsch, soviel Informationen zu bekommen wie möglich, ein Wunsch, der natürlich eng mit der Aufgabensegmentierung zusammenhängt. Von dem Moment an, wo man sich stärker auf seine Arbeit konzentriert, wo zwischen den verschiedenen Abteilungen weniger informelle Informationen ausgetauscht werden, reichen Anspielungen, wie sie bei den Franzosen so beliebt sind, natürlich nicht mehr aus und man muß ständig »Klartext reden«. Hier liegt sicherlich die Wurzel der Mißverständnisse, die zur fälschlichen, willkürlichen Zuschreibung von bestimmten Eigenschaften führen: Wird eine deutsch-französische Besprechung damit begonnen, die bisherigen Beziehungen zu rekapitulieren und auf die Tagesordnung hinzuweisen, finden die Franzosen das schwerfällig und langweilig. Dabei wird hier lediglich die notwendige Information vermittelt und der explizite Kommunikationscode benutzt. Dem Eindruck, intellektuell unterschätzt zu werden, was für einen Franzosen inakzeptabel ist, steht auf deutscher Seite der Eindruck gegenüber, ausgeschlossen oder sogar manipuliert zu werden, denn der Deutsche, der sich in *low-context*-Kommunikation befindet, glaubt, nicht alle Trümpfe in der Hand zu haben, und meint vor allem, daß man einige Details zu unterschlagen versucht. Ein französischer Angestellter erhielt eines Tages einen Brief von einem deutschen Kollegen, mit dem er hervorragende Beziehungen unterhielt. Der Brief begann folgendermaßen: »Vielen Dank für Ihren undatierten Brief...« Das fehlende Datum rief anscheinend tatsächlich ein gewisses Unbehagen hervor und stellte die guten Beziehungen in Frage, da eine derartige Verschwommenheit bedrohlich wirkt. Deshalb die Notwendigkeit, diese Unterlassung zu erwähnen. Von französischer Warte aus betrachtet handelte es sich um eine kleine Unaufmerksamkeit, die die Kommunikation keineswegs beeinträchtigte und keiner Erwähnung bedurfte. Diese Unachtsamkeit zu erwähnen, war Ausdruck mangelnden Taktgefühls bzw. sogar eine unliebsame Maßregelung. In Wirklichkeit, so würde ein Informatiker es formulieren, handelt es sich dabei lediglich um eine schlechte Schnittstelle zwischen zwei Kommunikationssystemen mit unterschiedlichem Kontext.

Der angebliche Mangel an Humor, den die Franzosen den Deutschen unterstellen, läßt sich ähnlich erklären. Bei der Übermittlung einer Botschaft in einer *high-context*-Kommunikation (Frankreich) ist der größte Teil der Information verinnerlicht oder befindet sich im physischen Bereich (Mimik, Gestik, Betonung), während nur sehr wenige Informationen dekodiert und explizit gemacht werden. So besteht eine der Grundlagen des französischen Humors in der permanenten Kluft zwischen explizit und implizit und insbesondere in einem ständigen Jonglieren mit den verschiedenen Registern.[1]

Wir wollen kurz auf den sprachlichen Aspekt der Kommunikation eingehen. Im Französischen gibt es zahlreiche schwammige, schmückende Ausdrücke, die ein ausländischer Gesprächspartner nicht wörtlich nehmen kann und darf: *dès que possible* (»so bald wie möglich«), *dès mon retour* (»gleich bei meiner Rückkehr«), *dans la mesure du possible* (»soweit möglich«), *sans faute* (»bestimmt«) usw. Derartige Ausdrücke geben eher eine Richtung an; es handelt sich nicht um eine bindende Zusage. Die französische Vorgehens-

---

1 Am Ende einer Diskussion über interkulturelle Mißverständnisse erzählte Professor Faucher von der Universität Nancy die folgende Begebenheit, die die ärgerlichen Konsequenzen eines unerwarteten Registerwechsels veranschaulicht. Ein elsässischer Landwirt, der französisch spricht und versteht, aber deutscher Kultur ist, führt eine Rinderherde über die Landstraße. Ein Wagen der Gendarmerie hält an. Ein Gendarm steigt aus und fragt, ob er Hilfe braucht. Der Landwirt strömt über vor Dankesbezeugungen. Der Gendarm antwortet wütend: »Machen Sie sich über mich lustig?« Die Geschichte wäre beinahe sehr übel ausgegangen. (Es ist verboten, eine Herde allein über die Straße zu führen. Es müssen zwei Personen zugegen sein, die eine vorne, die andere hinten.) Es ist natürlich klar, daß ein »monochroner« Mensch, der auf seine Tätigkeit konzentriert ist, sich nicht vorstellen kann, daß ein Beamter in Ausübung seiner Funktionen ironisch ist und mit den Registern spielt; er bleibt auf der »ersten Ebene«, dem nicht ins Deutsche übersetzbaren »premier degré«.

weise gehorcht zweierlei Strategien: die Aufmerksamkeit des Gesprächspartners auf sich konzentrieren und Verbindlichkeit simulieren, auch auf die Gefahr hin, später in Abhängigkeit von neuen Prioritäten zu verfahren, die vom Belieben des einzelnen abhängen. Es handelt sich dabei nicht um ein bewußtes Vorgehen mit dem Ziel, den Partner zu täuschen, sondern eher um eine stark in den französischen Gebräuchen verankerte Gewohnheit. Sprache wird benutzt, um zu gefallen, nicht, um sich streng auf die Wirklichkeit zu beziehen.

Der französische Stil ist im übrigen für Deutsche, die an direkte Beziehungen gewöhnt sind, selten verständlich. Sie tun sich oft schwer mit Franzosen, die nicht deutlich nein sagen können, weil sie den anderen nicht verletzen wollen:

F: »Eins frappiert mich: wenn ein Franzose ›ja‹ sagt, versteht man ›nein‹; sagt man ›ja‹ zu einem Deutschen, versteht er ›ja‹. Ich glaube, das ist Bestandteil der Feinheiten der französischen Sprache. Und wenn ein Franzose mit Deutschen zu tun hat, dann arbeitet er oft mit Understatements, und deshalb funktioniert das dann nicht.«

D: »Als ich zum Beispiel ein Problem hatte, alles dargelegt hatte und eine Lösung suchte, wenn man mir da helfen konnte, dann sagte man es mir. Wenn man mir aber nicht helfen konnte, wenn man mir also etwas Negatives hätte mitteilen müssen, dann sagte man mir gar nichts, und später gab man mir das indirekt über einen Dritten zu verstehen. Keiner sagte zu mir: ›Nein‹ oder ›Das geht nicht‹ oder ›Das können wir nicht machen‹.«

AUFGABE UND PERSON

Hier sind zwei Antagonismen im Spiel: implizit/explizit und Aufgabe/Person. Je mehr man der Person des Gesprächspartners Rechnung trägt, desto stärker ist die Versuchung, sich diplomatisch auszudrücken, aus Angst, den anderen zu verletzen, selbst wenn man dabei nicht alles sagt, was man denkt. Je stärker man umgekehrt zwischen der Person, mit der man zu tun hat, und dem behandelten Thema trennt, um so stärker neigt man dazu, die Dinge gründlich zu behandeln, ohne unangenehme Interferenzen zu

befürchten. Auch hier sind die deutsch-französischen Beziehungen auf der
einen Seite durch Vermischung, auf der anderen Seite durch strenge Segmentierung gekennzeichnet:

F: »Genau, aber ich glaube, das hängt damit zusammen, daß die Kommunikation in
der französischen Kultur eben auf Respekt dem anderen gegenüber beruht, wir sind
also nicht so direkt wie ein Deutscher. Das heißt, ich glaube, wenn ein Deutscher
›nein‹ sagt, dann meint er das auch so, dahinter versteckt sich kein ›ja vielleicht‹, ›vielleicht nicht‹; das heißt ›nein‹, ganz klar. Da steckt auch keine Schärfe dahinter, er
hat persönlich nichts gegen einen; in diesem Rahmen, zu der gestellten Frage, da lautet die Antwort eben ›nein‹.«

Deshalb ist es für die deutschen Kollegen nicht einfach, mit der französischen Kommunikationsweise umzugehen, mit ihren Anspielungen, Codes
und verschiedenen Bedeutungsebenen. Dies alles ist für sie *nicht nachvollziehbar**:

D *(in Frankreich lebend)*: »Es stimmt schon, ich fange langsam an, das Unterschwell-
lige, das, was zwischen den Zeilen steht, zu verstehen, indem ich immer wieder nachfrage. Ein Deutscher muß jedesmal Fragen stellen, wenn er den kleinsten Zweifel
hegt, er darf nicht abwarten, bis es schief geht. Und ein Franzose sollte Deutschen
gegenüber offener und direkter sein und ruhig Fragen stellen. Man könnte sagen,
daß man im Berufsleben nicht soviel Federlesens machen darf. Das sind die Deutschen nicht gewohnt, wir bleiben höflich, das ist es nicht, aber wir sind direkter.«

F: »In Frankreich ist alles verwickelt, da werden Gefühle und Berufliches miteinander vermischt, das gehört alles irgendwie zusammen. Und das haben wir übrigens
im Griff, weil wir uns untereinander sehr gut verstehen, ich meine, man weiß, auf
welcher Bedeutungsebene gerade gesprochen wird. Der Deutsche hätte wohl letztendlich damit ziemliche Probleme. Er kann sich wohl auch bemühen zu verstehen,
wenn er die französische Kultur gut kennt, aber das wird an seinem Verhalten nichts
ändern, wissen Sie, denn er trennt sehr gut zwischen Aufgaben und Personen. Davon bin ich felsenfest überzeugt.«

Die Trennung zwischen Aufgabe und Person löst bei den Franzosen oft
Unbehagen aus, denn sie spüren, daß der Funke nicht überspringt, und sind
nicht in der Lage, wie gewohnt ständig zwischen dem zu behandelnden Thema und den implizit gepflegten persönlichen Beziehungen hin- und herzu-
springen. Deshalb wirken Arbeitsbeziehungen mit Deutschen oft kalt und

distanziert, was in krassem Gegensatz steht zu der menschlichen Wärme, die den Kontakt nach der Arbeit kennzeichnet:

F: »Bei einer Tagung gab es ein Problem wegen eines Doppelzimmers. Mir wurde gesagt, daß es wohl nicht angebracht sei, zwei Herren in einem Zimmer mit Doppelbett unterzubringen. Sie wollten eventuell einige Zimmer tauschen. Ob ich damit einverstanden wäre? In meinen Augen war das derart selbstverständlich, daß ich nicht sofort antwortete, ich glaube, ich sollte bis zum 29. antworten. Am 30. bekam ich morgens ein Telex, aus dem hervorging, daß ich nicht geantwortet hätte. Das war wirklich brutal. Okay, wir hatten nicht geantwortet, aber dann so zu reagieren... ich meine, wir hatten regelmäßig Kontakt miteinander, ich kannte den Betreffenden sogar persönlich, und dann so eine harte Reaktion! Das ist dann schon etwas schokkierend und nicht sehr angenehm. Ich dachte, sie hätten ja kurz anrufen und sagen können: ›Hör mal, Du hast nicht geantwortet‹; für mich war es selbstverständlich, daß man so reagiert.«

Die Personenorientierung, die in den französischen Unternehmen oft zu beobachten ist, kann starke Verärgerung hervorrufen. Die Franzosen sind oft erstaunt, wenn Kollegen, die man »im Griff« zu haben glaubte, wieder auf Distanz gehen und sich kalt und neutral geben. Auf der einen Seite wird der aufgabenorientierte deutsche Mitarbeiter ungeduldig, da die Fristen nicht eingehalten werden; auf der anderen Seite hätte sich die französische Kollegin aufgrund der in ihren Augen sehr guten Beziehungen gewünscht, daß man eine Ausnahme macht, ihr einen Gefallen tut. Daß in ihrer Aussage wiederholt das Wort »selbstverständlich« vorkommt, ist kein Zufall. Wieder einmal tritt das Implizite in den Vordergrund sowie der starke Wunsch, die beruflichen Kontakte persönlicher zu gestalten, was die Funktion hat, von den abstrakten Zwängen der Arbeit zu befreien.

Im Deutschland wie in Frankreich ist letztendlich dasselbe Schutzbedürfnis auszumachen. Diesen Schutz sucht man teils beim System, teils bei Personen. Die Aufgabenorientierung, die Identifizierung mit einer Einheit verunsichert die Franzosen. Sie wissen gern, mit wem sie es zu tun haben, um einen menschlichen Kontakt herzustellen und vor allem, um die Bedeutung der Angelegenheit einschätzen zu können. Ein französischer Verantwortlicher formuliert diesen Gedanken treffend und betont die beruhigende, bequeme Seite des deutschen Systems:

F: »Der Deutsche verläßt sich vollkommen auf eine Struktur, einen Titel, eine Funktion, während der Franzose Netzwerke schafft und manövriert. Dabei legt er einen Opportunismus an den Tag, den der Deutsche nicht versteht.«

Inoffiziell erzählten uns Deutsche, daß eine der ersten Fragen, die die Franzosen vor einer Besprechung stellten, folgendermaßen lautete: »Wer nimmt an der Sitzung teil?« So soll eine Strategie definiert werden, die häufig vom Rang der Teilnehmer abhängt und sehr viel weniger von deren Kompetenz bezüglich des behandelten Themas. Für die Deutschen sieht die Hauptfrage so aus: »Um was für ein Thema geht es?«

Eine junge Französin, die vierzehn Tage im deutschen Mutterhaus ihres Unternehmens verbracht hat, betont die gute Betreuung und Organisation ihres Aufenthalts. Sie scheint aber zu bedauern, daß es an persönlichen Kontakten fehlte, weshalb ihr die Leute verbittert und unzugänglich vorkamen:

F: »Das Büro war grau in grau, die Leute waren überhaupt nicht fröhlich und fast verbittert [...]. Mittags zum Beispiel gab es überhaupt keine Gespräche. Gut, die Leute redeten während des Essens ein bißchen miteinander, aber das ist keine besondere Gelegenheit, ins Gespräch zu kommen. Die Leute lesen die Zeitung. Jeder verkriecht sich in seine Ecke. Es gibt keine Cafeteria, wo man sich gern unter Kollegen trifft und miteinander redet. Ich habe beispielsweise viele Kollegen, die in unterschiedlichen Bereichen tätig sind. Das ist immer interessant. Da wird nicht unbedingt immer über Arbeit gesprochen, aber manchmal hält man sich auf dem laufenden über Bereiche, die einen nicht direkt betreffen. Es ist sinnvoll, einen Überblick über das Unternehmen zu haben, sich nicht in sich selbst zu verkriechen und nur den eigenen kleinen Bereich zu kennen [...]. Da gibt's Humor, der in der Fabrik fehlt. Bei der Arbeit ist es sehr angenehm, ab und zu mit den Kollegen eine Verschnaufpause einzulegen, selbst wenn das nicht lange dauert; mal einen Witz erzählen zu können. Die Atmosphäre dort war nicht sehr entspannt, da ging es sehr, sehr ernst zu.«

Das, was sie im deutschen Unternehmen vermißt, entspricht haargenau den organisatorischen Unterschieden zwischen beiden Ländern: Konzentration auf eine Aufgabe/Streuung der Aufgaben, starke Personenorientierung/Systemorientierung. Ein deutscher Manager betont einige Monate nach seiner Ankunft in Frankreich die Vorliebe für persönliche Kommunikation, die in Deutschland nicht üblich ist; dort beeilt sich der einzelne, seinen Arbeitsplatz zu verlassen und seine Freizeit zu genießen:

D *(in Frankreich lebend)*: »Es stimmt schon, daß hier viel geredet wird. Aber gerade das ist es, was uns Deutschen abgeht: die Kommunikation. Auf dem Gebiet können wir von den Franzosen viel lernen. Sie sprechen mehr miteinander als wir. Wenn eine Besprechung um fünf Uhr vorbei ist, geht der Deutsche nach Hause; der Franzose bleibt noch eine Stunde und hat auf diese informelle Art und Weise viel Austausch und nähert sich den anderen an.«

Das Verhältnis der Deutschen zur Zeit erinnert an ihr Verhältnis zur Aufgabe, das wir im Zusammenhang mit der Arbeitsorganisation erwähnt haben. Es kommt in einer Terminologie zum Ausdruck, die sehr viel präziser, spezieller und expliziter ist als in Frankreich. Alle Beobachtungen im Zusammenhang mit Raum und Zeit verweisen auf deutscher Seite auf Brüche und Segmentierungen, auf französischer Seite auf Streuung und Vermischung. Die strenge Aufteilung des Arbeitstags mit seinen feststehenden Unterbrechungen (Pausen, Mahlzeit, Feierabend – die beiden letzten Begriffe haben im Französischen keine Entsprechung) ist eine Konstante des deutschen Arbeitsalltags. Viele französische Praktikanten begeisterten sich für die Diskussion über den »langen Donnerstag«, die über die eigentliche Frage der Öffnungszeiten der Geschäfte weit hinausging. Hierbei wurden tiefliegende kulturelle Wurzeln berührt, da das Verhältnis der Deutschen zur Arbeitszeit in Frage gestellt wurde. Diese stark kulturell geprägte Debatte ist noch nicht abgeschlossen. Die gesetzlichen Öffnungszeiten sind zwar seit dem 1. November 1996 verlängert worden, die Gewohnheiten verändern sich aber nur sehr langsam, und die Segmentierung der Zeit hält an. Nach Feierabend seine Einkäufe zu machen, ist in Deutschland noch nicht zur Gewohnheit geworden. Zum Thema Zeit sei abschließend bemerkt, daß eine der einfachsten Ursachen für Unstimmigkeiten in der zeitlichen Verschiebung liegt:

F: »Die Deutschen sind von 7 bis 16 Uhr im Büro, die Franzosen von 9 bis 18 oder 19 Uhr. Bedenkt man dann auch noch die Mittagspause, dann kann man sich wirklich leicht verpassen.«

Aus all diesen Gründen täten Deutsche und Franzosen gut daran, sich gegenseitig zu vermitteln, was sie unter Teamarbeit verstehen. Es würde ihnen schnell klar werden, daß es den Deutschen vor allem darauf ankommt, die Arbeit in Abhängigkeit von den jeweiligen Kompetenzen zu verteilen, während den Franzosen eher an persönlichen Kontakten und spielerischer Kommunikation gelegen ist, die das Wohlbefinden innerhalb der Gruppe fördern.

Mit Hilfe der Aufgaben- bzw. Personenorientierung wird ein weiterer deutsch-französischer Gegensatz besser verständlich: das Begriffspaar Produkt/Kunde. Unabhängig von »totaler Qualität« und der zunehmenden Bedeutung der Beziehungen Kunde/Zulieferer, die weltweit in allen Unternehmen festzustellen sind, hat unsere Untersuchung gezeigt, daß auf diesem Gebiet zwischen Deutschland und Frankreich nach wie vor erhebliche Unterschiede existieren. Die Personenorientierung der Franzosen und die Systemorientierung der Deutschen führen häufig zu einem deutlichen Gegensatz zwischen dem, was im Marketing oft als Kunden- oder aber Produktorientierung bezeichnet wird. Wir wollen diesen Zusammenhang an Hand einer Fallstudie veranschaulichen.

Kapitel 7

FALLSTUDIEN

Die vorausgehende thematische Studie beruhte auf einer Erhebung in etwa dreißig Unternehmen in beiden Ländern, hauptsächlich in Form von Interviews. Im folgenden sollen drei Unternehmen aus verschiedenen Wirtschaftszweigen näher untersucht werden, und zwar chemische Industrie, Stahlindustrie und Telekommunikation. Im Unterschied zu den im vorausgehenden Kapitel erwähnten Unternehmen, wo wir lediglich als Forscher intervenierten, waren wir in den drei uns hier interessierenden Unternehmen später auch als Berater tätig und konnten die zum Teil widersprüchlichen Logiken der Akteure näher und über einen längeren Zeitraum hinweg untersuchen.

Die erste Fallstudie erlaubt es, über die beschwörende Formel »Der Kunde zuerst!«, die weltweit in allen Unternehmen auf der Tagesordnung steht, hinauszugehen und das deutsche und französische Verständnis dieses Slogans herauszukristallisieren, der die tatsächlichen Unterschiede unberücksichtigt läßt. Die beiden anderen Fallstudien machen die Zusammenhänge zwischen den verschiedenen, in den vorausgehenden Kapiteln untersuchten Themen deutlich. Sie veranschaulichen die Bedeutung des kulturellen Faktors für eine Kooperationsform, die noch anspruchsvoller ist als die Zusammenarbeit zwischen Mutter- und Tochtergesellschaft. Es handelt sich in der Tat um binationale Unternehmen, wo die Spannungen und Schwierigkeiten verschärft zu Tage treten, in erster Linie wegen der dringenden Notwendigkeit, eine neue Identität auszubilden.

KUNDE ODER PRODUKT:
ZWEI UNTERSCHIEDLICHE LOGIKEN

»Die Franzosen vornehmlich arbeiten für das Schmeichelnde, Reizende, Effektvolle und haben deshalb diese leichtfertige, gefällige Wendung gegen das Publikum als die Hauptsache ausgebildet, indem sie den eigentlichen Wert ihrer Werke in der Befriedigung der anderen suchen, welche sie interessieren, auf die sie eine Wirkung hervorbringen wollen. [...] Wir Deutsche dagegen fordern zu sehr einen Gehalt von Kunstwerken, in dessen Tiefe dann der Künstler sich selber befriedigt, unbekümmert um das Publikum, das selber zusehen, sich Mühe geben und helfen muß, wie es will und kann.«[1]

Unsere erste Erhebung fand in der französischen Tochtergesellschaft eines großen deutschen Unternehmens der chemischen Industrie statt. Hier lassen sich die Beziehungen zum Kunden aus der Nähe untersuchen, und zwar insbesondere im Fall eines in Deutschland entwickelten und hergestellten Produkts, das in Frankreich von französischen Mitarbeitern auf den Markt gebracht wird. Die Erhebung fand vier Jahre nach der Übernahme der Firma durch die Deutschen statt. Die Gegenüberstellung von zwei sehr unterschiedlichen Logiken, die den Kunden oder aber das Produkt in den Vordergrund rücken, macht die zentrale Ursache der interkulturellen Konflikte in diesem Unternehmen deutlich.

Von der Produktsicherung zum wirtschaftlichen Fehlschlag

Ein für ein Labor verantwortlicher Ingenieur schlägt zwei Erklärungen vor, die den eigentlichen Beziehungen zum Kunden vorausgehen und die grundsätzlichen Divergenzen zwischen beiden Ländern offenlegen:

F: »Nehmen wir einmal an, wir haben ein Produkt, das soundso aussieht. Es kommt an. Und wir sagen uns: Es kommt an, aber es könnte noch besser ankommen, wenn

---

1 Hegel, G.W.F., 1965, Bd. 2, S. 13-14.

man dies und jenes täte. So, und dann wird bei uns überlegt, ob wir versuchen sollen, das zu ändern. Gut, und dann wird das Produkt verändert, damit es sich besser verkauft. Und dann gibt's vielleicht ein anderes Problem, weil wir es nicht hätten verändern sollen, wo es doch Erfolg hatte. Denn wenn etwas ankommt, dann darf man da in ihren Augen nicht dran rühren. Das liegt daran, daß sie mehr Vertrauen in die eigene Arbeit haben als wir.«

Auf deutscher Seite ist der Entwicklungs- und Herstellungsprozeß durch extreme Genauigkeit geprägt. Was gut funktioniert, wird nicht verändert. Darüber hinaus herrscht unerschütterliches Vertrauen in die bewährten Methoden, die auf der Zustimmung einer Gruppe basieren und nicht in Frage gestellt werden dürfen.

Auf französischer Seite scheinen Reflexion und Phantasie auch bei der Umsetzung noch eine entscheidende Rolle zu spielen, was Veränderungen in letzter Minute aufgrund von cleveren Entdeckungen oder neuen, unerwarteten Finessen immer möglich macht. An die Stelle von Vertrauen tritt so ein gewisses Mißtrauen, Ergebnis einer Einstellung, die durch große Offenheit geprägt ist und dazu veranlaßt, in allen Phasen des Prozesses die Dinge wieder in Frage zu stellen, was als Quelle möglicher Verbesserungen gilt. Die deutsche Mischung aus Vertrauen und Widerstand gegen den Wandel führt dem Kunden gegenüber zu einer Haltung, die auf französische Mitarbeiter immer schockierend wirkt, da sie es gewohnt sind, sich den Bedürfnissen des Kunden anzupassen. Das hat zumindest zwei Ursachen: mangelndes Vertrauen in die vollbrachte Arbeit und stärkere Personenorientierung. Diese unterschiedliche Einstellung wird in der Aussage eines Ingenieurs sehr deutlich, der die wichtigste Ursache für Mißverständnisse folgendermaßen formuliert:

F: »Dem Kunden gegenüber wird gesagt: ›Das funktioniert, es ist gut. Wenn Sie da ein Problem gehabt haben, dann liegt das also nicht am Produkt.‹ Und davon sind die Deutschen überzeugt. Was ich damit sagen will, ist, daß es keine simple Verkaufstechnik ist, wenn sie sagen, daß das Produkt funktioniert. Aber wir, wir neigen vielleicht dazu zu sagen: ›Ja, ja, das ist gut.‹ Aber hintenherum, da sagen wir uns dann: ›Mist, der Kunde hat sich über das Produkt beschwert, vielleicht gibt es da ein Problem.‹ Dann gucken wir uns das Produkt noch mal genau an und verändern es. Aber der Deutsche, der sagt: ›Nein, das Produkt ist gut.‹ Der wird nicht hingehen und sagen, daß an dem Produkt was geändert werden muß. Dann liegt es eben am Kunden, der mit dem Produkt nicht richtig umgeht... Und das steckt bei ihnen einfach im Kopf, sie sagen: ›Okay, wir haben nun einmal festgestellt, daß das Produkt gut ist, wir haben es getestet und für gut befunden, es ist gut.‹ Bei uns, da heißt es eher: ›Wir haben einen Test gemacht und das Produkt für gut befunden, aber es gibt ein Problem. Vielleicht war unser Test schlecht.‹«

Die deutsche Unternehmenstradition verstärkt natürlich diese kulturell bedingte Tendenz. In der chemischen Industrie war der deutsche Markt lange Zeit vorherrschend, was ein derartiges, der französischen Mentalität vollkommen fremdes Verhalten natürlich verstärkt. Zahlreiche Aussagen von Mitarbeitern der französischen Tochtergesellschaft bestätigen diese Divergenzen, die schwerwiegende wirtschaftliche Konsequenzen hatten: Dem deutschen Unternehmen gingen zahlreiche Kunden verloren.

F: »Wenn man mit den Deutschen arbeitet, da heißt es dann: ›Ja, der Kunde wird sich an das Produkt anpassen.‹ Wir sagen aber: ›Nein, überhaupt nicht, den Kunden kennen wir, wir wissen, wie er reagiert. Wir müssen uns an den Kunden anpassen und das Produkt entsprechend verändern [...].‹ Sie sind selbstsicher, aber manchmal besteht die Gefahr, daß das gesamte Unternehmen ihretwegen Zeit verliert. Sie sind vollkommen von sich selbst überzeugt; sie stellen sich nicht gern in Frage. Wenn das Gesamtunternehmen so entschieden hat, dann ist das eben die beste Lösung. Sie sind überzeugt, das Ganze problemlos zu Ende bringen zu können, wie vorgesehen. Erst wenn ihnen zwei-, dreimal was danebengeht, sagen sie sich, daß es da wohl ein Problem gibt.«

Was manchmal nur als große Gefahr erscheint, kann zu einem empfindlichen wirtschaftlichen Mißerfolg werden. Die Weigerung, Sonderwünsche von Großkunden zu berücksichtigen, führte dazu, daß das deutsche Unternehmen schlicht und ergreifend ausgeschlossen wurde. Es brauchte Jahre, die Marktanteile zurückzuerobern, die ihm aufgrund »mangelnder Diplomatie«, wie die Franzosen diese Haltung bezeichnen, verloren gegangen waren:

F: »Weil... jahrelang hieß es: ›Das ist gut für uns in Deutschland, dann ist es auch für euch gut.‹ Eines Tages, vor siebzehn oder achtzehn Jahren, sagten sie das bei einem unserer Großkunden: ›Hören Sie, Sie wollen es so machen, aber bei uns, da will man es nicht so machen. Und wir kennen uns aus, wir werden Ihnen erklären, wie man vorgehen muß.‹ Und dann, ja, da waren wir draußen, einfach rausgeworfen. Und wir sind bis heute nicht wieder reingekommen, bei diesem Kunden. Auch in einer Fabrik brachten sie das... da sagte der Typ: ›Diese Verantwortung übernehmen wir nicht. Das werden wir nicht machen.‹ Da waren wir draußen. Und es hat sechs, sieben Jahre gedauert, bis wir wieder reinkamen in die Fabrik.«

In einem anderen, noch konkreteren Beispiel kommt der Mangel an Flexibilität erneut zum Ausdruck; auch hier gingen große Marktanteile verloren:

F: »Der Konzern hat den Lack auf den Markt gebracht, den man auf allen Fahrzeugen mit Metallic-Lackierung sieht. Anfangs auf den großen deutschen Modellen und auch auf einigen kleineren. Und dann haben die Franzosen das auch in Frankreich gestartet, und ein Jahr lang wurden tolle Verkaufszahlen erzielt, bis die französischen Automobilhersteller eines Tages sagten: ›Ja, aber dieses Zeug braucht soundso viele Minuten zum Trocknen, das können wir nur für die Luxusmodelle gebrauchen. Wir würden es aber gerne auch bei anderen Modellen benutzen, vorausgesetzt, daß das Trocknen weniger Zeit beansprucht.‹ Das wurde einfach abgelehnt, und die haben den gesamten Absatzmarkt verloren, den gesamten Markt, weil sie mit der Banalisierung nicht einverstanden waren. Diese Weigerung, sich an die Erfordernisse anzupassen, dauerte von 1976 – da lieferten sie praktisch überhaupt nichts mehr – bis 1984.«

Der Wunsch der Franzosen, den Herstellungsprozeß geringfügig zu verändern, um so die Operation rentabel zu machen, stößt bei den Deutschen auf strikte Ablehnung, was die deutsche Mutterfirma für acht Jahre um diesen Absatzmarkt bringt. Die französischen Kunden, denen die Technik gefiel, konnten es sich nicht erlauben, ein System zu benutzen, das nur auf Spitzenmodelle zugeschnitten war, und suchten nach einem Kompromiß, der es ihnen erlauben sollte, das Produkt auch auf Mittelklassewagen anzuwenden und so das Fließband am Laufen zu halten. Auf Tricks und Kniffe zurückzugreifen, schockiert Hersteller, die sehr auf die Qualität ihrer Produkte achten, und allein schon die Vorstellung, einen Prozeß zu verändern, reicht aus, um alles zu blockieren.

Die drei Beispiele reichen sicherlich schon einige Jahre zurück, und die internationale Öffnung des Konzerns scheint nun solchen Irrtümern vorzubeugen. Zahlreiche Kommentare zu den heutigen Konflikten weisen jedoch darauf hin, daß diese Haltung noch nicht überwunden ist. Der mehrfach erwähnte Begriff des »Schlüsselkunden« ist Ausdruck der Tatsache, daß sich die deutschen Hersteller und Käufer stark miteinander identifizieren. Sie vertreten dieselbe nationale Produktphilosophie, was die Anpassung an einen einzelnen Absatzmarkt überflüssig macht. Um die Analyse zu nuancieren, ist zu ergänzen, daß die absolute Treue zum deutschen Produkt durch das Mißtrauen dem französischen Produkt gegenüber noch verstärkt wird. So läßt sich der zweite Fall interpretieren, der den französischen Interviewpartner offensichtlich sehr verwirrt hat:

F: »Von heute auf morgen gaben sie unser Produkt auf, obwohl ich weiß, daß wir billiger waren. Ich kenne ihn jetzt persönlich, und er hat zu mir gesagt: ›Ihre Preise waren 30 bis 40% niedriger.‹ Aber sie haben gesagt: ›Nein, das ist französisch, das kaufen wir nicht. Wir kaufen in Deutschland.‹ Das war für uns ein großer Verlust.«

Eischaum und Makrelen in Weißwein

Dieser Aspekt wird von deutschen Verkäufern, die französische Produkte vertreiben sollen, häufig erwähnt. Ein leitender Techniker kommt zu Beginn des Interviews auf negative berufliche Erfahrungen zu sprechen, die mit den obigen Kommentaren übereinstimmen:

F: »Der deutsche Kollege hatte so eine Art Überlegenheitskomplex gegenüber der französischen Technologie. Das ging sogar so weit, daß er Produkte vorschlug, die vollkommen daneben lagen. Es kam zu ziemlich unangenehmen Situationen in Zusammenhang mit einem Kunden, den ich heute morgen noch gesehen habe. Wir haben über ein Produkt gesprochen, das gut ankommt. Es war aber ursprünglich von Deutschland vorgeschlagen worden und ein Reinfall gewesen. Aber ein großer Reinfall, denn da waren Leute gekommen und hatten gesagt: ›Wir kennen uns da aus, wir haben Produkte, die sich gut verkaufen, und wenn wir die leicht verändern sollen, dann können wir das sehr schnell tun.‹

Danach passierte nichts, und schließlich gab es Probleme mit unserem Kunden. Was ich da sage, das ist nicht bloß meine persönliche Meinung, das ist auch die Meinung eines Kunden, der ein Gigant in der Konservenindustrie ist. Hinter diesem Mann gab es eine Hierarchie, und anscheinend waren sie wirklich alle davon überzeugt, daß das Produkt und die Verfahrensweisen okay waren. Wir aber, verschiedenen Kommentaren nach zu urteilen, wir fanden, daß man in Frankreich nicht so arbeitet, und auch der Kunde meinte, daß er so nicht arbeiten wollte. Da der Kunde in der Regel bei sich der Herr im Hause ist, selbst wenn wir da sind... ja, da ging das eben schief. Um dieses Beispiel abzuschließen: Es ist nicht einfach für uns, ernstgenommen zu werden, selbst wenn an unserer Kompetenz kein Zweifel besteht. Was ich da empfinde, ist wohl nicht vollkommen lächerlich, denn das Produkt, das haben Sie ja gesehen, das Produkt kommt gut an.«

Formulierungen wie »großer Reinfall«, »unangenehme Situation«, »Probleme mit unserem Kunden« oder »Überlegenheitskomplex« weisen darauf hin, daß die Auseinandersetzung zwischen dem Kunden und der Muttergesellschaft relativ hart war. Der Interviewpartner ist emotional stark engagiert. Das ist das in Frankreich häufig zu beobachtende Verhältnis zu einem wichtigen, beeindruckenden Kunden (»die Meinung eines Kunden, der ein Gigant in der Konservenindustrie ist«), dessen Wünschen man sich gewöhnlich unterwirft (»Insofern, als der Kunde in der Regel bei sich der Herr im Hause ist, selbst wenn wir da sind«), was in ironisierender Form zum Ausdruck gebracht wird. Letzteres macht deutlich, wie erstaunt der französische Ingenieur über den mangelnden Respekt und vor allem den mangelnden Geschäftssinn der deutschen Verantwortlichen war. Glücklicherweise wurde die Situation dadurch gerettet, daß er auf einem anderen Gebiet intervenierte; dank seines diplomatischen Vorgehens konnten die guten Geschäftsbeziehungen aufrechterhalten werden. Wider Erwarten entspannte sich die Lage, aber er verstand immer noch nicht, weshalb die Muttergesellschaft hartnäckig auf einem Knowhow beharrte, das »vollkommen daneben lag«. Mangel an Bescheidenheit, Verachtung für die Arbeit der Franzosen, Unfähigkeit, den Kunden zufriedenzustellen – diese Vorwürfe werden dem Mutterhaus gegenüber formuliert, das wenig Bereitschaft zeigt, bestimmte technische Erfordernisse anzuerkennen, und auf einer Kompetenz beharrt, die auf Sonderwünsche nicht flexibel reagiert. Am Ende des Interviews ist natürlich wieder die Mischung von verletztem Stolz und Minderwertigkeitskomplex zu spüren, die sich aus einer solchen Situation notwendigerweise ergibt: Der französische Mitarbeiter hat offensichtlich das Ganze als direkte, persönliche Infragestellung seiner Kompetenz empfunden. Einzig und allein durch die Unterstützung des Kunden – was nebenbei bemerkt Zweifel an der Identifizierung der Tochter- mit der Muttergesellschaft aufkommen läßt – gelang es ihm, der Selbstsicherheit der deutschen Kollegen die Stirn zu bieten.

Ein französischer Manager, der bei der Muttergesellschaft arbeitet, liefert eine weitere Erklärung. Er macht deutlich, daß man den Wünschen des französischen Kunden aller Wahrscheinlichkeit nach nicht Folge leisten wird. Sie hätten bereits in der Phase der Erarbeitung des Produkts unter Berücksichtigung der technischen Möglichkeiten und der Zielsetzungen formuliert werden müssen:

F: »Sie sagten zu unseren Kunden: ›Wie wollen Sie mir erklären, daß Sie, eine französische Marke, nicht einverstanden sind und daß das Produkt kein Qualitätsprodukt ist, wo es doch von den deutschen Herstellern benutzt wird?‹ Das ist für sie unmöglich. Verstehen Sie, was ich damit sagen will? Sie verbinden nämlich Qualität mit einem Anpassungsproblem, vielleicht einfach einer Frage der Ausstattung oder Zielsetzung, die man respektieren muß. Wenn der deutsche Hersteller das Produkt nimmt, dann darf der Franzose, na, der darf sich gar nicht erst die Frage stellen, ob er es nehmen soll.«

Zwei konkrete Beispiele zeigen, daß die französischen Wünsche Ausdruck einer spezifischen kulturellen Realität sind, die für die Deutschen schwer zu erfassen ist.

Egal, ob es dabei um den Zustand der Straßen...

F: »Bestimmte Aspekte unseres Lastenhefts unterscheiden sich vom deutschen Lastenheft. Also wenn ein Produkt beispielsweise Säure oder bestimmte chemische Elemente vertragen soll oder bestimmten Absplittungsnormen entsprechen soll, die in Deutschland nicht unbedingt dieselben sind, dann sind die deutschen Produkte nicht geeignet und müssen verändert werden.«

...oder um Kulinarisches geht:

F: »Wir hatten einmal eine lustige Diskussion, denn in Deutschland gibt es ein System für die Lackierung von Konservendosendeckeln, das dort sehr gut funktioniert. Sie sagten zu uns: ›Ich verstehe nicht, wieso Sie das in Frankreich nicht verkaufen können. Sie sollten das den Kunden anbieten.‹ Wir nahmen also deutsche Deckel und schlugen sie französischen Kunden vor. Die prüften sie und dann hieß es: ›Die taugen nichts, absolut nichts.‹ Da kam es in Deutschland natürlich zu großen Diskussionen. Ich sagte: ›Ja, haben Sie mit Ihren Deckeln denn auch Makrelen in Weißwein konserviert? In Frankreich sind die Deckel nämlich für Makrelen in Weißwein bestimmt, und das gibt chemische Reaktionen. In Deutschland gibt es keine Makrelen in Weißwein [...].‹ Da akzeptierten sie die Ergebnisse, aber anfangs sagten sie: ›Voran mit dem Produkt, das müssen wir durchsetzen.‹ Das taten wir auch, und es ging schief. Dabei hatten wir sie doch gewarnt.«

Derartige Details entgehen dem Blick eines Ausländers natürlich. Das letzte Beispiel erinnert an das Problem eines anderen Unternehmens, das einen Mixer vertreibt, der keinen Eischaum schlagen kann. Das ist in einem Land wie Frankreich natürlich verhängnisvoll:

F: »Das ist immer wieder derselbe Konflikt mit dem Produkt: ›Ich habe das beste Produkt‹, das habe ich bei X erlebt, ›Wir haben das beste Produkt‹. Ich erinnere mich an einen Mixer, den ich auf den Markt bringen sollte. Das war ein sehr schönes Gerät, wirklich gut, nur konnte es keinen Eischaum schlagen, und der wird in der französischen Küche ja oft benutzt, für Mousse au chocolat, Soufflés usw. Wir brachten das Produkt auf den Markt, und es wurde ein großer Reinfall, wir mußten es verändern, obwohl es der Marktanalyse durchaus entsprach. Derartige Konflikte habe ich hier ständig. Da heißt es dann: ›Aber wieso verkaufen Sie nicht soundso viel von dem Produkt?‹ Einfach weil der französische Markt auf so ein Produkt nicht eingestellt ist.«

Die Verständigungsprobleme werden hier durch zwei Aspekte der französischen Kultur verschärft, die wir bereits erwähnt haben: die Vorliebe für Implizites, d.h. die Neigung, etwas nicht zu erklären, was viele Deutsche sich durchaus anhören würden, und der Anspruch auf Universalität, den der französische Manager als Überlegenheitskomplex bezeichnet. Diese Haltung führt unweigerlich zu einer gewissen Verachtung und zur Ablehnung des vom deutschen Mutterhaus gewählten Produkts.

F: »Den Deutschen fehlt es oft an Spitzentechnologien, die der Vorliebe der französischen Kunden für Tüfteleien gerecht werden könnten. Aber wenn sie ein Produkt liefern, dann ist das in der Regel zuverlässig und macht keine großen Probleme. Aber es ist nicht sehr kompliziert, einige nennen das primär, und ruft eine gewisse Geringschätzung hervor.«

Ein Abteilungsleiter scheint hilflos zu sein angesichts der Unfähigkeit der Deutschen, diese grundlegenden Fakten zu berücksichtigen. Traditionelle Exportstärke ist nicht gleichbedeutend mit der Fähigkeit, ein internationales Unternehmen zu leiten, und in diesem Punkt gibt es augenscheinlich immer noch immense Mißverständnisse:

F: »Nach monatelangen Diskussionen wird einem ein Bauteil eines deutschen Wagens vorgelegt, und es heißt: ›Zeigen Sie das den französischen Herstellern.‹ Und selbst wenn man das zehnmal erklärt, es bringt nichts, das kommt einfach nicht rüber. Sie verstehen nicht, daß der französische Hersteller sein eigenes Bauteil haben will, mit seiner eigenen Farbe; alles andere ist ihm vollkommen egal. Das ist wirklich sehr schwierig rüberzubringen [...]. Als er einen Test machte, sagte uns der Kunde nach dem vierten oder fünften Mißerfolg: ›So, das ist jetzt aber das letzte Mal. Das kostet mich viel Geld. Überarbeiten Sie das noch mal und kommen Sie in ein, zwei Jahren wieder...‹ [...] Mir ging auf, daß wir wieder das Produkt erhielten, das in Deutschland gut ankommt, und nicht etwa ein Produkt, das sie für uns verändert hatten. Ich mußte anrufen, und das dauerte eine Stunde am Telefon, da wurde immer lauter gebrüllt, und dann wurde letztendlich doch ein Kompromiß gefunden, aber es war nicht wirklich das, was wir gewollt hatten.«

Interkulturelles Marketing

Häufig sind Äußerungen zu hören, aus denen hervorgeht: »Was für Deutschland gut ist, ist gut für den Rest der Welt.« Das ist ein gravierendes Problem. Ein Abteilungsleiter, der an mehreren Produktionsstätten interveniert und gleichzeitig die Kommerzialisierung von in Deutschland und in Frankreich hergestellten Produkten überwacht, faßt die traditionelle Philosophie der deutschen Großunternehmen treffend zusammen. Bis in die 60er Jahre hinein lag der Absatzmarkt in erster Linie in Deutschland. Später nahm der Export stark zu, aber die wirkliche internationale Öffnung, die multikulturelle Unternehmensführung und durch den Konkurrenzdruck bedingte Anpassung erforderlich macht, steckt noch in den Kinderschuhen:

F: »Das Image der Produkte des Unternehmens ist immer noch sehr stark, aber es hat eine Trendwende stattgefunden. Die Zeit, als die Kunden das Privileg hatten, Produkte zu kaufen, ist vorbei. Heute gelingt es dem Unternehmen bestenfalls, ihnen etwas zu verkaufen. Wenn vor zehn, zwanzig Jahren ein Produkt verkauft wurde, wurde dem Kunden gesagt: ›Sie kaufen nicht nur ein [...], sondern auch Zuverlässigkeit und

Qualität, und das hat seinen Preis.‹ Wenn die Kunden sagten: ›Ich bin mit Ihrem Preis nicht einverstanden‹, dann lautete die Antwort: ›Tut mir leid, 5%.‹ Und das war alles, es wurde überhaupt nicht diskutiert. Wenn wir heute eine Preiserhöhung von 5% für [...] durchsetzen wollen, dann reagieren einige Käufer so: ›Hören Sie mal, ich hätte eher gedacht, Sie würden den Preis senken.‹ Da weiß man dann, wo der Hase läuft, und dann werden einem die Preise der Konkurrenz vorgehalten. Unsere Position erlaubt es uns nicht mehr, etwas durchzusetzen. Und ich habe bei einigen Kunden festgestellt, daß sie auf die Haltung unseres Unternehmens, das Dinge durchsetzt, sehr empfindlich reagieren. Das trifft im übrigen auch auf andere deutsche Unternehmen zu. So sieht das Image aus, das wir bei unseren Kunden haben: ›Ja, Sie sind ein deutsches Unternehmen oder eine deutsche Tochtergesellschaft, Sie wollen sich durchsetzen, Sie kommen einfach an, und es wird diktiert.‹ Das hören wir oft, von wegen ›Diktat‹. So läuft das, so läuft eine Preiserhöhung, so läuft das mit dem Produkt. Wir haben eine Produktqualität mit der Beschreibung X, zum Beispiel, und der Kunde will eine engere Produktbeschreibung. ›Tut mir leid, das gibt's bei uns nicht.‹ Die Produkte, die Preise, die Qualitäten werden quasi entpersonalisiert, und das hat auch technisch einige Probleme aufgeworfen. Ich finde, wir haben die Rückmeldung vom Kunden verloren; wir kamen an und sagten: ›So, das ist es, das ist die Wahrheit.‹«

Einige französische Kunden schwelgen sogar in einer gewissen Vergeltungssucht und wollen dem dominanten Verhalten der deutschen Konzerne ein Ende bereiten. Die harte Konkurrenz, die heute bei jeder Verhandlung im Raum steht, benachteiligt die Großunternehmen. Sie haben sich zu lange in Sicherheit gewähnt und es verlernt, auf den Kunden einzugehen, der sich früher lediglich ihren Anordnungen zu unterwerfen hatte. Diese Zeit ist vorbei, und die wirtschaftliche Realität hat das Selbstbewußtsein des deutschen Giganten erschüttert. Es ist klar, wie der französische Ingenieur sagt, daß das Mutterhaus auch der Tochtergesellschaft mehr Freiraum gibt und sich nunmehr mit Rentabilitätskriterien begnügt. Aus dem gesamten Zitat geht hervor, daß sich das traditionelle Verhältnis zum Produkt und zum Kunden deutlich verändert. Das Unternehmen befindet sich ohne jeden Zweifel in einer Phase tiefgreifenden Wandels, wenngleich die anderen Aussagen darauf hinzuweisen scheinen, daß die althergebrachte Einstellung bei weitem noch nicht überwunden ist.

Der Fall dieses Unternehmens ist sehr interessant. Aufgrund der Matrixorganisation ist es theoretisch jeder Filiale möglich, im Rahmen internatio-

naler Besprechungen an der Erarbeitung der Produkte weitreichend mit-
zuwirken. Von dieser Warte aus betrachtet sieht es so aus, als seien die materiellen Voraussetzungen gegeben, um alle Tochtergesellschaften einzubeziehen. So sieht zumindest die Standardantwort aus, mit der praktisch alle
deutschen Mitarbeiter ihr Erstaunen über die Unzufriedenheit der Franzosen zum Ausdruck bringen.

Das deutsche Unternehmen vertritt das neue System zwar theoretisch,
kann sich aber nicht von seiner Vergangenheit freimachen. Claude Usunier
zufolge ist »globales Marketing aus der internationalen Expansion nationaler Produkte heraus entstanden, während interkulturelles Marketing bei
Konzeption, Kommerzialisierung und Entwicklung der Produkte von vornherein auf einer internationalen Analyse beruht«.[2] Das deutsche Konsortium befindet sich in einer ganz neuen Internationalisierungsphase und beruft sich legitimerweise auf ein System, das den kulturellen Besonderheiten
Rechnung trägt; es hat aber seine alten Exportstrategien noch nicht vollständig aufgegeben. Ein französischer Verantwortlicher macht diese grundlegende Ambiguität deutlich und zeigt, daß Deutschland aufgrund der Einführung einer weltweiten Struktur keine Sonderstellung mehr einnimmt,
in der Praxis aber die alten Gewohnheiten noch nicht abgestreift worden
sind, was berechtigte Unzufriedenheit bei den Franzosen auslöst:

F: »Was sich geändert hat, ist, daß eine neue, weltweite Struktur eingeführt worden
ist. Deutschland hat jetzt eine ähnliche Struktur wie Frankreich, d.h. daß der deutsche Chef nur für Deutschland zuständig ist; Frankreich gilt nicht als Exportland.
Normalerweise gibt es eine spanische Einheit, eine englische, eine amerikanische und
eine deutsche, und normalerweise sollte die Entwicklung den von den verschiedenen Einheiten formulierten Bedürfnissen Rechnung tragen. So sieht das in der Theorie
aus.

In der Praxis – nun, die Labors befinden sich immer noch in Deutschland, häufig mit denselben Mitarbeitern, und da kommt die Botschaft nur sehr, sehr langsam
an. Aber wir haben immerhin erreicht, daß die Entwicklungsprogramme so verteilt
werden, daß sie die Situation in den verschiedenen Ländern berücksichtigen. Die Verteilung funktioniert jetzt etwas besser, wobei allerdings, wenn ein Produkt gut ist,

---

2 Usunier, J.-C., 1992, S. 211.

gern gesagt wird: ›Wir sollten besser bei uns investieren und zentralisieren.‹ [...] Aber die Entwicklung ist schon ziemlich spektakulär, denn vorher galten alle anderen Länder als Exportländer. Jetzt haben sie in der Marketingorganisation normalerweise dasselbe Gewicht.«

Bei den Franzosen wird der natürliche Reflex des Vertreters einer Tochtergesellschaft durch nach wie vor wirksame kulturelle Faktoren verstärkt, z.B. die Befürchtung, von den Deutschen beherrscht zu werden, und die Angst, den französischen Absatzmarkt zu verlieren. Dem Vertreter liegt sehr an seinen Eigenheiten, insbesondere was die starke Identifizierung zwischen Kunde und Hersteller anbelangt.

Die Aussage des französischen Managers, der weltweit für eine Produktpalette zuständig ist und seit zwei Jahren in der Muttergesellschaft arbeitet, zeigt, wie stark sich das Unternehmen mit dem Produkt identifiziert:

F: »Vor vier Jahren beschlossen wir, und das war eine gute Entscheidung, eine andere Produktionsstätte zu suchen, um die Risiken aufzuwiegen, wenn Sie so wollen. Wir beschlossen, in Deutschland eine Fabrik zu bauen. 1986 oder 87 wurde eine Aktion definiert. Die strategisch wichtigen Produkte wurden verlagert. Hier in der Fabrik war die Vorstellung, die Herstellung von Produkten abzugeben, traumatisierend; wir meinten nämlich, wir wären die einzigen, die diese Produkte herstellen können.«

Allein schon die Verlagerung einer Produktionsstätte in ein anderes Land löst in der zentralen Fabrik ein regelrechtes Trauma aus. Die nationale Tradition ist stark ausgeprägt und erschwert Dezentralisierung. Wie sich herausstellt, unterscheidet sich die deutsche Marketingmethode grundlegend von der der Franzosen in der Tochtergesellschaft:

F: »Ein anderer wirtschaftlicher Aspekt: diese Leute sind sehr stolz auf ihre Technik; deshalb haben sie auch keine sehr strukturierte Marketingmethode. Ein amerikanischer Konzern beispielsweise würde bei einem Kunden stark insistieren und drei, vier oder fünf Partnerschaftskonzepte vorlegen [...]. Von diesen fünf Konzepten wird eins schon funktionieren... und das blockiert auch eine Zeitlang die Konkurrenz. Die Deutschen kommen ohne dieses üppige Marketing; sie bieten einfach ihre Produkte an und bitten den Kunden fast, unter diesen Produkten zu wählen. Das ist eine sehr passive Haltung; sie setzen allein auf ihr technisches Know-how. Aber da wird nicht argumentiert und beispielsweise gesagt: ›Wir schlagen Ihnen dieses Produkt vor, weil es Ihre Gewohnheiten über den Haufen werfen wird.‹ Es ist schon viel Arbeit, sie von einer derartig aktiven Herangehensweise zu überzeugen, die der französischen Methode auf dem französischen Markt ziemlich ähnelt.«

»Stark beim Kunden insistieren«, »üppiges Marketing« sind Begriffe, die der deutschen Vorgehensweise fremd sind: hier wird eher einem präzisen, sektoriellen, ruhigen Verfahren der Vorzug gegeben, das den Kunden seine Wahl treffen läßt. Die Äußerungen des französischen Managers zeigen, wie sehr die Mentalitäten in diesem Punkt voneinander abweichen. Wer auf technisches Know-how baut, dem erscheint es überflüssig, Energie darauf zu verwenden, den anderen zu überzeugen. Das Produkt ist das einzige Verkaufsargument. Paradoxerweise sind es die französischen Mitarbeiter der Tochtergesellschaft, die Überzeugungsarbeit zu leisten haben, und zwar im Namen ihrer Kunden. Der sehr französische Wunsch, die »Gewohnheiten über den Haufen zu werfen«, befindet sich, wie wir dies bei den Tochtergesellschaften französischer Unternehmen sehen werden, in diametralem Gegensatz zu dem Anliegen der Deutschen, die vor allem die Traditionen am Leben erhalten möchten. Diese Selbstgewißheit den Kunden gegenüber, die die Franzosen derart aus der Fassung bringt, ist in erster Linie Ausdruck eines extrem starken Voluntarismus und einer positiven Einstellung, die gewissermaßen auf den Kunden »abfärbt«. Nach den Aussagen eines Chemieingenieurs zu urteilen, beruhen die Beziehungen zwischen Kunde und Verkäufer in Deutschland stärker als in Frankreich auf Partnerschaft und dem gemeinsamen Wunsch, erkannte Probleme aus dem Weg zu räumen:

F: »Es gelingt ihnen sehr viel besser als uns, sich beim Kunden durchzusetzen. Ich weiß nicht, wie sie das genau anstellen, die Kunden wissen, daß es Probleme gibt, aber es ist ihnen gelungen, sie davon zu überzeugen, daß sie trotz der Probleme gut zusammenarbeiten können. Und daß den Problemen Rechnung getragen wird und man in Zukunft versuchen wird, sie zu lösen. In Frankreich gelingt uns das nicht [...]. Der Kunde erwartet in der Regel das perfekte Produkt, und... ja, da zögern wir dann, denn ein perfektes Produkt hat es noch nie gegeben! Da fragen wir uns: ›Hm, was denn nun, gehen wir hin, gehen wir nicht hin, zeigen wir's?‹ Aber wenn wir es zeigen, dann bekommen wir zu hören: ›Das ist nicht gut‹. Und dann fehlt es uns an Kraft, so zu handeln, wie die Deutschen auf dieser Ebene handeln, d.h. beim Kunden etwas durchzusetzen.«

Die hier beschriebene Situation ist bezeichnend für deutsch-französische Schwierigkeiten. Das Traditionsbewußtsein, die Segmentierung der Tätigkeiten, der Glaube an erprobte Modelle und die Produktorientierung verunsichern die französische Tochtergesellschaft, die auch die kleinsten Kundenwünsche berücksichtigt, immer nach neuen Wegen der Anpassung sucht und häufig unfähig ist, mit dem deutschen Mutterhaus explizit zu kommunizieren. In allen Muttergesellschaften, aber insbesondere in einem deutschen Unternehmen, macht es die Arbeitsorganisation extrem schwierig, die Sonderwünsche der Franzosen zu berücksichtigen, die verzweifelt sind, wenn sie nicht sofort auf eine Forderung des Kunden reagieren können. Über die Welt der Industrie hinaus erinnert dies an das Zitat von Hegel, das diesem Kapitel vorangestellt ist. Die Kundenorientierung der Franzosen, das ist der Wunsch, zu gefallen und Effekte hervorzurufen, die fieberhafte Hinwendung zum Publikum; dies steht im Gegensatz zu der deutschen Vorgehensweise, wo man sich ruhig in sein Werk vertieft, in der Überzeugung, daß die produzierte Qualität beim Kunden schon Anklang finden wird.

F: »Weil man die Kunden hätscheln muß... Wenn wir jetzt eine Mitteilung von der Fabrik bekommen, wo drinsteht: ›Ihr braucht Eurem Kunden ja nur zu sagen...‹, und dann geht's Schlag auf Schlag, da sage ich: ›Jetzt wartet aber mal, unsere Kunden, die werden Krach schlagen, wenn ihr so antwortet [...].‹ Wir sind es gewohnt, Informationen auszutauschen, und dann haben wir es wieder mit etwas zu tun, das man praktisch erstmal übersetzen muß. Ständig kommen da Rundschreiben aus Deutschland, die sich an die Händler richten: ... *Achtung! Achtung**! Dies und jenes ist passiert; Sie müssen das umgehend mitteilen, damit sie so schnell wie möglich in eine Werkstatt kommen, sonst übernehmen wir überhaupt keine Verantwortung [...] mehr. In Frankreich muß man da auf Zehenspitzen gehen, sehr viel diplomatischer sein und, ja, ich würde sagen, weniger schwerfällig, Sie verstehen schon, was ich meine. Das machen wir ständig, das sind wir jetzt gewohnt, und wir können das jetzt auch, aber man muß es eben machen.«

Alles, was in der Formulierung exzessiv sein könnte, wird minimiert und relativiert, um den Kunden nicht vor den Kopf zu stoßen. Deshalb schrecken die Franzosen vor dieser Art von Rundschreiben an die Kunden zurück. Zum einen muß nicht jede Wahrheit auch unbedingt ausgesprochen werden, zum anderen besteht die Gefahr, daß das vorsichtige, individualisierte Verhältnis zerstört wird:

F: »Die Deutschen schicken uns zum Beispiel Rundschreiben, die für die Kunden gedacht sind. Wenn wir übersetzen – da sind wir wieder beim Übersetzen – also wenn man den deutschen Text wortgetreu übersetzt, dann läuft man Gefahr, den Kunden vor den Kopf zu stoßen. Der Deutsche ist viel präziser. Der wird ganz genau sagen, was mit dem Produkt ist, während das in Frankreich gefährlich ist, würde ich sagen... Oder nein, wir sind es vielleicht auch nicht gewohnt, offen zu sein, das kann schon sein. Ich weiß nicht, wir sind es vielleicht nicht gewohnt, den Leuten die Wahrheit zu sagen, das ist nicht gut. Aber wir versuchen, die Dinge zu verpacken, den Kunden etwas zu schonen. Der Deutsche ist da sehr viel direkter.«

Hier taucht ein Aspekt wieder auf, den wir bereits erwähnt haben: der Wunsch, sich von der Masse abzuheben. Dem Kunden gefallen und ihn verführen bedeutet auch, daß man versucht, ihn davon zu überzeugen, daß er einzigartig ist. Produktdifferenzierung ist in Frankreich aufgrund der besagten Personenorientierung unumgänglich. Verkauft wird ein gutes Produkt, aber vor allem ein Produkt, das für einen bestimmten Kunden gedacht ist. Und das muß der französische Käufer spüren, wenn man handelseinig werden soll. Entpersonalisierte Werbung hat in Frankreich kaum Erfolg. Wie wir bereits beobachtet haben, gibt man in Deutschland einem zuverlässigen, soliden, effizienten, qualitativ wertvollen Produkt den Vorzug, in Frankreich hingegen einem auf den Käufer zugeschnittenen Produkt. Die Verkaufsstrategien sind entsprechend: auf der einen Seite werden die Qualitäten des Produkts betont, auf der anderen Seite die des Käufers.

Der Antagonismus Aufgabe/Person, der mit dem Kommunikationsmodus zusammenhängt, erweitert sich hier zum Gegensatzpaar Produktionslogik/Rezeptionslogik. Die Bedeutung, die die Franzosen der Diplomatie und dem Kalkül zuschreiben, steht hier im Gegensatz zu einer viel direkteren Sichtweise, die für die Franzosen unverständlich ist. Den Deutschen fällt es aus kulturellen Gründen schwerer als anderen Völkern, sich von ihrer Herstellermentalität zu befreien und die Interessen des Kunden zu berücksichtigen. Oder aber sie reproduzieren die rationale, überlegte, begründete Entscheidung des Konsumenten, was die Bedeutung von unabhängigen Verbraucherzentralen in Deutschland erklärt. Die Schlußfolgerung eines französischen Managers ist für Deutschland sehr pessimistisch. In seinen Augen hat man dort noch nicht begriffen, daß starke Produktorientierung nicht mehr ausreicht und auf extrem wettbewerbsintensiven Märkten scheitert bzw. scheitern wird:

F: »Ich glaube, daß auf die Deutschen große Probleme zukommen, wenn sie sich nicht umstellen. Komischerweise fangen die Franzosen an, sich des Produkts bewußt zu werden und sich Fragen zu stellen. Seit langem überlegen sie, wie an die Absatzmärkte heranzugehen ist, sie stellen sich mehr Fragen als die Deutschen, und ich weiß nicht, ob sich die Situation nicht eines Tages umkehren wird. Das Produkt allein reicht nicht mehr, egal in welcher Branche.«

In diesem Konflikt kommt noch ein anderer Antagonismus zum Tragen: Kontinuität/Diskontinuität. Viele Deutsche, die mit beiden Kulturen vertraut sind, betonen die konservative Grundhaltung und die Unfähigkeit vieler Landsleute, das globale Interesse einer Innovation zu erfassen:

D: »Flexibilität im Denken ist bei den Franzosen sehr viel ausgeprägter, das heißt was Innovationen angeht. Das sieht man in Frankreich bei neuen Ideen, das setzt sich leichter durch als bei uns. Vielleicht hängt das mit ihrer umfassenden Sichtweise zusammen: wenn sie sehen, daß eine Idee dem Ganzen dient, dann ist sie okay. Und bei uns [...], ich weiß nicht, wir haben zwanzig Jahre lang dasselbe gemacht. Wir sind für Neues nicht so offen. In Frankreich ist die Bereitschaft, sich auf Neues, Positives einzulassen, sehr groß.«

Die Aufgabensegmentierung führt dazu, daß jeder sich mit Details befaßt und den Überblick verliert. Deshalb wird jede Veränderung als überflüssig erachtet, da sie eine eingespielte Arbeit, mit der alle einverstanden sind und die ruhig noch jahrelang so weiterlaufen könnte, in Frage stellt. Die Franzosen sehen hierin vor allem eine Kultur der nationalen Vorzugsbehandlung. Wir würden diese Haltung eher so interpretieren, daß man sich gern auf seinem Erfahrungsschatz ausruht, auf den Gewohnheiten, den zuverlässigen Kunden, der festen, bewährten Routine, und unfähig ist, ein System schnell in Frage zu stellen, um sich neuen Zwängen anzupassen. Wie wir sehen werden, wird diese Kontinuitätskultur, die für eine französische Filiale sehr schwer zu ertragen ist, durch kulturelle, politische, familiäre und erzieherische Faktoren begünstigt.

Deutsch-französische Joint-ventures und Fallstricke

Einführung: Interkulturalität im Alltag

Bei unserer Erhebung in Mutter- und Tochtergesellschaften beider Länder war in den Gesprächen manchmal von »wirklichen deutsch-französischen Unternehmen« die Rede, von vollkommenen Fusionen. Diese Fälle wurden als extrem dargestellt, galten aber gleichzeitig als repräsentativ für die Europäisierung der Unternehmen. Wir versuchten, in diese exotische Welt einzudringen, wo Deutsche und Franzosen aufgrund einer Entscheidung des Vorstands oder der Aktionäre täglich zusammenarbeiten und eine gelinde gesagt delikate Aufgabe haben: Unterschiede überwinden und alle Zentrifugalkräfte ausschalten, die mit den jeweiligen kulturellen Besonderheiten zusammenhängen.

Hier gibt es von Anfang an deutsch-französische Interaktionen. Die bereits erwähnte, traditionelle Gegenüberstellung von »gesellschaftlich« und »kulturell« scheint hinfällig zu werden, wenn die sozialen Konstrukte bereits bei der Gründung des Unternehmens in eine bikulturelle Realität eingebettet sind. Interessanterweise wurden wir durch einen Mitarbeiter einer anderen Branche gebeten, in einem binationalen Unternehmen zu intervenieren. In seinen Augen wird die Problematik des Interkulturellen erst bei diesem Typus der neuen, europäischen Unternehmensgründung wirklich deutlich. Das andere Unternehmen nahm selbst Kontakt auf; hier war man der Ansicht, die internen Konflikte ließen sich durch einen interkulturellen Ansatz lösen.

Dieser Fall unterscheidet sich deutlich von den vorherigen. In den Tochter- und Muttergesellschaften hatten wir beschlossen, daß dreißig Interviews ausreichten, um ein aussagekräftiges Bild von der deutsch-französischen Kommunikation im Unternehmen zu zeichnen. Im letztgenannten Fall jedoch mußte die empirische Untersuchung hinter die Lösung der Konflikte zurücktreten; das Auftreten kultureller Unterschiede war als Mittel und nicht mehr als Zweck zu betrachten.

Unternehmen 1

Im Unternehmen 1[3] wurden etwa dreißig Gespräche geführt, sowohl auf deutscher als auch auf französischer Seite. Wir wollen im folgenden unsere Analyse der Schwierigkeiten und Spannungen, die in den Interviews zur Sprache kamen, zusammenfassen.

Da wir viele Informationen über die Besonderheit des Unternehmens (Gründung, Logiken der Akteure, komplexe Situation) gesammelt hatten, ließ sich die Bedeutung der Probleme im Zusammenhang mit der Interkulturalität präzise erfassen. Sicherlich ist dabei zu berücksichtigen, daß die Situation sich entwickelt und die Einstellung des einen oder anderen sich verändern kann. Wir stellten jedoch in Interviews, die nach acht Monaten wiederholt wurden, fest, daß sich die Haltung der Mitarbeiter nur allmählich modifizierte. Die deutsch-französischen Antagonismen, die für die formulierten bzw. verdrängten Probleme verantwortlich sind, sind bereits in zahlreichen anderen deutsch-französischen Unternehmen identifiziert worden und können keineswegs von heute auf morgen verschwinden.

Widerstände gegen Interkulturalität

Wie in allen Erhebungen rief auch hier die Frage nach den kulturellen Unterschieden zwei Reaktionen hervor, die je nach Persönlichkeit und Situation mehr oder weniger deutlich formuliert wurden.

Die »Skeptiker« machen 95% der Deutschen aus. Aus Angst, Klischees und Stereotypen zu reproduzieren, leugnen sie zu Beginn der Interviews die Existenz von kulturellen Unterschieden bzw. spielen sie herunter. Die am häufigsten vorgebrachten Argumente betreffen Unterschiede bezüglich der Region, der Unternehmenskultur und des Berufs.

Die »Fanatiker« der kulturellen Unterschiede sind hauptsächlich unter den Franzosen auszumachen. Dabei zeichnen sich zwei Kategorien deutlich ab:

---

3   Wir bezeichnen dieses integrierte deutsch-französische Unternehmen als Unternehmen 1.

- Mitarbeiter, die mit der deutschen Kultur nicht zurechtkommen und deshalb dazu neigen, diesen Aspekt stark zu betonen.
- Mitarbeiter, die mehr Gelassenheit an den Tag legen. Sie sind sich der Bedeutung der kulturellen Besonderheiten bewußt und entwickeln mehr oder weniger effiziente Anpassungsstrategien.

F: »Mit den Deutschen funktioniert das wie mit der deutschen Syntax, wo das Verb am Ende steht. Man darf nicht stehenbleiben, man muß die Sache zu Ende führen, aktiv sein, zum Telefonhörer greifen. Also ich komme damit klar. Aber die Franzosen haben ihre Probleme.«

Bemerkenswert ist der sehr deutliche Gegensatz zwischen beiden Ländern, was diesen Aspekt betrifft. Verschiedene Erklärungsansätze sind dabei zu berücksichtigen:

- Die Franzosen, die sich in der Minderheit befinden und im Ausland leben, sind Anpassungsproblemen sehr viel stärker ausgesetzt als die Deutschen.
- Die meisten deutschen Interviewpartner hatten nur geringe Auslandserfahrung und verkannten die Probleme ihrer französischen Kollegen.
- Für einige Franzosen ist die Situation festgefahren bzw. sie befinden sich in der Defensive, was sie dazu veranlaßt, die kulturellen Besonderheiten zu übertreiben.

Der letzte Aspekt ist von grundlegender Bedeutung und reicht weit über die Persönlichkeiten der interviewten Personen oder den Sonderfall des betreffenden Unternehmens hinaus. Wir haben es hier mit einer französischen Eigenschaft zu tun, die der Integration sehr abträglich ist. Im Unterschied zur deutschen scheint die französische Kultur der Identifizierung mit anderen Kulturen nicht förderlich zu sein. Sie verleitet ganz im Gegenteil zur Verteidigung der eigenen Kultur:

F: »Wir Franzosen mußten uns mit der deutschen Kultur auseinandersetzen. Und darüber hinaus gab es auch noch die Sprachbarriere.«

In einer ähnlichen Situation, wie sie bei im Ausland tätigen Deutschen zu beobachten ist, neigen die Deutschen meist dazu, sich nach außen zu öffnen und zu versuchen, sich die fremde Kultur anzueignen.

Allein schon die Frage der Unterschiede macht deutlich, daß in diesem Unternehmen, wie in vielen anderen auch, häufig zwei extreme, gegensätzliche Fehler begangen werden:

- Die Kultureigenschaften werden als unvermeidbar und systematisch angesehen.
- Die Existenz nationaler Kultureigenschaften wird angezweifelt.

Eine besondere Situation

Es ist von grundlegender Bedeutung, mit der komplexen Situation von Unternehmen 1 zu beginnen, auf dessen fruchtbarem Boden die deutsch-französischen Antagonismen besonders gut gedeihen.

Die strategische Entscheidung der Unternehmensgründung hing augenscheinlich mit dem Willen der Aktionäre zusammen. Es ist jedoch unerläßlich, die symbolische Interpretation der Mitarbeiter beider Länder zu analysieren. Viele von ihnen finden offensichtlich in der Realität nicht das erwartete Gleichgewicht. Das wichtigste, von den meisten Franzosen wahrgenommene Mißverständnis besteht darin, daß das ideale Bild eines paritätischen deutsch-französischen Unternehmens der Realität nicht standhält, was große Enttäuschung und gewisse Frustrationen hervorruft:

F: »Anfangs sagte ich mir, toll, ein europäisches Unternehmen, eines der ersten wirklich europäischen Unternehmen. Von daher dachte ich, es gäbe 50% Franzosen und 50% Deutsche. Ich sagte mir: ›Der Firmensitz wird in Brüssel oder Luxemburg sein, vielleicht auch in Straßburg, warum nicht. Wir werden neu anfangen, das Ganze europäisch gestalten.‹ Dann mußte ich aber feststellen, daß die Deutschen das Heft in der Hand hatten. Ich sage, das ist ein abgekartetes Spiel. Auf dem Papier sind wir vielleicht 50/50, aber zu 90% unterstehen wir Deutschen. Die werden also Druck ausüben und sagen: ›Um das Unternehmen gut zu führen, müssen wir Deutschen alles im Griff haben. Alles, was in der französischen Fabrik geschaffen wird, wird unser System sein und nicht eures.‹«

Selbst diejenigen Franzosen, die sich am besten anpassen und weniger Kritik äußern, sind sehr reserviert, was Aufnahme und Unterkunft anbelangt:

F: »Dem geographischen und kulturellen Wechsel wurde nicht Rechnung getragen. Man muß den Leuten intellektuellen Komfort geben, wenn das Unternehmen vorwärts kommen soll.«

Es stimmt, daß die wenigen Franzosen, die in Deutschland arbeiten, dies unter Bedingungen tun, die dem persönlichen Gleichgewicht manchmal abträglich sind. Die meisten sind jünger und unverheiratet. Eine Aufnahmestruktur hatte nicht geschaffen werden können, da die meisten deutschen Mitarbeiter selbst aus anderen Teilen Deutschlands kamen. Die enge Zusammenarbeit mit den deutschen Partnern rief natürlich sofort Angst und Ablehnung hervor, was durchaus verständlich erscheint.

Wir wollen einige Beispiele für die Haltung von Deutschen und Franzosen anführen, wie sie in zahlreichen Unternehmen festzustellen ist:

- Bei den Franzosen: industrieller Minderwertigkeitskomplex, geringe Öffnung fremden Kulturen gegenüber, Identifizierung mit Personen, Vorliebe für Veränderungen, implizite Kommunikation.

- Bei den Deutschen: Widerstand gegen den Wandel, Tendenz zur Aneignung fremder Kulturen, starke Identifizierung mit dem Produkt und der Aufgabe, partizipatives Management, Traditionsbewußtsein, explizite Kommunikation.

So wird nachvollziehbar, weshalb die Situation des neuen Unternehmens stark dazu beiträgt, deutsch-französische Spannungen und Konflikte herbeizuführen (wenngleich es den Akteuren, ob Franzosen oder Deutsche, an guten Absichten nicht mangelt!).

Wenn die Interviewpartner die Existenz von Mentalitätsunterschieden anerkennen, kommen sie zunächst auf institutionelle Faktoren zu sprechen.

Ausbildung der Mitarbeiter

Die Bildungssysteme produzieren Manager, deren Erwartungen und Verhaltensweisen stark voneinander abweichen. Die Deutschen sind geduldig und bereit, allmählich stufenweise aufzusteigen und eine stabile Laufbahn zu absolvieren. Die jungen französischen *cadres* hingegen weisen zwei Eigenschaften auf, die es oft unmöglich machen, sie in das deutsche Unternehmen zu integrieren: Sie haben große intellektuelle Fähigkeiten und wenig Erfahrung.

D: »Sie sind sehr jung, manchmal ein bißchen arrogant und enorm anspruchsvoll.«

Dieser Aspekt ist bekannt und kommt in allen Erhebungen zum Ausdruck. Die besondere Situation der französischen und der deutschen Firma, aus denen das uns hier interessierende Unternehmen hervorgegangen ist, verschärft den Gegensatz aber noch. Die Mitarbeiter des traditionsreichen deutschen Unternehmens sind in der Regel älter und haben mehr Erfahrung als die französischen Mitarbeiter, deren Unternehmen die Umstrukturierung noch nicht vollkommen verarbeitet hat:

F: »Damals, und das muß man sich einfach vor Augen halten, war FU[4] ein Unternehmen, das nur diese Produkte herstellte. Es ist nie gelungen, eine Unternehmenskultur zu schaffen.«

So entsteht bei vielen Franzosen der Eindruck, es mangele an Einheitlichkeit:

F: »Für die Deutschen sind wir Anfänger, und im Unterschied zu den Deutschen kennen unsere Fabrikleiter das Produkt nicht immer.«

Der Gegensatz zwischen »Bergsteigern« und »Fallschirmspringern«, der beim Vergleich der Manager beider Länder oft bemüht wird, läßt sich auf vielen Ebenen verifizieren.

Managementstile

Die Managementstile führen zu sehr unterschiedlichen Verhaltensweisen. Mehrfach stießen wir praktisch auf dieselben Bemerkungen, die wir auch in einem Dutzend anderer Unternehmen gehört hatten.

DER STANDPUNKT DER DEUTSCHEN. Die Franzosen sind bei der Ausführung sehr langsam, weil sie immer das Bedürfnis haben, sich abzusichern

---

4   FU steht für das französische Unternehmen, DU für das deutsche.

und zu prüfen, ob ihr Vorgesetzter auch noch einverstanden ist. Daneben hörten wir oft, daß die vollkommene Aufgabendelegierung bei den Franzosen allzu häufig ein Ideal geblieben sei. Viele Deutsche haben wohl verstanden, daß es besser ist, sich direkt an Paris zu wenden, und daß die Leitung eines gemeinsamen Projekts auf derselben Hierarchiestufe kaum von Erfolg gekrönt sein wird. Das folgende Beispiel aus unserem Unternehmen veranschaulicht, daß ein Besprechungsprotokoll in Frankreich und in Deutschland vollkommen unterschiedliche Funktionen besitzt:

F: »Die Franzosen sahen die Protokolle, die von Deutschen gemacht worden waren, erwarteten aber eine Dienstanweisung, so eine Art Ausführungsbestimmung. Die bekamen sie aber nicht, und so wurde auch nichts getan. Die Deutschen waren erstaunt darüber, daß auf ihr Protokoll niemand reagierte.«

In Frankreich hat das Protokoll die Funktion, die Diskussion wiederzugeben und die Arbeit der Geschäftsführung zu erleichtern; in Deutschland wird es als Anweisung betrachtet und muß in Aktionen münden.

DER STANDPUNKT DER FRANZOSEN. Die Franzosen, die seit der Unternehmensgründung unterrepräsentiert sind, können manchmal nicht umhin, die deutschen Teams als Bedrohung aufzufassen:

F: »In den Besprechungen hatte ich den Eindruck, auf einem UNO-Kongreß zu sein, so stark traten sie da auf. Dem können wir nichts entgegenhalten.«

Die Präsenz einer Gruppe von Deutschen, wo der Leiter spricht und von einigen Experten umgeben ist, wird von den Franzosen rasch als steife Hierarchie interpretiert, in der Gehorsam von zentraler Bedeutung ist:

F: »Wenn bei einem Gespräch ein Chef mit seinen Mitarbeitern zugegen ist, dann spricht der Chef. Das heißt, daß die Mitarbeiter nur dann sprechen, wenn der Chef ihnen das Wort erteilt. Wir sind viel kritischer, wir partizipieren viel mehr.«

Das Unbehagen der Franzosen liegt auf der Hand: Die deutsche Form der Teamarbeit wird schnell kritisiert und mit mangelnder individueller Freiheit und starker Hierarchie gleichgesetzt. Die schweigende Gegenwart von zahlreichen Mitarbeitern wird nie als Partizipation aller Ebenen, sondern als dominierendes Verhalten des Chefs interpretiert.

Unterschwelliges und Direktheit

Der Gegensatz zwischen dem impliziten Kommunikationsstil der Franzosen und dem expliziteren Stil der Deutschen wird in den Interviews häufig erwähnt:

F: »Wir mußten wirklich alles, was gesagt worden war, nochmal schriftlich formulieren, um eine Reaktion auszulösen.«

Den Franzosen wird allmählich klar, daß bei der Arbeit mit Deutschen Anspielungen und mündliche Kommunikation nicht ausreichen. Die Franzosen bringen das häufig empfundene Unbehagen jedoch nicht unmißverständlich zum Ausdruck, d.h. präzise und in Gegenwart der Betroffenen. Wenn wir die Erhebungen in den französischen Filialen heranziehen, wird deutlich, daß dieses Unbehagen bei den Franzosen sehr oft auszumachen ist. Die Unzufriedenheit ist unterschwellig und bei vielen eine fixe Idee, wird aber den Deutschen gegenüber nie klar formuliert. Dies hat zwei Gründe:

– Sprachliche Probleme: von einigen Ausnahmen abgesehen gelingt es den Franzosen nicht, ihre Schwierigkeiten nuanciert mitzuteilen.

– Die Verweigerung der Auseinandersetzung, mit der sich das Problem an der Wurzel packen ließe: eine derartige Direktheit ist mit dem französischen Kommunikationsstil nicht zu vereinbaren, dessen Anspielungen und Andeutungen wiederum von den deutschen Kollegen kaum verstanden werden.

F: »Ein Deutscher gibt nichts von sich aus. Was man haben will, das muß man sich verdienen, da muß man nach fragen. Aber in Frankreich, in unserer Art und Weise, uns mitzuteilen, wir formulieren einen Wunsch, und der Empfänger muß intelligent genug sein, ihn zu verstehen. In Frankreich gehen wir davon aus, daß die Botschaft angekommen ist und der andere dementsprechend handeln wird. Aber in Deutschland, wenn nicht der letzte Zweifel ausgeräumt worden ist, dann wird der Deutsche davon ausgehen, daß man nicht präzise genug war, und da kommt dann nichts. In Frankreich verhält man sich abwartend.«

Die Kommentare dieses Franzosen lassen tief blicken und sollten zum Nachdenken anregen. Einige Deutsche nehmen zwar durchaus wahr, daß etwas in der Luft liegt...

D: »Wir spüren schon, daß die Franzosen sich unterlegen fühlen, aber sie sagen es nicht offen.«

... im Zweifelsfall aber verstehen viele einfach nicht, was los ist, oder wollen es nicht wahrhaben:

D: »Ich glaube nicht, daß die französischen Kollegen, die hier arbeiten, frustriert sind.«

Made in Germany und Änderungsbereitschaft

Die wichtigsten Kritikpunkte der Franzosen betreffen die Trägheit und die Starre des deutschen Systems. Im Unternehmen 1 konzentrieren sich alle Probleme der Franzosen. Unflexible Organisation; Unfähigkeit zur Veränderung; Weigerung, die französischen Vorschläge zu berücksichtigen, das sind die am häufigsten formulierten Vorwürfe.

F: »Alles, was sich von ihren Gewohnheiten der Vergangenheit unterscheidet, wird nicht oder nur unter Schwierigkeiten akzeptiert.«

Die deutschen Mitarbeiter sind sich selbst der Tatsache bewußt, daß eine gewisse Ungeschicklichkeit die sehr empfindlichen Franzosen vor den Kopf stößt:

F: »Wir sind DU, es gibt DU, dann kommt lange Zeit gar nichts, und dann kommen die anderen [...]. Die kommen immer wieder auf ihre Verfahrensweisen zurück und sind in ihren Erklärungen unglaublich ungeschickt. Heute morgen noch habe ich mich über eine Mitteilung aufgeregt. Da hatten sie geschrieben: ›Aufgrund der langjährigen Erfahrung von DU wäre es angebracht, auch hier einen Koordinationskreis zu schaffen, der alle sechs Wochen zusammentritt.‹«

Deutsche und Franzosen sollten sich mit diesem grundlegenden Thema, das die gemeinsame Aktion oft bremst und mit der Geschichte beider Länder zu tun hat, näher befassen. Natürlich führt die französische Interpretation eines solchen Verhaltens zu übertriebenen Formulierungen, die die Situation noch verschlimmern (Überlegenheitsgefühl, Schwerfälligkeit, typisch deutsches Diktat, deutscher Imperialismus). Diese Probleme konnten wir praktisch jedesmal ausmachen, wenn wir in einem traditionellen deutschen

Großunternehmen Erhebungen durchführten. Konformismus, Abneigung gegen neue Lösungen...

D: »So arbeiten wir seit Jahren, weshalb sollten wir daran etwas ändern?«

... vollkommene Identifizierung mit dem System und große Schwierigkeiten bei der Integration von neuen Elementen in ein abgeschlossenes System blockieren natürlich die deutsch-französische Zusammenarbeit. Bezeichnend sind die Bemerkungen einiger Interviewpartner, die jeder Franzose – zu Recht oder zu Unrecht – als arrogant empfinden würde:

D: »Bei mir werden die Vorschläge der Franzosen nur dann akzeptiert, wenn sie besser sind als meine eigenen. Die Franzosen lernen übrigens schnell, sie haben große Fortschritte gemacht.«

Diese Verhaltensweise ist häufig auf unterschiedlichen Ebenen auszumachen (Konzentration auf eine isolierte, exakt definierte Tätigkeit; starke Identifizierung mit dem Produkt; langsamer Aufstieg im Unternehmen; Angst vor Wandel; Probleme, über noch nicht existierende Dinge abstrakt zu sprechen). Auch das Verhältnis zum Kunden läuft der französischen Konzeption zuwider:

F: »Das will ich gern erklären. Die Deutschen sagen: ›Ich habe das größte Unternehmen der Welt. Ich bin der Beste, ich habe das beste Material; also kommt man zu mir, und ich nehme keine kleinen Aufträge an. Der Kunde kommt auf mich zu, nicht ich auf ihn.‹ Das finde ich fürchterlich.«

Derartiges war praktisch in allen französischen Tochterunternehmen zu hören, die Probleme mit der deutschen Muttergesellschaft hatten. An die Stelle der Aufgaben-/Personenorientierung tritt hier die Produkt-/Kundenorientierung.

Die meisten der erwähnten Schwierigkeiten erinnern stark an Kommentare in deutsch-französischen Unternehmen, die von heute auf morgen zusammengelegt worden waren. Eine Erhebung in der Telekommunikationsbranche macht ähnliche Probleme deutlich.

Unternehmen 2

In diesem Unternehmen konnte eine umfassende Erhebung durchgeführt werden; 40 Mitarbeitern beider Länder wurden interviewt.[5] Über 2000 Franzosen und knapp 3000 Deutsche arbeiteten in der neuen, vor kurzem gegründeten Struktur zusammen. Das Organigramm, das erst einige Monate vor unserer Intervention geschaffen worden war, war noch nicht allgemein bekannt und viele Mitarbeiter arbeiteten weiter, als wäre alles beim alten geblieben.

Bestandsaufnahme

Eine umfassende Untersuchung ist insofern sinnvoll, als sich objektive Faktoren ermitteln lassen, die einen besonderen Kontext herstellen. Letzterer wird darüber hinaus durch kulturelle Merkmale geprägt, die bestimmte Tendenzen abschwächen bzw. verstärken. In den Interviews wird der kulturelle Aspekt sehr häufig heruntergespielt bzw. geleugnet; im Vordergrund stehen die objektiven Tatsachen, die als die ausschließlichen Ursachen der Schwierigkeiten hingestellt werden. Wir wollen folgendes festhalten:

- Der Schockzustand von FU kurz nach seiner Aufspaltung und verschiedenen Umstrukturierungen.
- Die notwendige Neuorientierung von DU (FU hatte einige Jahre zuvor ähnliches erlebt): das bisher auf den deutschen Markt beschränkte Unternehmen entdeckt den Export.
- Die Fehler der Vergangenheit, die zu erstaunlichen Konkurrenzkämpfen zwischen deutschen und französischen Vertretern von H geführt hatten.
- Die Diskrepanz zwischen dem Großunternehmen DU und dem Kleinunternehmen FU.

---

5 Das deutsche Unternehmen nennen wir DU, das französische FU, die neue Einheit Unternehmen 2, die holländische Muttergesellschaft H.

- Die ungewissen Zukunftsaussichten: Wie soll man sich in eine Organisation integrieren, die vielleicht nur ein Provisorium darstellt und sicherlich eine neue Strategie des Mutterunternehmens ankündigt?
- Die Schwierigkeiten, sich in eine neue Organisation zu integrieren:
  a. Komplexität des Matrixsystems (nach Produkten und Ländern angeordnet), was den Eindruck erweckt, die Aufgaben würden verdoppelt;
  b. starke Lähmung der Auslandsabteilung, die zum Teil auf vollkommen unterschiedliche Managementstile zurückzuführen ist (die fälschlicherweise Einzelpersonen zugeschrieben werden).

Schließlich ist ein weiterer Faktor zu nennen, der in den Gesprächen immer positiv bewertet wird, aber die Gefahr des Scheiterns des binationalen Unternehmens 2 in sich trägt: die Tatsache, daß beide Unternehmen nach wie vor andere »Standbeine« haben. Die übrigen Bereiche sind zwar unbedeutender als Unternehmen 2, beruhigen aber einige Mitarbeiter und fördern einen identitätsstiftenden Verteidigungsreflex, der das deutschfranzösische Vorhaben bremst und dazu führt, daß man aneinander vorbeiredet.

DU und FU, Tochtergesellschaften von H

Zu Beginn der Erhebung stellte sich die grundlegende Frage nach dem kulturellen Einfluß der holländischen Muttergesellschaft. Bei H, das eher als Unternehmenszusammenschluß gilt, sowie vor allem bei DU und FU kann man davon ausgehen, daß die Rolle Hollands in kultureller Hinsicht von untergeordneter Bedeutung ist. Insbesondere in Deutschland wird dies meist auf die extreme Randposition der Produktpalette von H in diesem Wirtschaftszweig zurückgeführt.

Die meisten Interviewpartner betonen die quasi vollständige Unabhängigkeit von DU, das lediglich als einzelnes, sehr gewinnbringendes Unternehmen (*cash-cow*) gilt. Bis vor einigen Jahren stellte das wohlhabende DU bei H einen Mikrostaat dar und verkörperte vor allem eine Tradition der Autarkie und Autonomie. Der frühere Name von DU sowie die Liebe zum

Metier, »von dem H sowieso nicht viel versteht«, werden in den Gesprächen häufig erwähnt. Das einzige Element, das den Eindruck erwecken könnte, der Stil von H habe abgefärbt, ist der Managementstil (sehr flaches Organigramm, kein Formalismus, langsame Konsensbildung auch nach der Entscheidungsfindung). In Wirklichkeit scheint dieser Aspekt aber eher mit der Einstellung der Unternehmensleitung zusammenzuhängen, die sich von sehr viel älteren, den Traditionen stärker verhafteten Managern trennte. Dieser besonders stark konsensorientierte Führungsstil, der mit extremer Aufgabendelegierung und großer Autonomie einhergeht, bedeutet im Vergleich zum durchschnittlichen deutschen Unternehmen, daß die Arbeitsbelastung größer ist und man weniger dazu neigt, die »Kästchen« und »Kanäle« der Organisation zu beachten.

In Paris sind die Unterschiede im Führungsstil deutlicher; trotz einiger gegenteiliger Behauptungen ist klar, daß die Osmose FU/H in kultureller Hinsicht nicht vollständig vollzogen wurde. Die bewußt international ausgerichtete Unternehmenskultur von H, die auf Beachtung der Regeln pocht und gern eine gemeinsame Sprache entwickelt, hat sich nur bei Verwaltung und Finanzen endgültig eingebürgert; hier ist die Verteidigung der »Bibel« Bestandteil des gemeinsamen Führungsstils und wird im übrigen von DU unterstützt. Ansonsten haben sich die langsame Umsetzung der Konsensentscheidungen und der ungezwungene Stil bei FU noch nicht durchgesetzt. Viele Interviewpartner betonen ständig den Gegensatz zwischen den beiden Stilen, und die seit langem für H tätigen Mitarbeiter machen sich häufig über ihr Unternehmen lustig:

F: »FU hat etwas von einer leicht verklemmten alten Jungfer an sich, die anfängt, sich auszuleben.«

Trotz der beträchtlichen Öffnung zum Ausland und dem redlichen Bemühen, die Belegschaft zu mobilisieren, finden sich bei FU viele französische, um nicht zu sagen gallische Eigenschaften: Festhalten an einem gewissen französischen Patriotismus; Sinn für prestigeträchtige Namen und die Nomenklatura; eine Welt, in der die Beziehungen zwischen Absolventen derselben Eliteschule zu einflußreichen Netzwerken führen; eine Mischung aus vordergründiger Strenge und verborgener Toleranz. Dieser Managementstil wird oft als Diktat der Geschäftsführung empfunden; ebenso häufig folgt auf ihn klassische Anpassung:

F: »Jeder nickt, tut aber, was er will.«

Darüber hinaus wird in vielen Gesprächen »die gute alte Zeit« heraufbeschworen, als Tagesordnungen und Besprechungsprotokolle im Haus noch wenig verbreitet waren.

FU und DU befinden sich somit auf einem sehr hohen Niveau, auf dem Sinn für Schönheit und Details vorherrscht, man aber gleichzeitig die gewohnte Unabhängigkeit nicht beschnitten sehen will und wo große Professionalität und außergewöhnliche technische Kompetenz dominieren.

Aufgrund ihrer privilegierten Beziehungen zu sicheren Großkunden befanden sich FU und DU seit Jahren in Kulturen, die Deal und Kennedy[6] als *Culture Process* bezeichnen und wo perfekte Ausführung und Verfahrenstechnik im Vordergrund stehen. In dieser Welt dauert es lange, bis Aktionen Wirkung zeigen, und der Risikofreude sind enge Grenzen gesetzt. Die unabwendbare Globalisierung der Märkte veranlaßt beide Unternehmen, insbesondere natürlich FU, zu einer »Bet your company«-Kultur, wo enorme Risiken eingegangen werden und die tatsächlichen Auswirkungen sich erst nach Jahren in Zahlen fassen lassen. Überlegung, Vorsicht, große technische Kompetenz sowie die zentrale Bedeutung, die dem Personalmanagement zugesprochen wird, sind die wichtigsten Werte dieser Kultur. Ihre Stärke liegt in der globalen Innovationsfähigkeit, ihre Schwäche in der Langsamkeit der Aktionen.

Diese Zwischenbilanz unserer Untersuchung hat deutlich gezeigt, daß der Einfluß von H in bestimmten Bereichen stark war und im Hinblick auf die Unternehmensstrategie natürlich den Ausschlag gab, jedoch die nationalen Besonderheiten, die wir in der Folge untersuchen wollen, nicht aus dem Weg räumen konnte.

---

6   Deal/Kennedy, 1982.

Die interkulturelle Dimension bei FU

Im Laufe der 80 Gespräche war der ernsthafte Wunsch zu spüren, die Bedeutung des kulturellen Faktors besser zu erfassen; manchmal kam aber auch unterschiedlich formulierte Skepsis zum Ausdruck:

D/F: »Man darf nicht verallgemeinern, die Probleme hänger eher mit der Organisation als mit den kulturellen Unterschieden zusammen. Da spielen Personen eine Rolle. Wenn zwei Unternehmen desselben Landes zusammen arbeiten sollten, wäre es das gleiche.«

Daneben wurden starke Spannungen deutlich, die in die Zeit zurückreichten, als beide Tochtergesellschaften zwar von demselben Konzern abhingen, aber große Schwierigkeiten bei der Zusammenarbeit hatten. Der extreme Konkurrenzdruck in einigen Wirtschaftsbereichen hat Spuren hinterlassen, und eine neue Strategie des Mutterhauses konnte alte Streitigkeiten nicht innerhalb von einigen Monaten ausräumen. Da wir lange in diesem Unternehmen gearbeitet haben, konnten wir derartige grundlegende Faktoren bei der Analyse berücksichtigen. Die interkulturelle Dimension ist jedoch ebenfalls präsent, und die Unterschiede auf diesem Gebiet verstärken leider oft zusätzlich die existierenden Schwierigkeiten.

Der Entscheidungsprozeß

Dieser Aspekt ist von zentraler Bedeutung für die Erfassung der deutsch-französischen Probleme. Neben den verschiedenen Aussagen zu diesem Thema veranschaulicht ein kleiner Test, den wir mit 25 deutschen und französischen Verantwortlichen durchführten, den riesigen Unterschied zwischen den Mitarbeitern beider Länder. »Es ist wichtig für einen Manager, präzise Antworten auf die meisten Fragen parat zu haben, die seine Untergebenen zu ihrer Arbeit stellen könnten.« Diese Aussage, die in zahlreichen Arbeiten zum internationalen Management bereits zur Anwendung kam,[7]

---

7 Die Formulierung wurde am INSEAD (Fontainebleau) von der Forschungsgruppe von André Laurent erarbeitet.

stieß bei den Deutschen auf sehr deutliche Ablehnung, bei den Franzosen auf starke Zustimmung. Hier treten die grundlegenden Unterschiede zwischen den beiden Managementkulturen klar zu Tage.

Bei solch einem wichtigen Thema scheint es unerläßlich, die beiderseitigen Analysen zu berücksichtigen, um eine häufig enge, polemische und verzerrende Sichtweise deutlich zu machen. Auf französischer Seite wird DU oft als ein Unternehmen wahrgenommen, wo die Chefs keine Entscheidungen fällen und wo eine gewisse Laxheit vorherrscht.

F: »Manager, die nicht stark genug sind, um die Probleme zu lösen.«

Auf deutscher Seite gilt FU häufig als ein Unternehmen, dessen Mitarbeiter ihren deutschen Kollegen gegenüber nicht genug Offenheit an den Tag legen:

D: »Sie empfinden oft das Bedürfnis, auch das geringste technische Problem an die Hierarchie weiterzuleiten und ständig zu prüfen, ob ihr Chef ihnen Rückendeckung gibt.«

Das bei FU vorherrschende Modell ist dasselbe, das auch in den untersuchten deutschen Tochtergesellschaften zu Tage getreten war: wenig Delegierung und häufige Kontrollen der laufenden Arbeitsvorgänge. In Deutschland werden kaum bzw. überhaupt keine Entscheidungen ohne breitangelegte Anhörung der Mitarbeiter gefällt. Dieses Phänomen scheint bei DU besonders stark ausgeprägt zu sein, da das Topmanagement im Durchschnitt relativ jung und durch Wertvorstellungen gekennzeichnet ist, die sich in Deutschland in den letzten beiden Jahrzehnten stark entwickelt haben (antiautoritäre Erziehung, positive Einstellung Kritik gegenüber). Deshalb nehmen die Franzosen eine gewisse Langsamkeit bei der Umsetzung bestimmter Entscheidungen wahr (z.B. bezüglich der Umsetzung der Organisation von Unternehmen 2). Auf deutscher Seite ist es unerläßlich, alle Personen anzuhören, bevor eine Aktion in die Wege geleitet wird. Die Franzosen akzeptieren es eher, wenn der Chef sich als solcher profiliert, indem er energisch durchgreift. Sie kritisieren im übrigen ständig den Mangel an Entschiedenheit, denn für sie ist schnelle Umsetzung der Entscheidungen häufig wichtiger als das Feed-back von den Vorgesetzten. Bis ins zweite Hierarchieniveau hinein akzeptieren die Franzosen häufig ohne weiteres eine von oben durchgesetzte Entscheidung, selbst wenn sie erst im letzten Moment informiert werden. Die Schaffung einer gemeinsamen Abteilung, die von einem Franzosen geleitet werden sollte, veranschaulicht diesen Zusammenhang. Bei der ersten Besprechung stellt der zukünftige Leiter seinem deutsch-französischen Team ein neues Organigramm vor, was diametral entgegengesetzte Reaktionen auslöst. Für die Deutschen ist das unvorstellbar: Der neue französische Chef hat seine Mitarbeiter vorher nicht konsultiert, und es kommt nicht in Frage, die neue Rollenverteilung zu akzeptieren. Die Franzosen sind geteilter Ansicht: Viele finden das Vorgehen zwar autoritär, akzeptieren es aber aufgrund der Persönlichkeit des Vorgesetzten:

F: »So ist er nun mal, er entscheidet ziemlich allein, aber er hat sein Können unter Beweis gestellt und weiß, mit seinen Truppen umzugehen. Außerdem ist er ein richtiger Profi, und an seine Kompetenz reicht so leicht keiner heran.«

Einige geben sich erst gar nicht mit derartigen Kommentaren ab und üben offene Kritik an den deutschen Kollegen, die das neue Organigramm nicht akzeptieren wollen:

F: »Sie akzeptieren die Entscheidungen der Hierarchie nicht. Sie sagen, daß sie drauf pfeifen und nicht bereit sind, mit Frankreich zusammenzuarbeiten, wenn wir nicht etwas auf die Beine stellen, das ihnen ausgewogen und gerecht erscheint. Ich finde das unglaublich, daß die Untergebenen einer Entscheidung der Geschäftsführung nicht Folge leisten. Das ist dieser Gedanke von Netzwerkorganisation statt Hierarchie. Wenn also Konflikte auftreten, dann können sie sie selbst lösen. Aber bei jedem Konflikt muß man sich einmischen, und irgendwann muß man durchgreifen.«

Hier wird deutlich, daß es weniger die Tatsache ist, nicht angehört worden zu sein, die Verärgerung hervorruft, als vielmehr die Nichtbeachtung des Organigramms. Die in Deutschland übliche Managementform beruht im wesentlichen auf Autorität durch Kompetenz oder Erfahrung; in Frankreich hängt Autorität mit dem persönlichen Charisma des Individuums zusammen. Dieser grundlegende Unterschied zwischen den beiden Managementstilen wird um so schmerzhafter wahrgenommen, als er den althergebrachten, die Realität verzerrenden Stereotypen zuwiderläuft:

F: »Diese Funktionsweise finde ich außerordentlich, weil wir immer davon ausgehen, daß die Deutschen sehr diszipliniert sind...«

F: »Ich dachte mir immer, daß es ausreicht, wenn man sich in der Hierarchie mit dem Chef verträgt, wenn es weiter unten klappen soll.«

F: »DU, das ist das genaue Gegenteil dessen, was man den Deutschen nachsagt, das ist undiszipliniert und ineffizient.«

F: »Bei DU scheint Disziplin ein Exportartikel zu sein...«

Die Entdeckung eines sehr partizipativen Managements, das Durchgreifen zwar nicht ausschließt, aber immer auf Anhörung der Mitarbeiter beruht, stört augenscheinlich die Franzosen. Es muß jedoch ergänzt werden, daß bei DU die Dezentralisierung und die Übertragung von Verantwortung auf die verschiedenen Hierarchieebenen im Vergleich zu anderen Unternehmen extrem stark ausgeprägt sind.

D: »Jeder macht im großen und ganzen, was er will, und das klappt.«

Bei den deutschen Interviewpartnern ist ebenfalls ein in der Regel idealisiertes Frankreichbild festzustellen: das Bild des Landes des Laissez-faire, wo man »wie Gott in Frankreich« lebt. Die französische Realität mit ihrer omnipräsenten Hierarchie ist hiervon weit entfernt.

Zu den am häufigsten erwähnten Frustrationen zählt die Tatsache, daß viele Deutsche nicht mit einer übergeordneten Hierarchieebene sprechen können, während Franzosen es gewohnt sind, problemlos bis an die Spitze der Hierarchie vorzudringen. Ein weiterer Faktor behindert das gegenseitige Vertrauen: die häufig erwähnte unliebsame Überraschung festzustellen, daß ein von einem deutschen Mitarbeiter aufgeworfenes technisches Problem, eine Routineangelegenheit, vom französischen Partner nicht sofort erledigt wird, sondern den Instanzenweg absolviert. Dies führt zu erheblichen Zeitverlusten und zu dem unerträglichen Gefühl, seine Arbeit schlecht gemacht zu haben. »Der Hammerschlag der Hierarchie« wirkt für Mitarbeiter, die es gewohnt sind, für ihren Zuständigkeitsbereich allein die Verantwortung zu tragen, sehr destabilisierend.

Diese französische Funktionsweise wird immer sehr kritisch beurteilt. In Deutschland ist es inakzeptabel, wenn eine an einen französischen Partner derselben Hierarchiestufe gerichtete Frage von der deutschen Chefetage beantwortet wird:

D: »Wenn ich eine Frage an meinen Kollegen richte, die in seinen Zuständigkeitsbereich fällt, dann verstehe ich nicht, weshalb mir der Chef meines Chefs die Antwort gibt. Weshalb dieser Mangel an Vertrauen?«

Was ist in Frankreich wirklich passiert? Nachdem er das Fax erhalten hatte, sprach der Ingenieur auf sehr informelle Weise mit seinem Vorgesetzten über die Angelegenheit. Der Vorgesetzte hielt das Problem für »heikel« und zog es vor, seine eigene Hierarchie einzuschalten. Der französische Verantwortliche, Niveau »n+2«, richtete seine Antwort dann an seinen eigenen deutschen Ansprechpartner, der sie seinerseits direkt »nach unten« weiterreichte, d.h. an denjenigen, der die Frage gestellt hatte. Dieses in Frankreich verbreitete Verhalten zerstört bei den Deutschen häufig das frische Vertrauensverhältnis und veranlaßt zu Klagen über den Mangel an Offenheit. Derartige Unterschiede bei den Managementformen werden von einigen Mitarbeitern allmählich identifiziert (insbesondere in einer Abteilung, wo alle Interviewpartner feststellten, das hierarchische Denken sei bei FU stärker ausgeprägt als bei DU).

Dieser Aspekt ist von grundlegender Bedeutung. Im Laufe der Zeit wird ein Gegensatz zwischen zwei Managementstilen sichtbar: auf der einen Seite ein stärker konsensorientiertes Management, wo man sich ständig um Annäherung bemüht, auf der anderen Seite ein autoritäreres Vorgehen mit mehr Distanz, das ständig zu Widerspruch reizt, wobei auch Unzufriedenheit und Individualismus zum Ausdruck kommen (vor allem in Abwesenheit der direkten Vorgesetzten). Zahlreiche in den Gesprächen erwähnte Beispiele veranschaulichen dieses Verhalten. Während eines deutsch-französischen Seminars kam es zu heftigen Reaktionen von Seiten der Franzosen, weil das EDV-Programm nicht einwandfrei funktionierte:

F: »Das kommt überhaupt nicht in Frage, daß ich noch einen Tag länger bleibe... wir verschwenden ja nur unsere Zeit. Das ist vollkommen daneben... Ich fahre nach Paris zurück. Da habe ich nämlich Wichtigeres zu tun.«

Es wäre natürlich übertrieben zu behaupten, die Reaktion der Deutschen habe vollkommen anders ausgesehen. Allgemein ging die Tendenz aber eher dahin, konkrete Vorschläge zu unterbreiten, um die begonnene gemeinsame Aktion fortführen zu können.

In einigen Interviews bestand die Reaktion der Franzosen darin, ihrem Unbehagen angesichts der erzwungenen Zusammenarbeit mit Deutschland durch extrem heftige Bemerkungen Ausdruck zu verleihen. Manche schlugen vor, sich von den für schuldig befundenen Vorgesetzten zu trennen. Diese Reaktionen waren zum Teil sehr emotional. Bei den in Deutschland geführten Gesprächen war die allgemeine Atmosphäre entspannter, wobei sich zwei Tendenzen deutlich abzeichneten:

- Der Wunsch zu kooperieren, sich zusammenzutun, zusammenzuwachsen.
- Die Schwierigkeiten, sich ein neues System vorzustellen.

Der »Konservatismus« der Deutschen

Die Franzosen, insbesondere wenn sie in Tochtergesellschaften eines Konzerns arbeiten, bringen ihren Ärger darüber zum Ausdruck, daß die Deutschen nicht in der Lage seien, neue Gegebenheiten zu berücksichtigen und einen gewissen Konservatismus aufzugeben. Viele Aussagen zeigen sehr innovationsfreudige Franzosen, die mit Deutschen zu tun haben, die die brillanten Vorschläge ihrer Kollegen zwar höflich anhören, sie aber nie berücksichtigen. Diese Erscheinung, die wir kurz analysieren wollen, ist natürlich im Unternehmen 2 zu beobachten und um so schmerzhafter für die Franzosen, da sie traditionsgemäß auf industriellem Gebiet den Deutschen gegenüber Minderwertigkeitskomplexe haben. Zahlreiche Aussagen auf allen Hierarchieebenen zeigen Deutsche, die unfähig sind, sich selbst in Frage zu stellen und den Markterfordernissen Rechnung zu tragen:

F: »In der Tschechoslowakei wollten die Deutschen 200 Leute einstellen, das entspricht einem Umsatz von 200 Millionen. Sie wollten die [...] für das Fünffache des Marktpreises verkaufen. Die sind sich da gar nicht drüber im klaren...«

Auf deutscher Seite herrscht ein Wertesystem vor, das um das Gütezeichen »Made in Germany« und die Freude an guter Arbeit kreist. Um es überspitzt zu formulieren: Wir bilden die Besten aus, dann sagen wir ihnen genau, wie sie zu arbeiten haben, und so erzielen wir die bestmöglichen Produkte. Das Gütezeichen eines Produkts verleiht ihm eine Qualität, die dem Verbraucher die besten Garantien bietet, so daß er es unbesehen kaufen kann. Man ist davon überzeugt, daß ein Ingenieur, der eine Idee zu einem Projekt macht, eine »normierte« Ausbildung in einer Universität oder Fachhochschule absolviert hat, deren Lehrinhalte bekannt sind. Auch seine Arbeitsstelle ist normiert, und man vermeidet es, ihm eine Aufgabe zu geben, die nicht in seinen Kompetenzbereich fällt. Seine finanziellen Mittel sind genau im Haushalt festgeschrieben, was die Franzosen häufig überrascht:

F: »Die Deutschen, die achten nicht darauf, was sie ausgeben. Sie finden, daß wir nicht genug ausgeben. Wir sind es nicht gewohnt, so zu arbeiten.«

F: »Die sind fünfzig, wir sind zu fünft.«

F: »Bei der Produktbeschreibung, da machen sie sich's nicht einfach. Das erinnert an den Unterschied zwischen einem BMW und einem Renault 5.«

Die Fristen sind eingehalten, die Berichte rechtzeitig verfaßt worden. Nun wird der gesamte Prozeß hinsichtlich der Produktqualität ganz natürlich akzeptiert. Dieses geduldig aufgebaute Ganze läßt sich nicht ohne weiteres wieder in Frage zu stellen. Die Kleinarbeit, bei der die verschiedenen Teile genau ineinander greifen, irritiert die Franzosen erheblich. Sie finden zwar keine Schwachstelle in diesem System, spüren aber, daß es den neuen Marktanforderungen nicht immer gerecht wird.

Ähnlich ist ein Teil der Kommunikationsprobleme in Unternehmen 2 auf einen häufig zu beobachtenden Unterschied zwischen beiden Ländern zurückzuführen. Auf der einen Seite herrscht eine lange, mit viel Geduld aufgebaute Tradition vor, die sich international kaum öffnet, unflexibel ist und, wie häufig in Deutschland, mit einer stark abgeschirmten Arbeitsgruppe funktioniert. Auf der anderen Seite haben wir es mit einer französichen Arbeitsgruppe zu tun, die über geringere Mittel verfügt und die Dinge – und vor allem die Menschen – stärker in Bewegung versetzen will, wobei die individuellen Karrieren und die Ausgewogenheit der Funktionen hervorgehoben werden. Hinzu kommen die üblichen Schwierigkeiten mit der Empfindlichkeit der Franzosen, die sich durch ein zu knapp gehaltenes Fax oder einen als autoritär empfundenen Umgangston leicht persönlich angegriffen fühlen, sowie das unterschiedliche Zeitverständnis. Das alles hat gespannte, konfliktträchtige Beziehungen zur Folge. Wir haben es hier mit zwei unterschiedlichen identitätsstiftenden Logiken zu tun, Bewegung auf der einen, Stabilität auf der anderen Seite. Dies führt in beiden Lagern zu dem gleichen Ergebnis und zu den gleichen Kommentaren: »Wir haben den Eindruck, daß sie uns eine Lektion erteilen wollen.«

Diese Reaktion ist in deutschen und französischen Unternehmen erstaunlich weit verbreitet: veränderungsfreudige Franzosen, die dem soliden, starren, alten deutschen System, das sich trotz der Anstöße von außen keinen Millimeter weit fortbewegt, sehr kritisch gegenüberstehen. Was die Franzosen als Überlegenheitsgefühl interpretieren, ist in Wirklichkeit lediglich Stolz auf ein geduldig aufgebautes Know-how, das bei einem Vortrag häufig zu langatmigen, für die Franzosen langweiligen Darstellungen führt. Derartige Schwierigkeiten werden häufig erwähnt:

F: »Ich erinnere mich, zu Beginn der Zusammenarbeit hatten sie erfahren, daß wir ein Produkt machten, das in ihren Zuständigkeitsbereich fiel. Sie verstanden nicht, weshalb wir hier dasselbe machten. Und dann schickten sie ein Fax, das war wirklich unglaublich. Da hieß es: Selbst wenn wir diese Probleme untersuchten, müßte das Produkt in Deutschland hergestellt werden, weil sie eine moderne Fabrik hätten, die sowas produzieren könnte.«

Aus Gründen, auf die wir noch zurückkommen werden, ist es für einige Deutsche sehr schwierig, andere Verfahren oder Konzepte zu akzeptieren. Die Identifizierung mit der Aufgabe, dem Produkt und dem System ist sehr stark. Der Zusammenhang zwischen Traditionsbewußtsein und Konsensstreben liegt auf der Hand: Das langsame gemeinsame Erarbeiten eines Systems veranlaßt zu größerer Achtung vor diesem System, und man wird nie ohne weiteres bereit sein, es zu verändern.

Kooperationsbereitschaft

Der zweite Faktor, der bei DU häufig identifiziert wird, besteht in dem starken Wunsch, zu einem organischen Ganzen zusammenzuwachsen, zusammenzuarbeiten, auf den anderen zuzugehen. Der unerwünschte Umkehreffekt dieser Öffnung besteht darin, daß die Franzosen dies als Angriff empfinden werden, da sie häufig nach außen hin eine defensive Haltung einnehmen:

F: »Die wollen uns was, die fallen wieder über uns her, was führen die nur wieder im Schilde?«

Paradoxerweise wird die Offenheit der Deutschen bei einigen Franzosen eine vollkommene Abkapslung verursachen, die wiederum auf Unverständnis stößt:

D: »Ich wollte mit einem französischen Kollegen Unterlagen austauschen, aber ich merkte, daß ihn das störte, so als ob ich ihm in die Karten gucken wollte.«

Hier wird deutlich, daß der Gegensatz zwischen Offenheit und Verschlossenheit das komplexe Spiel zwischen DU und FU strukturiert und beide Seiten darunter leiden. Die Deutschen verstehen oft nicht, wozu FU gut sein soll:

D: »Wir brauchen FU nicht. Warum sollten wir unsere Arbeitsweise denn ändern?«

Und die Franzosen sind mißtrauisch und stellen sehr komplizierte Überlegungen an, wobei sie dem Partner zeitweilig extrem machiavellistische Absichten unterstellen. In beiden Kulturen gibt es Verhaltensweisen, die zu dem gleichen Ergebnis führen, auch wenn sie, wie wir sehen werden, nicht ganz die gleichen Ursachen haben. Was Unternehmen 2 anbelangt, überrascht es nicht, daß die Franzosen manchmal ihrer Angst und ihrem Mißtrauen Ausdruck verleihen, was an den Widerstandsgeist eines Volks erinnert, das seine territoriale Integrität gefährdet sieht. Emotional äußert sich dies in heftiger Kritik an den Fehlern der Vergangenheit (die die Deutschen meist überdecken, da man ungern auf Dinge zu sprechen kommt, die dem gemeinsamen Unternehmen hinderlich sein könnten) sowie in etwas willkürlichen Angriffen auf die Holländer, die Organisation, einzelne Personen usw.

Personenorientierung

Beschreibungen eines gemeinsamen Kundenbesuchs verärgerten einige Deutsche, für die ein derartiges Verhalten unverständlich war:

D: »Das war eine Mischung aus übertriebener Höflichkeit und übertriebener Unterwerfung. Wir sind einzig und allein dort, um berechtigte Fragen des Kunden umfassend zu beantworten.«

D: »Sobald der Kunde etwas sagt, sind die Leute von FU bereit, ihre Meinung zu ändern und sich zu unterwerfen.«

Dieser starke Gegensatz erklärt einen Teil der deutsch-französischen Probleme. Es wurden zahlreiche Geschichten erzählt, die sehr aufschlußreich sind, was die Kommunikationsprobleme zwischen DU und FU betrifft:

D: »In Frankreich wird eine große Veranstaltung organisiert, eine Begegnung mit dem Kunden. Bei den Franzosen herrscht große Aufregung, sie schicken uns Faxmeldungen, in denen darauf bestanden wird, daß wir die richtigen Leute schicken. Wir leisten dem Folge, denn wir kennen die Reaktionen bei FU; wenn wir dem nicht Priorität einräumen, werfen sie uns hinterher vor, daß wir Spanien oder Australien besser behandeln. Und dann fahren wir hin, tja, und bei der Besprechung, da sind dann die Franzosen vollkommen verklemmt und hängen dem Kunden an den Lippen. Es wird natürlich Französisch gesprochen, wir haben Probleme zu folgen und intervenieren nur, wenn unsere Expertenmeinung gefragt ist... und am Ende haben sie noch nicht einmal Zeit, unsere Leute zu briefen, sie setzen sie gerade noch an der nächsten Metrostation ab. Man hat den Eindruck, daß das ganze Interesse an DU verpufft ist. Die Besprechung wird selten protokolliert, und unsere Kollegen sagen: ›Das gibt's doch gar nicht, für zwei, drei Fragen da extra hinzufahren, und dann hinterher nicht zu wissen, wo die Prioritäten liegen, keine Rückmeldung zu erhalten, das ist unmöglich.‹«

Ihr extrem starkes emotionales Engagement veranlaßt die Franzosen offensichtlich dazu, die für die Deutschen so wichtige Nachbereitung zu vernachlässigen. Die Aktionen, die DU für aufgebläht hält, fallen gleich wieder in sich zusammen und werden den Forderungen des Partners, der bei der Arbeit Regelmäßigkeit und Konstanz wünscht, nicht gerecht. Diese sehr französische Art und Weise, einen Coup zu landen und sich stark mit Personen zu identifizieren, die dabei eine Schlüsselrolle spielen (hier der Kunde), ist für die deutschen Partner unbefriedigend, da sie dem Ganzen kaum folgen können und auf ihre Grundsatzfragen keine Antwort erhalten: War diese Besprechung wichtig? Wo liegen meine Probleme? In ihren Augen ist die gemeinschaftliche Verbindung mit der Aufgabe abgerissen, und das Wichtigste wird vernachlässigt. Für Franzosen, und dies hat sich in vielen anderen Unternehmen auch herausgestellt, kann man diese Verbindung willkürlich abbrechen, wenn persönlichen Verpflichtungen Priorität eingeräumt wird.

Dieses Verhalten hat im übrigen nicht nur Schattenseiten. Ein deutscher Mitarbeiter erzählt, wie er irrtümlicherweise einmal zu früh in Paris ankam. Zu seiner großen Überraschung widmete ihm sein französischer Partner zwei lange Arbeitsstunden. Der französische Kollege hatte keine besonderen Probleme zu behandeln, sondern fühlte sich in erster Linie verantwortlich für jemanden, der eine weite Anreise hinter sich hatte. Um das Beispiel abzurunden, ist zu ergänzen, daß die Personenorientierung vieler Franzosen sehr hierarchisiert, sehr subjektiv ist und Macht eine unwiderstehliche Anziehungskraft ausübt, wie das vorige Beispiel zeigt. Umgekehrt klagen viele Franzosen über mangelnde Freundlichkeit, was ganz einfach darauf zurückzuführen ist, daß der Verantwortung für eine Person selten größeres Gewicht gegeben wird als der vorgesehenen Aufgabe. In diesen Augenblicken sind die französischen Mitarbeiter persönlich verletzt und vergessen den objektiven Arbeitsbezug.

Von Unterschieden zum Konflikt

Ein in den Gesprächen häufig erwähntes deutsch-französisches Vorhaben verdient, genauer analysiert zu werden. Die Geschichte stammt aus der Zeit, als beide Unternehmen noch keine neue, transkulturelle Einheit bildeten, sondern lediglich Tochtergesellschaften des holländischen Konzerns waren, die ihr technisches Know-how teilen und langfristig zusammenarbeiten sollten. In diesem Fall führte eine Ausschreibung des wichtigsten deutschen Kunden zur Zusammenarbeit zwischen einer französischen Abteilung, die mit der Produktentwicklung und -herstellung betraut war, und einer deutschen Abteilung, die für den Kundenkontakt zuständig war. Dieser Fall ist unmißverständlicher Ausdruck der Bedeutung, die dem kulturellen Faktor bei Verhandlungen zukommt, und veranschaulicht die unzähligen Kommunikationsprobleme, die uns im Laufe der Erhebung begegnet sind. Vorausgeschickt sei, daß das Vorhaben nach zwei Jahren, die durch Mißverständnisse, Unentschlossenheit und Spannungen gekennzeichnet waren, abgebrochen wurde.

Auf der einen Seite eine Gruppe von Deutschen, zudem auch noch Techniker, die »gleich zu Beginn der Operation versuchten, zu den Details der internen Funktionsweise des Produkts vorzudringen, um zu sehen, ob die einzelnen Elemente an der vermuteten Stelle saßen« (*F*). Auf der anderen Seite Franzosen, Verkäufer, mit einem sehr viel umfassenderen Ansatz: Sie versuchten zu begreifen, in welchem Kontext das Produkt zum Einsatz kommen sollte und weshalb. Sie wollten eine Strategie für die kommenden Jahre definieren und lösten bei den deutschen Ingenieuren, die nichts überstürzen wollten und auf die Anforderungen des deutschen Kunden und die festgelegten Fristen fixiert waren, starkes Unbehagen aus.

Zwei Schlüsselelemente der beiden Kulturen verursachen enorme Blokkierungen. Das Verhältnis zur Zeit stellt die Deutschen vor riesige Probleme, da sie das Schwammige in der Vorgehensweise der Franzosen nicht ertragen:

D: »Es gelang uns nicht, die Franzosen in diese Fristenlogik zu integrieren. Bei jeder Besprechung sagten sie, sie würden rechtzeitig fertig werden, und jedesmal mißachteten sie den Zeitplan unseres deutschen Kunden.«

Auf französischer Seite, wo sich eine langfristige Strategie abzeichnet, die die Forderungen der Deutschen in den Hintergrund rücken läßt, sorgt die »Detailbesessenheit« für große Verärgerung:

F: »Wenn man anfängt, mit einem Deutschen über etwas zu sprechen, dann ist es für ihn am wichtigsten, sofort in die Einzelheiten zu gehen. Da wollten sie zum Beispiel sehr detaillierte Produktbeschreibungen. Und der Ansatz der Franzosen, der sieht ganz anders aus. Wir gucken uns das Problem zunächst allgemein an, auf der konzeptuellen Ebene. Wir wollen wissen, in welchem Kontext das Produkt zum Einsatz kommen soll, weshalb, und wir versuchen vielleicht, uns um das Problem herum zu bewegen, den Gesamtzusammenhang richtig zu begreifen. Die Einzelheiten kommen später.«

Ein anderer Franzose formuliert seine Verärgerung über die starre Haltung der Deutschen folgendermaßen:

F: »Leider bestanden sie darauf. Für sie war es sehr wichtig, sehr detaillierte Antworten zu bekommen... Sie verstanden nicht, daß bei einem solchen Ansatz... ja das geht einfach nicht. Aber die Deutschen, die waren es nun einmal gewohnt, so zu arbeiten, und verstanden nicht, wieso wir ihnen diese Informationen nicht gaben.«

Ganz bestimmt aber begreift er nicht, worüber der Projektleiter von DU sich ärgert:

D: »Anstatt sich auf alle Fragen vorzubereiten, die der Kunde stellen würde, sprachen die Franzosen über FU, die Größe... das interessiert doch niemand, zu erfahren, was wir in der Vergangenheit gemacht haben... und dann dieser blumige Stil der Franzosen, das ist doch überflüssig...«

Für die Deutschen, die ihren seit Jahrzehnten bewährten Methoden verhaftet sind, wirken die Franzosen unseriös und unzuverlässig:

D: »Sie hatten den Kunden Antworten versprochen, aber dann ließen sie sie fallen. Sie sind unfähig, etwas fristgerecht umzusetzen.«

Zudem verweigerten die Franzosen die Zusammenarbeit, die berühmte gemeinschaftliche Verbindung mit der Aufgabe, die dazu veranlaßt, ständig nachzuhaken, wenn ein Partner sein Wort nicht hält.

Dieses dauernde Insistieren irritiert natürlich die Franzosen, die herumdrucksen und weder die deutsche Logik übernehmen noch das Gesicht verlieren wollen, indem sie sagen, daß sie die gewünschten Informationen nicht liefern können, zumal sie dies nicht für sehr wichtig halten. Ein mit beiden Kulturen vertrauter französischer Verantwortlicher formuliert es mit Humor:

F: »Das Problem der Deutschen besteht darin, daß sie oft glauben, wenn ein Franzose ja sagt, dann heißt das auch ja.«

Würde man diesen Zwischenfall unter Berücksichtigung der kulturellen Dimension erneut betrachten, so könnte dies sicherlich wieder Vertrauen schaffen. Hier waren zwei Strategien am Werk:

- Die erste Strategie bestand darin, eine punktuelle Aktion nach traditionellem Muster durchzuführen, d.h. linear vorzugehen und eine Funktion zu liefern, egal wo sie herrührt.
- Die zweite Strategie war keine isolierte Aktion. Sie zielte darauf ab, dem deutschen Kunden ein Produkt mit dem Aufdruck H anzubieten, einen wichtigen Hersteller und eine Produktpalette durchzusetzen. Eine präzise, normierte Aufgabe wurde mit Zukunftsprojektionen identifiziert.

Es wird deutlich, wie sehr die unterschiedlichen Positionen der Akteure zur Verschärfung des Konflikts beitrugen, der auch noch andere Ursachen aufweist:

- Der deutsche Ansatz des Ingenieurs ist allgemein konservativer; der französische Ansatz ist stärker auf Innovation und raschen Wandel ausgerichtet.
- Es war keine gemeinsame Strategie definiert worden.
- Die Kompetenzen waren unterschiedlich (auf der einen Seite technischer Natur, auf der anderen Seite stärker verkaufsorientiert).

Wie in vielen anderen Situationen hat auch hier die unzureichende Kenntnis der Kultur des jeweils anderen die Aktion gelähmt und zu konfliktträchtigen Spannungen geführt.

Dritter Teil

DIE UNTERSCHIEDE VERSTEHEN

Kapitel 8

Komplexität des Interkulturellen

Im Verlauf unserer langen Reise durch deutsch-französische Unternehmen haben wir nach und nach die signifikantesten Verständigungsprobleme zwischen Deutschen und Franzosen herausarbeiten können. Die in beiden Ländern durchgeführten Gespräche machen die Rolle des kulturellen Aspekts deutlich. Strukturelle Faktoren wie z.b. die Situation einer Tochtergesellschaft, die sich im Vergleich zum Mutterhaus in einem Abhängigkeitsverhältnis befindet, reichen allein nicht aus, um alle Schwierigkeiten zu erklären; das gilt insbesondere für Kommunikationsprobleme. Alle in den Interviews angesprochenen Themen zeigen darüber hinaus, daß vage Unterschiede sich unter schwierigen Rahmenbedingungen zu realen Konflikten auswachsen können. Wie an den Aussagen der Studenten abzulesen ist, nehmen die Unterschiede vor allem in den neuen, komplexen binationalen Organisationen Gestalt an. Die Markterfordernisse, der Konkurrenzdruck und die Krisenstimmung, die die neunziger Jahre kennzeichnen, können die fragile Kooperation beeinträchtigen. Die beiden binationalen Unternehmen, von denen die Rede war, machen beide eine neue Erfahrung durch, die für Konzerne sehr selten ist. Die schnelle Schaffung einer neuen Einheit trägt offensichtlich zur Destabilisierung des gesamten Personals bei, da es aus strategischen Gründen erst in der letzten Minute von dem Vorhaben in Kenntnis gesetzt wird.

Alle diese Faktoren, die wir keineswegs herunterspielen wollen, dürfen jedoch nicht über die Rolle der kulturellen Faktoren hinwegtäuschen, wobei die unterschiedlichen Orientierungen durchaus Varianten aufweisen. So sind verschiedene Gegensätze klar zu Tage getreten: kollegialer bzw. autoritärer Managementstil, Kontinuität und Wandel, Detailfreude und umfassende Sichtweise, expliziter und impliziter Kommunikationsstil, Aufgaben- bzw. Personenorientierung, Betonung der Gruppe und kritische Grundein- stellung.

Die zahlreichen Gespräche bestätigen darüber hinaus, daß sich die Mei- nungen und Einstellungen zu interkulturellen Problemen in internationa- len Unternehmen stark unterscheiden. Einige Interviewpartner meinen, die Probleme seien lediglich sprachlicher Natur:

F: »Auf beiden Seiten kam es zu Reaktionen, zu Verärgerung; danach war dann durch- aus Mißtrauen vorhanden [...]. Klare Aussprachen waren nötig. Das war wegen der sprachlichen Barrieren schwieriger, aber daran lag es nicht allein. Sonst wäre es näm- lich unter Franzosen genauso gewesen.«

Die Lösungsvorschläge laufen darauf hinaus, die Partnersprache zu erler- nen oder aber sich des Englischen zu bedienen, ein regelrechtes »Esperan- to« des Geschäftslebens.

Eine andere Art und Weise, die kulturellen Unterschiede zu leugnen, besteht darin, davon auszugehen, daß alles unterschiedlich sei. Sehr häufig werden statt interkultureller regionale, sozioökonomische, berufliche oder generationenbedingte Unterschiede in den Vordergrund gerückt.

Unternehmenskultur

Am häufigsten aber wird auf die Unvereinbarkeit von nationaler Kultur und Unternehmenskultur verwiesen. Wir haben an anderer Stelle gezeigt,[1] daß die wesentlichen Kulturmerkmale nicht unbedingt durch das Unternehmen geprägt sind. Die Unternehmenskultur schaltet die nationalen Besonder- heiten bei weitem nicht aus. In den 80er Jahren entstanden überall in Eu- ropa Unternehmenscharten und -projekte, die sich häufig an über die USA nach Europa kommende japanische Modelle anlehnten. Le Goff beschreibt

---

1   Pateau, J., Dissertation, 1994, S. 80-85.

eine sehr idealistische Sichtweise, die in den Unternehmen nach wie vor stark verbreitet ist und an sich kaum eine Angriffsfläche bietet:

»Die Ambitionen, die in diesen Texten formuliert werden, mögen in vielerlei Hinsicht großzügig erscheinen. Wer sollte sich schon beklagen, wenn es heißt, man wolle aufrichtig sein, die Menschen achten, ein Vertrauensverhältnis schaffen und überall Spitzenleistungen entwickeln, wenn Autonomie, Initiative, Verantwortung gelobt werden und unablässig der Dienst am Kunden in den Vordergrund gerückt wird?«[2]

Unsere Untersuchung bestätigt jedoch folgenden Punkt: dem Besucher wird eine zuweilen beeindruckende Fassade gezeigt, die die Unternehmenskultur in den Himmel lobt und immer vorgibt, die menschlichen Ressourcen zu mobilisieren. In »Le mythe de l'entreprise«[3] nennt Le Goff zahlreiche Beispiele, die belegen, daß man »Werte« und »Aktionsprinzipien« fördern will. Wenn diese Prinzipien aber keinen kulturellen Nährboden haben, scheint eine ablehnende Reaktion unvermeidlich zu sein. Die Abschaffung der Hierarchie, die sich einige französische Unternehmen ungerechtfertigterweise mit Hilfe einiger Spielereien (künstliches Duzen, ähnliche Büroausstattung usw.) auf die Fahnen schreiben, vermag niemanden zu täuschen, vor allem diejenigen nicht, die den Machtverhältnissen im Unternehmen ausgesetzt sind. Alle Eigenschaften, mit deren Hilfe gute Organisationen geschaffen werden sollen und die in den europäischen Unternehmen breite Aufnahme gefunden haben, sind japanischen Ursprungs und finden sich natürlich in den dortigen Unternehmen. Anders ausgedrückt, die Herausbildung eines Konzepts der Unternehmenskultur ist apriori an die Akzeptanz von Elementen gebunden, die zwar einerseits zur Antriebskraft des modernen Managements werden sollen, die andererseits aber sehr häufig die Besonderheiten einer Nationalkultur widerspiegeln. Interessant ist in diesem Zusammenhang die Feststellung, daß das amerikanische Modell, das sich am Vorbild der japanischen Unternehmenskultur orientierte, in den USA auf zahlreiche Anpassungsprobleme gestoßen ist. Krulis-Randa unterstreicht diese Problematik:

---

2   Le Goff, J. P., 1992, S. 65.
3   Ebenda.

»Ist es dieselbe Unternehmenskultur, die auf beiden Seiten des Atlantiks zum Erfolg führt, oder gibt es in Europa andere Erfolgsfaktoren als die der amerikanischen Unternehmen mit dem besten Management?«[4]

Es sieht in der Tat so aus, als variiere die Bedeutung je nach Land. Die Bezugspunkte bezüglich Identifizierung, soziale Integration, Motivation usw. scheinen unterschiedlich zu sein. Die Kontingenz einer Unternehmenskultur ist im übrigen, so Deal/Kennedy, eines ihrer wesentlichen Merkmale; ihr Erfolg wird u.a. von ihrer Anpassungsfähigkeit an die Rahmenbedingungen abhängen, und eine »ideale« Unternehmenskultur gibt es nicht. Krulis-Randa hat dies in einer empirischen Untersuchung aufgezeigt,[5] in der er die acht »Kardinaltugenden« von Peters und Waterman in schweizerischen Unternehmen überprüfte. Die drei folgenden Elemente bilden den ständigen Bezugspunkt: die Nähe zum Kunden, das Wertesystem und der Verbleib in der ursprünglichen Aktivität, was das System der acht Tugenden in gewisser Weise entkräftet. Dies ist auf die Tatsache zurückzuführen, daß sich das amerikanische Modell nicht auf die Schweiz übertragen läßt: »In den untersuchten Unternehmen wirken sich die mit den Rahmenbedingungen zusammenhängenden Faktoren entscheidend auf die Unternehmenskultur aus«[6], schreibt der Autor.

Da die Unternehmenskultur notwendigerweise aus einem gewachsenen nationalen Kulturmodell heraus entsteht, stößt sie an ihre Grenzen, sobald es um die Frage der allgemeinen Übertragbarkeit geht. Sie scheint der Falle des Ethnozentrismus nicht zu entkommen, die diejenigen erwartet, die alle Managementmodelle, wie immer sie auch aussehen mögen, ohne die geringste Anpassung zu übertragen versuchen. Letztendlich räumt die Unternehmenskultur die unternehmensexterne Kulturfrage nicht aus dem Weg, sondern verweist ständig auf sie. Das unterstreicht die Notwendigkeit, sich mit den kulturellen Dimensionen jedes Landes intensiv auseinanderzusetzen.

---

4   Krulis-Randa, J., 1984, S. 258-270.
5   Ebenda.
6   Ebenda, S. 367.

Alle Untersuchungen zur Unternehmenskultur sind für unseren interkulturellen Ansatz in dreierlei Hinsicht interessant.

Der Vorrang der menschlichen Komplexität vor den rationalen Systemen

Wenn das Unternehmen einer der letzten sinnstiftenden Orte ist (Deal/Kennedy) und die »leichten« Organisationsvariablen – Menschen, Stil, Kompetenzen, übergeordnete Ziele – ständig privilegiert werden (Peters/Waterman), so kommen wir der grundlegenden soziokulturellen Frage, die den interkulturellen Ansatz charakterisiert, sehr nahe: Wie verhalten sich die Angestellten des Unternehmens X? Warum verhalten sie sich so und nicht anders?

In beiden Fällen wird die menschliche Dimension den Systemen und Strukturen übergeordnet. Zudem muß eine Dekodierung vorgenommen werden, die eine Beschäftigung mit dem Symbolhaften und Impliziten und somit die Erarbeitung von kulturellen Variablen oder Dimensionen erforderlich macht, die zur Suche nach einer Identität führen.

Ein Instrument für den interkulturellen Vergleich

Die von Deal/Kennedy vollzogene Unterscheidung zwischen mehreren Kulturtypen hat den Vorzug, die Unterschiede je nach Branche, Produkten und Beruf herauszustellen. Die Kategorie *Tough-Guy-Macho*, die die Welt des Draufgängertums und der extremen Risikobereitschaft kennzeichnet, weist natürlich Ähnlichkeiten auf, die über die nationalen Dimensionen hinaus- bzw. ihnen vorausgehen. Um der Verwechslung von branchen- und kulturbedingten Differenzen vorzubeugen, erscheint es unverzichtbar, vergleichbare oder zumindest ähnliche deutsche und französische Unternehmen zu untersuchen. Die Unterscheidung von Deal/Kennedy soll für eine erste Interpretation herangezogen werden. Der Slogan »Der Kunde kommt zuerst«, deutsche Variante des französischen »*Le client d'abord*«, ist bei Volkswagen seit vielen Jahren omnipräsent. Zunächst handelt es sich dabei um eine Modeerscheinung. Der Slogan verweist aber auch auf die Kultur des »*work hard/play hard*«, d.h. die Welt des Massenverkaufs, und ist nicht etwa Ausdruck einer besonderen Eigenschaft der deutschen Kultur. Vergleicht man aber, wie dieser Grundsatz im deutschen Mutterhaus und bei Volkswagen France umgesetzt wird, so werden sehr unterschiedliche nationale Stile deutlich. Hier ist die Unternehmenskultur folglich ein Instrument der Vorbereitung und Verfeinerung einer interkulturellen Untersuchung.

Ein Interpretationsraster

Die von Deal/Kennedy vorgelegte Diagnose der Unternehmenskultur stellt ein sehr hilfreiches Interpretationsraster dar, das den kulturellen Faktor etwas relativiert. Selbst für eine Studie zu den deutsch-französischen Unterschieden in Kommunikation und Management stellt die »Prüfung der Unternehmenskultur«[7] ein sehr nützliches Instrument dar. Sie macht nämlich nicht nur die offizielle Version eines Managementstils deutlich, sondern auch die Reaktionen der betrieblichen Akteure auf diese vorgebliche Unternehmenskultur: so kommen die Grundelemente der Nationalkulturen zum Vorschein.

DIE LOGIK DER ANTAGONISMEN (JACQUES DEMORGON)

Die permanente, sterile Debatte zwischen denjenigen, die die prägende Kraft der Nationalkulturen betonen, und denjenigen, die die Freiheit der Personen und Gruppen in den Vordergrund stellen, muß überwunden werden. Deshalb gilt es, beide Positionen miteinander in Verbindung zu setzen und der Logik der Antagonismen nachzuspüren.[8] Die in den Unternehmen festzustellenden Unterschiede bedürfen einer historischen bzw. genauer gesagt diachronischen Analyse, mit deren Hilfe sich der Ursprung, die Persistenz

---

7   Vgl. Thévenet, M., 1986, der die in diesem Kapitel analysierten Quellen in starkem Umfang heranzieht.
8   Demorgon, J., 1996.

und die Verquickung der vorhandenen kulturellen Strukturebenen untersuchen lassen. Der Mikrokosmos des Unternehmens bietet hierfür vielleicht das deutlichste Beispiel. Es sind in der Tat regelrechte menschliche Differenzierungsmatrizen, die über zahlreiche Schwankungen zu mehr oder weniger stark prägenden Orientierungen geführt haben. Wenngleich unsere gesamten Erhebungen in deutsch-französischen Unternehmen dazu beigetragen haben, Unterschiede sichtbar zu machen, soll es hier nicht darum gehen, die Kulturen als starre Gebilde erscheinen zu lassen und ihnen definitiv bestimmte Eigenschaften zuzuschreiben. Zudem darf man sich nicht auf die Vergangenheit beschränken. Die Definition der kulturellen Unterschiede zwischen Deutschland und Frankreich darf nicht nur als etwas bereits Bekanntes vorausgesetzt werden. Kultur ist mehr als ein vorübergehend stabiles Produkt dominierender Verhaltensweisen; sie ist auch als ein ablaufender Prozeß zu begreifen.

Uns ging es wie gesagt darum, der internen Logik der Gespräche zu folgen und die interkulturellen Beziehungen in all ihren Spielarten zu erfassen, bevor eine notwendige Reduzierung der Themen vorgenommen wird. Die Falluntersuchungen waren bewußt auf die Beobachtung von kulturellen Unterschieden ausgerichtet, die zu Mißverständnissen, Spannungen oder gar Konflikten führen. In beiden Kulturen zeichnen sich deutliche Tendenzen ab, wobei wir aber nur einer der beiden Gefahren aus dem Weg gegangen sind. Wir haben zeigen können, daß es keinen Zweck hat, auf die nationalen Besonderheiten verzichten zu wollen und darüber hinwegzusehen, daß sie im Laufe einer langen Entwicklung entstanden und das Ergebnis dauerhafter Faktoren sind. Das vollkommene Verschwinden dieser Faktoren ist zwar nicht auszuschließen, wird aber nicht von heute auf morgen geschehen; ihre häufige Präsenz in den Unternehmen des ausgehenden 20. Jahrhunderts belegt dies zur Genüge. Es muß aber sofort hinzugefügt werden, daß wir bei diesem Ansatz anderweitig ein Risiko eingehen. Das Risiko nämlich, in exzessiven Kulturalismus zu verfallen und an die Existenz von unumgänglichen, systematischen und endgültigen kulturellen Besonderheiten in beiden Ländern zu glauben. Es gilt, ständigen Veränderungen hinsichtlich der Normen Rechnung zu tragen, die mit den Personen, den sozialen Gruppen, den Kommunikationsbereichen und den zahlreichen Entwicklungen zusammenhängen. Das Kommunikationssystem als eine Gesamtheit von Möglichkeiten bleibt somit offen. So läßt es sich vermeiden, daß das Bild des anderen allein schon aufgrund häufig anzutreffender Verhaltensweisen zu einem starrem Ganzen wird.

Zudem fehlt es in unseren Gesprächen nicht an Gegenbeispielen, wie man dies in einer absoluten, deterministischen Logik bezeichnen würde. Der oft erwähnte Gegensatz zwischen implizit und explizit, der häufig mit dem vermeintlichen Unvermögen der Franzosen zusammenhängt, direkt zu sein, wird von einem französischen Techniker in Frage gestellt, der die Deutschen anfleht, direkter zu sein.

F: »Unter Kollegen, da muß schon eine gewisse Offenheit herrschen. Ich glaube, da müssen die Beziehungen anders sein. Direkter, ohne Umschweife. Was mich schokkiert, ist, daß es da enorm viel Höflichkeit gibt und man versucht, es dem anderen recht zu machen. Und es ist schockierend, wenn dann hinterher, wenn man jemanden nach etwas fragt, man das dann nicht bekommt, auf beruflicher Ebene natürlich. Da heißt es dann: ›Ja sicher‹. Und es wird einem gesagt, die Arbeit werde bestens erledigt. Soviel war ja gar nicht verlangt worden… Zurück nach Frankreich, und drei Wochen später hakt man dann nach, um Ergebnisse zu bekommen, und dann… nichts. Das ist wirklich schockierend! Mir ist es lieber, wenn man mir sagt: ›Das ist mir piepegal, was da in Frankreich mit Leuten los ist, die irgendein Zeug in die Konservendosen stecken wollen.‹ Es ist mir wirklich lieber, so etwas zu hören, da weiß man wenigstens, wo man dran ist.«

Dasselbe Unternehmen bietet ein noch schlagkräftigeres Beispiel. Mehrere Mitarbeiter haben sich in ein absolutes, deterministisches Schema einsperren lassen:

F: »Das überrascht mich ein bißchen, daß die Deutschen Entscheidungen rückgängig machen, denn ich dachte eigentlich, daß die Deutschen von ihrem Temperament her eine Entscheidung nicht mehr rückgängig machen können, wenn sie auf höchster Ebene gefällt worden ist, besonders wenn es dabei um europäische Herstellung und nicht mehr um individuelle Herstellung desselben Produkts geht. Es hat sich aber herausgestellt, daß sie genauso schwammig sein können wie Franzosen oder Italiener. Seit dem letzten Jahr stellen sie diese Entscheidung in Frage. Aber ich hatte mir gesagt, daß das beschlossene Sache war, als sie sagten, daß wir es so und so machen würden. Ja, und ich frage mich weshalb, aber ich weiß es nicht. Gibt es andere Bereiche, wo sich das wiederholen könnte? Wahrscheinlich, aber ich weiß nicht welche.«

Die Angelegenheit wird häufig so dargestellt, als hätten die Deutschen aufgrund ihres kulturellen Determinismus nicht das Recht, ihre Meinung zu ändern. Die Franzosen sind in zweierlei Hinsicht frustriert, was leicht nachvollziehbar ist. Zunächst wird aufgrund der neuen Entscheidung die Produktionsstätte nicht wie vorgesehen in Frankreich eingerichtet. Vor allem aber haben sie den Eindruck, verraten worden zu sein. Derartige Enttäuschungen lassen sich vermeiden, indem man sich den antagonistischen Prozeß, der der Genese und Entwicklung der Kulturen zugrunde liegt, vergegenwärtigt.[9] Die kulturellen Gemeinsamkeiten basieren zunächst auf biologischen Gemeinsamkeiten. Diese umfassen aufgrund der sie strukturierenden antagonistischen Pole funktionale Regulierungssysteme, die durch Schwankungen gekennzeichnet sind. Den Begriff des Antagonismus gilt es hier als Anpassungsmodell zu verstehen. Alle Menschen besitzen derartig schwankende Systeme, die für die Anpassung beträchtliche Vorteile aufweisen: Sie erlauben zahlreiche Reaktionen auf eine sich verändernde Umwelt und helfen dabei, trotz häufiger äußerer Fluktuationen ein inneres Gleichgewicht zu bewahren. Die konstante Körpertemperatur der Warmblüter und das Zusammenspiel von Reizung und Hemmung im Nervensystem bilden einleuchtende Beispiele. Der grundlegende Antagonismus besteht in der Öffung bzw. Abkapselung den anderen gegenüber. Jeder wird den Umständen entsprechend entscheiden müssen, inwieweit er sich dem anderen gegenüber öffnet oder nicht. Dies rührt an die Grundlagen der deutsch-französischen Kommunikation, wie wir sie im Unternehmen beobachtet haben. Diese schwankenden Systeme funktionieren auch jenseits der biologischen Ebene. So muß jeder je nach Gesprächspartner entscheiden, ob er eine Information derart detailliert, daß er sogar alle benutzten Begriffe definiert, oder ob er sich mit Anspielungen begnügen kann. Wir haben es hier mit zwei antagonistischen Polen zu tun, die durch die Kommunikationsachse miteinander verbunden sind: der »implizite« und der »explizite« Pol stellen zwei Extreme dar, zwischen denen wir in Abhängigkeit von den Umständen und den Gesprächspartnern ständig hin- und herschwanken. Jedes Individuum muß bei der Kommunikation mit einem anderen unaufhörlich dosieren.

---

9   Demorgon, J., 1996, S. 33-62.

Die Unterschiede sind somit auf die Bandbreite der möglichen, situationsbedingten individuellen Anpassungsreaktionen zurückzuführen. Die Funktion des Controller, die in den untersuchten Unternehmen häufig gegen kulturelle Unterschiede immun zu sein schien, bietet ein interessantes Beispiel. Dieser Beruf scheint in der Tat vor kulturellen Fluktuationen besonders geschützt zu sein:

F: »Ich bin mit meinem deutschen Kollegen haargenau auf der gleichen Wellenlänge. Wir sprechen dieselbe Sprache, ich meine Englisch und die ›Bibel‹ der Verfahren. Wir sind beide gleichermaßen unbeliebt im Unternehmen.«

Egal ob es sich um ein integriertes deutsch-französisches Unternehmen oder um verschiedene Tochtergesellschaften handelt, es herrschen dieselben finanziellen Regeln, und die Fachsprache ist dieselbe:

D: »Man kann eigentlich nicht sagen, daß ich mit den Franzosen Probleme habe, sprachlich gesehen. Wir sprechen eine Sprache, die…, ja, die Sprache der Controller eben, das ist die Sprache der Informatiker; wir benutzen dieselben Begriffe, mit demselben Satzbau und derselben Bedeutung.«

Die »Bibel« der einheitlichen Verfahren scheint auf eine sektoren- oder funktionenspezifische Kultur hinzuweisen, die die kulturell bedingten Unterschiede praktisch gleich null werden läßt:

F: »Also was mich betrifft, die Controller, die kenne ich, die sind übergenau und pingelig. Aber das ist ja ihr Job. Das hängt vielleicht mit ihrer deutschen Art zusammen, aber vor allem mit der Art ihrer Funktion. Ob sie jetzt pingelig sind, weil sie Deutsche sind, oder ob sie pingelig sind, weil sie in erster Linie Controller sind? Es stimmt wohl beides ein bißchen.«

Dieses Beispiel zeigt, daß die beiderseitige Anpassung an dieselben Kriterien (Benutzung der englischen Sprache, genaue Beachtung derselben Bezugstexte) zu sehr ähnlichen Verhaltensweisen führt. Wir befinden uns hier auf der Achse eines grundlegenden Antagonismus, nämlich des Antagonismus Einheit/Vielfalt, der nicht nur in der Geschichte beider Länder vorhanden ist (s.u.), sondern auch bei der Herausbildung einer Unternehmenskultur und/oder europäischen Kultur eine Rolle spielt. Hier wird deutlich, daß die Benutzung der Kultur als »stabilisiertes Produkt dominierender Ver-

haltensweisen«[10] in der Tat nur eine Teilantwort gibt. Die ständigen Tast-
bewegungen, die das Schwanken zwischen Einheit und Vielfalt kennzeichnen, sind Anzeichen einer in der Entstehung begriffenen Kultur. Einige französische Interviewpartner betonen den Begriff des wirtschaftlichen Zwangs,
der die einen oder anderen zu teilweise schmerzhafter Anpassung an vollkommen neue Situationen veranlaßt. Ein französischer Angestellter, der eine
leitende Position in Deutschland innehat, kommt auf die Globalisierung des
Unternehmens zu sprechen, bei der neue Aktionslogiken zum Einsatz kommen müssen:

F: »Bei Ihnen in Frankreich wird nichts angewendet, das von hier kommt, das geht
nicht. Den Deutschen wird das langsam klar. Diese Erfahrung fehlte ihnen. (...) Das
Unternehmen war ein Baumstamm mit Zweigen. Der Saft kam vom Stamm. Die Äste
waren als erste trocken. Das liegt auf der Hand.«

In demselben Unternehmen arbeiten acht Ingenieure des Mutterhauses eine
Woche lang zusammen, mit einem einfachen Ziel: acht Produkte zu einem
zu einzigen machen; anders ausgedrückt, aus Vielfalt Einheit zu machen.
Dieses Unterfangen gilt im nachhinein technisch gesehen als Mißerfolg, in
menschlicher Hinsicht hingegen als nützlich, da es dazu beitrug, die einzelnen einander näher zu bringen. Im Bereich des internationalen Marke-
tings[11] ist derselbe Gegensatz zwischen der internationaler Logik und der
Logik der kulturellen Vielfalt auszumachen. Erstere versucht, die Standar-
disierung eines bestimmten Konzepts oder Produkts durchzusetzen, ohne
sich darum zu kümmern, ob die Bestandteile des Angebots genau den Charakteristika der Nachfrage entsprechen. Letztere versucht zunächst, die Faktoren der Identifizierung mit dem Produkt und dem Konzept zu definieren, um nötigenfalls zu determinieren, welche Aspekte des Marketing-Mix
verändert werden müssen, um den Marktverhältnissen besser gerecht zu
werden.

Unsere Erhebung hat zu dem grundlegenden Ergebnis geführt, daß die
Teilmengen, die die französische und die deutsche Kultur in den Unterneh-

---

10 Demorgon, J., 1991, S. 22.
11 Usunier, J.-C., 1992, S. 196.

men darstellen, sich nicht überschneiden und auf den Achsen der Antagonismen deutlich unterschiedliche Positionen eingenommen werden. Dieses Ergebnis kann sich jedoch verändern, da es ständig neuen Erfordernissen ausgesetzt ist. Die zitierten Gegenbeispiele machen deutlich, daß diese Positionen nichts Endgültiges an sich haben. In einigen Interviews scheint man sich sogar der Tatsache bewußt zu werden, daß Anpassung notwendig ist, wobei man sich die Vor- und Nachteile der jeweiligen Verhaltensweisen vor Augen führen muß:

F: »Die Deutschen sagen: ›X ist zu diesem Ergebnis gekommen. Wenn es begründet ist, dann muß man es berücksichtigen und darf es nicht in Frage stellen.‹ Ich finde, das ist sowohl eine positive als auch eine negative Eigenschaft. Das heißt... eher sowohl ein Vor- als auch ein Nachteil, denn ich habe kein Werturteil zu fällen. Der Vorteil besteht darin, daß wir nicht ständig in Frage stellen, was jemand gemacht hat. So kommt man schneller vorwärts bei der Arbeit, alle ziehen am gleichen Strang. Der Nachteil liegt darin, daß man sich in die Irre führen lassen kann, wenn irgendwo ein Fehler vorliegt oder jemand etwas behauptet hat, was nicht zutrifft. Und das ist auch schon vorgekommen, da wurden Dinge behauptet, die nicht zutrafen. Die Leute haben die falsche Richtung eingeschlagen, und am Ende gab's ein schlechtes Ergebnis.

Die Franzosen, die haben es an sich, ständig in Frage zu stellen, was andere herausgefunden haben. Der Vorteil ist, daß geprüft wird, daß man sich vergewissert, was getan worden ist. Der Nachteil ist, daß das Zeit beansprucht. Man verliert oft Zeit damit, zu hinterfragen, was andere gemacht haben. Und während hinterfragt wird, wird nichts anderes getan, d.h. das Projekt kommt nicht vorwärts.«

Kulturelle Entscheidungen sind somit ein in der Entwicklung befindlicher Prozeß: ein interkulturelles Verfahren kann es aufgrund der Logik der Antagonismen erlauben, bei Unstimmigkeiten die Richtung zu wechseln; die Akteure des Unternehmens können ihren Vorurteilen verhaftet bleiben und neue Konfliktsituation heraufbeschwören, oder aber neue, originelle Regulierungen und Kooperationsformen finden.

DIE BIPOLARISIERUNGEN DER UNTERNEHMEN

Wir haben festgestellt, daß alle Individuen sämtliche Möglichkeiten adaptativen Verhaltens in sich tragen. Diesen gemeinsamen biologischen Grundstock muß man postulieren, denn er verweist darauf, daß die auf Anpassung abzielenden Verhaltensweisen auch Möglichkeiten der Wahl und Veränderung darstellen.

In Anlehnung an Jacques Demorgon und sein Konzept des Antagonismus haben wir beschlossen, unseren diachronischen Ansatz weiterzuentwickeln. Um auf die Frage »Wie sind die Unterschiede entstanden?« zu antworten, muß man nämlich zuerst nach den grundsätzlichen Antagonismen fragen, mit deren Hilfe besser nachvollziehbar wird, wie bestimmte Rahmenbedingungen der deutschen und der französischen Geschichte Verhaltensweisen hervorgebracht haben, die sich durchgesetzt haben.

Jede Kultur geht aufgrund der Umweltzwänge und der menschlichen Freiheiten aus einer einzigartigen Geschichte hervor. Adaptative Verhaltensweisen werden, soweit sie bestimmte Qualitäten aufweisen, praktiziert, aufrechterhalten und weiterentwickelt. Diese kulturellen Kompositionen sind vielfältig, stellen aber, von sozialen und territorialen Einheiten ausgehend, kulturelle Systeme von gewisser Kohärenz und Orginalität dar. Die Entwicklung der Rahmenbedingungen, sei es auch nur demographischer Art, stellt diese Systeme in Frage und kann sogar dazu führen, daß einige von ihnen durch andere ersetzt werden.

»Diese Entwicklungen können mit Hilfe großer kultureller Strukturebenen dargestellt werden. Sie sind bei weitem nicht im Verschwinden begriffen. Sie bestehen vielmehr in ihren neuen Transformationen fort. Augenscheinlich verschwundene Strukturebenen tauchen wieder auf. Sie lösen sich folglich nicht linear ab.«[12]

Die nachstehende Tabelle führt in Anlehnung an die Arbeiten von Jacques Demorgon einige grundlegende Antagonismen auf, auf die wir uns im Laufe unserer diachronischen Untersuchung konzentrieren wollen. Sie stellen die

---

12 Demorgon, J., 1991, S. 20.

unverzichtbare Basis für die Entwicklung weiterer Antagonismen dar, die von ihnen abhängen und spezieller auf die Unternehmen zutreffen, die wir in den vorausgehenden Fallstudien ausführlich untersucht haben. Die Liste der Antagonismen ist allerdings nicht vollständig. Unsere Absicht besteht zunächst darin, eine möglichst umfassende Interpretation vorzunehmen und zu zeigen, daß in den beiden Kulturen die eine oder andere Orientierung im Vordergrund stand.

EINIGE GEGENSÄTZLICHE UND GLEICHZEITIG KOMPLEMENTÄRE KULTURMATRIZEN

Einheit	Vielfalt
Wandel	Kontinuität

Eigenschaften: In ständiger Spannung. Auf alle Bereiche anwendbar, vom biologischen bis zum gesellschaftlichen.

Freiheit	Autorität
Gleichheit	Ungleichheit

Eigenschaften: Stärkere Neigung zu Polarisierung. Anwendbar auf die Familienstrukturen (E. Todd), aber auch auf die Politik.

URSPRÜNGE DER TENDENZIELLEN VERHALTENSWEISEN UND IHRE AUS-
WIRKUNGEN AUF DIE DEUTSCHEN UND FRANZÖSISCHEN UNTERNEHMEN.

Eher französisch	*Eher deutsch*
GROSSE HIERARCHISCHE DISTANZ	GERINGE HIERARCHISCHE DISTANZ
Wird bei der Organisierung eines größeren Ganzen benutzt, führt aber zu mangelnder Einbeziehung der Untergebenen.	Begünstigt den Zusammenhalt nur in einem begrenzten Ganzen, führt aber zu stärkerer Einbeziehung der Betroffenen.
DISSENS	KONSENS
Korrigiert die Auswirkungen eines autoritären Zentralismus. Abwertung der Institution; Wunsch, sich hervorzutun; Freude am Wandel.	Korrigiert die Auswirkungen der Vielfalt. Wertschätzung der Institution; Kontinuität der Aktion; Bezugnahme auf erprobte Systeme.
TRANSVERSALITÄT	SEGMENTIERUNG
Fördert die Berücksichtigung der in einem System möglichen Interaktionen. Simultaneität der Aktionen, Polychronie, dezentrierte Aufmerksamkeit. Generalisten. Globale Sichtweise.	Fördert die genaue Bearbeitung jeder Aufgabe. Aufeinanderfolge der Aktionen, Monochronie, zentrierte Aufmerksamkeit. Spezialisten. Detailfreude.
PERSON	AUFGABE
Persönliche Beziehung stärker und wichtiger als die Aufgabe.	Verbindung mit der Gruppe über die Aufgabe, geht der persönlichen Beziehung voraus.
IMPLIZITE KOMMUNIKATION	EXPLIZITE KOMMUNIKATION
Schneller, leichter, spielerischer, verweist auf den Kontext. Starker Kontext.	Langsamer, genauer, detaillierter, paßt sich den verschiedenen Rahmenbedingungen an. Schwacher Kontext.

Quelle: eigene Forschungen

Kapitel 9

Die historischen Ursachen der kulturellen Unterschiede

Ziel dieses Rückblicks ist es nicht, historisches Wissen zu vermitteln, sondern verständlich zu machen, daß einige geschichtliche Konstanten Verhaltensweisen verstärkt haben, die zu doppelten oder dreifachen kulturellen »Nähten« führen, wenn man dies so formulieren mag. Wir wollen in diesem Kapitel versuchen, permanent zweierlei zu beleuchten: zum einen die religiösen, politischen und kulturellen Momente, zum anderen die grundlegenden Matrizen und die in den Interviews zutage tretenden Antagonismen.

Die kulturellen Auswirkungen des politischen Erbes

Der diachrone Ansatz veranlaßt zu einer getrennten Betrachtung der Geschichte beider Länder, um die erwähnten Tendenzen in den jeweiligen Verhaltensweisen besser zu erklären. Dabei wollen wir uns natürlich nicht auf einen kulturalistischen Determinismus beschränken, der die menschlichen Verhaltensweisen mechanistisch erklärt, sondern die Auswirkungen von zwei politischen Organisationsformen analysieren, die Deutschland und Frankreich besonders geprägt haben. Demorgon[1] unterscheidet innerhalb der europäischen Geschichte vier große kulturelle Strömungen:

---

1 Demorgon, J., 1996, S. 220-230.

- Die Stammes- oder Gemeinschaftskulturen; d.h. die Kulturen der kleinen Gruppen und Territorien
- Die Königs- und Kaiserkulturen, die mit einer territorialen Ausdehnung einhergehen, was eine Veränderung der Beziehungen zur Zentralmacht und zu den Gruppenmitgliedern nach sich zieht
- Die nationalen Handelskulturen, wo die territoriale Ausdehnung hinter das Primat der Handelsbeziehungen und der wirtschaftlichen Leistung zurücktritt
- Die im Entstehen begriffene weltweite Informationskultur, die Kultur des »global village« und der neuen Kommunikationsnetzwerke.

Frankreich und Deutschland treten heute, am Ende des 20. Jahrhunderts, nicht mit denselben Voraussetzungen in die neue dominierende Kultur des *net* und des *web* ein. Auch die vorausgehende Kultur hatte sich nicht auf dieselbe Art und Weise manifestiert. Deutschland war sehr früh von der Kultur der Hanse, der norddeutschen Hafenstädte, erfaßt worden. Die Zentralisierung der politischen Macht Frankreichs hatte die Herausbildung einer autonomen wirtschaftlichen Macht länger behindert, als dies in Deutschland und natürlich in England und den Niederlanden der Fall war. Wir müssen jedoch in der Geschichte noch weiter zurückgehen und die Fundamente unserer beiden Kulturen auf ihre besonderen Merkmale untersuchen: die Gemeinschaftskultur Deutschlands und die Königs- und Kaiserkultur Frankreichs. Wir wollen analysieren, welche dominierenden Verhaltensweisen beide Kulturen im Laufe der Jahrhunderte hervorgebracht haben, und zwar insbesondere hinsichtlich der Arbeitsorganisation, der Autoritätsausübung und der interpersonellen Kommunikation. Dieser historische Abriß erhebt keinerlei Anspruch auf Vollständigkeit und will auch nicht die eine oder andere Periode über- bzw. unterbewerten. Im Vordergrund steht vielmehr die Genese beider Kulturen, die allmähliche Herausbildung von Verhaltensweisen, die deshalb oft überlebt haben, weil sie gelungene Anpassungen an anhaltende Umweltzwänge darstellten.

Vielfalt und Partikularismus Deutschlands

Deutschland wird nicht wie Frankreich durch Romanisierung und Katholizismus geeinigt. Der an Rhein und Donau noch sehr klar zu erkennende Limes, die befestigte nördliche Grenze des römischen Reichs, kennzeichnet ein Gebiet, über das hinaus die römische Kultur nicht vorgedrungen ist. »Deshalb kam es dort weniger zu Zentralisation durch Könige oder Kaiser als zu gemeinschaftlichen Kulturorganisationen [...] Dies erklärt die Existenz kleiner oder mittelgroßer Gesellschaften (Grafschaften, Herzogtümer, Fürstentümer usw.).«[2]

Die Gemeinschafts- bzw. Stammeskultur hat aufgrund dessen in Deutschland wesentlich länger Bestand gehabt als in Frankreich. Seit den germanischen Stämmen war sie gleichbedeutend mit der Existenz einer dem Individuum näherstehenden Gruppe. Insofern, als der einzelne nicht durch einen Staat geschützt wurde, der seine Freiheit und seinen Besitz hätte verteidigen können, befand er sich im wesentlichen deshalb in Sicherheit, weil er Mitglied einer Gemeinschaft war. Da er als soziales Wesen ohne eine solche Gemeinschaft nicht existierten konnte, mußte er sich in sie einfügen. Nähe ist von daher ein grundlegender Faktor der germanischen Kultur. »Die Autorität geht von der immanenten Kontrolle durch diese Gruppe aus. Eine solche Autorität der Nähe wird so leichter akzeptiert und verinnerlicht.«[3]

Dominanz und Schutz sind eng miteinander verbunden: Das Familienoberhaupt vertritt die Familie nach außen hin und bürgt in jedem Fall für den Schaden, der durch ein Familienmitglied verursacht wird. Indem es die Familienmitglieder beschützt, setzt es sich als Oberhaupt durch. Dieser Bezug ist ausschlaggebend, vor allem während des gesamten Mittelalters,[4] und stellt eine der wichtigsten Wurzeln des Verhältnisses zur Autorität dar, wie es in Deutschland gegeben ist. Die anhaltende Kleinstaaterei hat zu einer starken geographischen Verwurzelung geführt, die ihrerseits wiederum

---

2 Ebenda, S. 306.
3 Ebenda, S. 225.
4 Mirow, J., 1990, S. 48-52.

eine noch heute auszumachende Gemeinschaftslogik hervorgebracht hat. Für permanente Kritik an der Institution und Bestätigung der persönlichen Freiheit durch Sich-Abheben besteht keine Veranlassung. Die Institution war kein aufoktroyiertes Abstraktum, sondern ganz im Gegenteil Ausdruck der Gesetze, die das reibungslose Funktionieren der Gemeinschaft sicherstellten.

Die germanischen Gebiete waren in zahlreiche Einheiten aufgeteilt, die einer Minderheit von Adligen und freien Menschen unterstanden. Da es keinen Staat gab, kam es zu einer stark lokalisierten Organisation. Die Versammlung der freien Menschen hatte in Sachen Recht und Krieg vollkommene Entscheidungsbefugnis und stellte die höchste Gerichtsbarkeit dar. Der Begriff der Gruppenzugehörigkeit war bereits zur Zeit der Germanen von grundlegender Bedeutung: Der Stammeschef wurde gewählt; er war primus inter pares und somit territorial und institutionell näher. Der Begriff der Kollegialität, der heute im deutschen Unternehmen eine solche Rolle spielt, ist kein Produkt des Zufalls oder der jüngeren Geschichte, sondern fußt auf den Grundlagen der germanischen Kultur. Hier wirkt der Antagonismus Innerlichkeit/Äußerlichkeit, der in der deutschen Kultur insbesondere folgende Eigenschaften hervorgebracht hat: geringere hierarchische Distanz und stärkere Verinnerlichung der Autorität. Die Autorität, mit der sich ein Individuum leicht identifiziert, ist Teil seiner selbst; es unterwirft sich ihr ohne Widerstand, da es selbst Teil der Gruppenautorität ist, der es Respekt zollt und auf deren Respekt es pocht.

Betrachtet man Deutschland Ende des Mittelalters, so ist festzustellen, daß es den deutschen Königen im Unterschied zu den französischen nicht gelungen war, aus dem Feudalsystem ein Gefüge von Instanzen zu machen, innerhalb dessen ihnen die oberste Entscheidungsgewalt zukam. Im Unterschied zu Frankreich verfügten sie über kein ständig expandierendes Erbe, genauso wie es ihnen im Vergleich zu England an Rechten und Kompetenzen fehlte, für die sie gemeinsam mit ihren Vassallen zuständig gewesen wären. Der von Nipperdey erwähnte Dualismus ist weitgehend auf die Tatsache zurückzuführen, daß es den deutschen Staaten vor allem darum ging, ihre Autonomie zu bewahren, und sie kaum danach trachteten, bei den zentralen Angelegenheiten zu intervenieren:

»Partikularismus, Dualismus und Autonomie, das sind die drei strukturellen Eigenschaften des Reichs, die bis Napoleon fortbestehen. Das ist auch der Grund, weshalb die Auseinandersetzungen zwischen Zentralgewalt und Einzelgewalten zu tragenden Themen der deutschen Geschichte wurden, im Unterschied zur Debatte über Zentralisierung und Bürokratisierung in Frankreich.«[5]

Trotz der Schaffung von föderativen Organen wie dem Reichskammergericht oder dem Reichstag lehnen die Regionalstaaten es ab, ihre Rechte auf irgendeine Zentralgewalt zu übertragen. Ende des Mittelalters ist das deutsche Reich kein Staat im französischen Sinne, d.h. mit wohl definierten Grenzen und einer Gesetzgebung, einer Verwaltung und einer organisierten Armee. Vergleicht man diese Situation mit der Genese Frankreichs, dessen territoriale Einheit sich allmählich entwickelt, so ist festzustellen, daß in Deutschland bleibende kulturelle Gebilde entstehen. Dem von den Kurfürsten gewählten Kaiser des Heiligen Römischen Reichs Deutscher Nation ist es niemals gelungen, ihnen gegenüber seine Hegemonie vollkommen durchzusetzen. Deshalb bleibt das Territorium in zahlreiche Staaten zersplittert. Die Einwohner identifizieren sich stark mit diesen überschaubaren Einheiten – und oft auch mit deren »Fürsten«. In der deutschen Kultur führt dies insbesondere zu einem starken, bis auf den heutigen Tag anhaltenden Interesse am natürlichen und menschlichen Umfeld. Der Dualismus zwischen dem Kaiser und den Staaten soll jedoch nicht darüber hinwegtäuschen, daß die Staaten untereinander zahlreiche Bündnisse eingingen:

»Da die Staaten zu schwach waren, um ihre Vorrechte und Interessen eigenständig zu verteidigen, und das Reich nicht in der Lage war, den Frieden effizient zu sichern, verbündeten sie sich mit dem Ziel weitreichender Aktionen zur Union der Kurfürsten, zu Fürstenallianzen, Ritterorden, Städtebünden, somit zu Vereinigungen von ›Staaten‹ derselben Ebene, aber auch zwischen Fürsten, Rittern und Städten (Schwäbischer Bund), zu regionalen oder überregionalen Zusammenschlüssen und schließlich, im Jahre 1500, zu revolutionären Bünden konservativer Bauern wie dem Bundschuh.«[6]

---

5   Nipperdey, T., 1992, S. 82.
6   Ebenda, S. 82.

Diese historischen Faktoren verstärken die Neigung zu Pragmatismus, Kompromißbereitschaft und Kooperation in der deutschen Kultur. Die Verbündeten verpflichten sich zu gegenseitiger Hilfestellung und erklären sich bereit, sich den gemeinsamen Entscheidungen zu unterwerfen, d.h. etwas hervorzubringen, was wir heute als Konsens bezeichnen würden. In diesem Zusammenhang sei die Analyse von Philippe d'Iribarne erwähnt,[7] der die säulenartige Struktur der Niederlande untersucht. Die holländische Gesellschaft besteht aus mehreren Blöcken, die unabhängige Säulen mit jeweils spezifischen Rechten bilden; sie alle sind für die nationale Struktur unerläßlich. Eine derartige politische und institutionelle Realität bringt eine Kultur des Kompromisses hervor, die den Führungsstil der holländischen Unternehmen prägt.

Die Geschichte Deutschlands weist unzählige Versuche der Einigung auf, die jedoch alle mißlangen, mit Ausnahme einiger Grenzregionen, wo sich beispielsweise die Schweizerische Eidgenossenschaft durchsetzen konnte. Es ist nie gelungen, die Vielfalt der Staaten und die Spannungen, die zwischen ihnen bestanden, zu kanalisieren.

Während der Reformation verschärften sich die deutschen Partikularismen noch. In Deutschland spielten sich die Religionskriege innerhalb des Legitimitätsrahmens ab, der dem Reichsrecht eigen war. So verschärfte das Reich die eigenen religionsbedingten Spaltungen gemäß dem bekannten Prinzip »Cuius regio, eius religio«. Wir haben dies bereits an anderer Stelle erwähnt:

»Die gesamte Bevölkerung ist geschwächt, durch den Krieg ruiniert, durch Epidemien dezimiert. Der einzige Ausweg besteht darin, sich religiös und politisch einem Fürsten zu unterwerfen; die Herausbildung mächtiger Staaten ist auf dem Vormarsch. Das Schicksal Deutschlands ist zum Teil im Westfälischen Frieden festgeschrieben: Souveränitätsverlust, territoriale Zerstückelung, Rückzug in die Region.«[8]

Nach Ende des Dreißigjährigen Kriegs wird deutlich, daß das Reich sich nicht zu einigen vermag. Von nun an zählen nur noch die Reichsstaaten,

---

7   d'Iribarne, Ph., 1989, S. 225.
8   Decourteix, G., Pateau, J., 1991, S. 6.

Gebiete, die im Begriff sind, sich in Staaten zu verwandeln und die Gebiets-
souveränität besitzen. Letztere, wie Nipperdey schreibt, »äußerte sich in
der praktisch unbegrenzten Freiheit, Bündnisse mit Einheiten einzugehen,
die dem Reich angehörten oder nicht, und dem damit verbundenen *jus fe-
deris* sowie *jus belli ac pacis.*«[9]

Die deutschen Fürsten erhalten die volle Landeshoheit: Sie haben von
nun an das Recht, eigenständig Abkommen zu schließen, auch mit dem
Ausland, gegen das Reich und den Kaiser. Der Friedensvertrag wird mit
Frankreich und Schweden unterzeichnet, was bereits darauf hinweist, daß
das Reich seine Souveränität endgültig verliert und beide Länder die deutschen Angelegenheiten kontrollieren können. Das Reich besteht zu diesem
Zeitpunkt aus 355 Einzelstaaten; gleichzeitig bereitet sich Frankreich auf
die Herrschaft Ludwigs XIV. und damit auf die Konsolidierung einer einheitlichen Kultur vor. Wir werden hierauf im Zusammenhang mit dem von Norbert Elias erarbeiteten Konzept der höfischen Gesellschaft zurückkommen.

Unsere Analyse läßt sich mit Hilfe der europäischen Geographie vertiefen. Dem norwegischen Politologen Stein Rokkan[10] zufolge ist der Kontrast zwischen einigen homogenen Gebieten, die schnell zu kohärenten politischen Einheiten und Nationalstaaten werden, und dem heterogenen
Europa des zersplitterten Heiligen Römischen Reichs Deutscher Nation auf
zwei grundlegende Variablen zurückzuführen, die speziell im Fall Deutschlands jeglichen Versuch der staatlichen Einigung verhindern und deren Konsequenzen heute noch nachwirken:

– Die Distanz der in der Entstehung begriffenen Staaten zu Rom
– Die Distanz der Handelsstädte am Rhein und in Norditalien mit ihren
  unterschiedlichen Ambitionen

Beides hindert die der religösen Macht und den determinierenden Zentri-
fugalkräften nahestehenden Herrscher daran, ihre Einigungspläne zu verwirklichen. Das Papsttum verhält sich den Zentralisierungsbestrebungen
Frankreichs oder Englands gegenüber immer entgegenkommender; das

---

9 Ebenda, S. 90.
10 Rokkan, S., 1975, in: Demorgon, J., 1996, Kap. II, S. 562-600.

deutsche Reich aber leidet jahrhundertelang unter dem Widerstand der geistlichen Macht, deren Zentrum sich in Rom befindet. Frankreich bildet nach und nach eine starke nationale Identität heraus, wobei die Zentralisierung des absolutistischen Staates den Mangel an religiöser und nationaler Ideologie nach der Niederlage der Hugenotten und der Widerrufung des Edikts von Nantes kompensiert. Der französische Staat, der sowohl von dem »gefährlichen« Beispiel der freien Städte als auch von der Macht Roms entfernt ist, wird allmählich zum unumgänglichen Bezugspunkt hinsichtlich der Staatsbürgerschaft.

Widerstand der Vielfalt

Das vergebliche Streben nach Einheit ist auch für die Geschichte des Deutschen Bundes charakteristisch, der 1815 auf dem Wiener Kongreß geschaffen wurde. Der Bund, zwischen der Hegemonie Preußens und Österreichs hin- und hergerissen, ein Symbol der Restauration und des Systems Metternichs, macht den ewigen deutschen »Partikularismus« deutlich:

»Der ›Partikularismus‹ war eine soziokulturelle Gegebenheit. Es dauerte lange, bis die nationale Bewegung der Bildungsschichten zu einer Massenbewegung wurde, zumindest in den Marktflecken. Zudem schloß sie sich sehr den mächtigen, traditionsreichen Regionalbewegungen an, wie dem rheinischen Regionalismus in Preußen, oder dem der Pfalz und Frankens in Bayern. Dieses Regionalbewußtsein richtete sich gegen die neuen Einzelstaaten: Wenn man sich nicht mehr als Franke begreifen konnte, dann wollte man lieber Deutscher als Bayer sein. Die Nationalbewegung wurzelte darüber hinaus in der regionalen, partikularistischen Mentalität; sie griff eine inoffizielle Rhetorik auf, die den Deutschen Bund als Bund der deutschen Stämme darstellte. Diese Sichtweise breitete sich stark aus, wie sich an dem Lied der nationalliberalen Bewegung ablesen läßt.«[11]

In ihrer deutschen Ausprägung ist Autorität also nah, verinnerlicht, aber auch funktional und spezialisiert. Um innerhalb der Gruppe Wertschätzung zu genießen, um in dieser Gemeinschaftskultur Anerkennung zu finden,

---

11 Nipperdey, T., 1992, S. 101.

muß der einzelne eine spezifische Kompetenz besitzen, die für die Gruppe von Vorteil ist. Jeder hat sein Territorium, seinen Zuständigkeitsbereich. Innerhalb dieses Rahmens wird sich das Individuum äußern, in vollem Bewußtsein seiner Freiheiten und Grenzen.

Hier entstehen auch die Begriffe »Spezialist« und »Konsens«, die lediglich bedeuten, daß alle zur Verfügung stehenden Kompetenzen im Interesse der Gruppe zusammenwirken. Jeder hat folglich innerhalb seines fest abgesteckten Territoriums die ihm zugewiesene Rolle zu erfüllen. In diesem Zusammenhang könnte man fast vom *Gartenzaunsyndrom** sprechen: die Aufmerksamkeit, die dem eigenen Besitz und der nahen Umgebung entgegengebracht wird, wobei eine Schlüsselfigur der Gemeinschaftskultur kritisch zusieht, *der Herr Nachbar**, der die verinnerlichte Gruppenautorität teilt und diejenigen, die sich nicht an die Spielregeln halten, umgehend zur Ordnung ruft.

Unter den Vorstellungen, die bei den meisten Franzosen sehr stark verankert sind und in praktisch allen Seminaren, die wir seit zehn Jahren in deutschen und französischen Unternehmen durchführen, behandelt werden, gibt es folgendes Leitmotiv: »Bei sich zu Hause sind die Deutschen ordentlich, sauber und diszipliniert, aber wenn sie sich an unseren Stränden breitmachen, lassen sie sich vollkommen gehen...«. Abgesehen von dem Klischeecharakter dieser Vorstellung und der Tatsache, daß die vertretenen sozialen Schichten sowie das bei weitem nicht beispielhafte Verhalten bestimmter Franzosen im Ausland der Untersuchung bedürften, wird deutlich, daß in einer auf internalisierter Autorität basierenden Gemeinschaftskultur das Individuum außerhalb seiner Gruppe und seines Territoriums weniger dazu neigen wird, sein Verhalten an einer äußerlichen, nicht verinnerlichten Autorität auszurichten.

In der neuesten Geschichte Deutschlands wird diese Konzeption der Gemeinschaftskultur mit einer nahen, verinnerlichten, funktionalen und spezialisierten Autorität nicht wirklich in Frage gestellt. Die wilhelminische Variante des II. Reichs bringt die Begriffe *Untertan** und *Obrigkeitsdenken** hervor, ohne daß es sich dabei wirklich um eine staatliche Einigung oder um ein Primat des Staates handelt, wie dies bei Frankreich der Fall ist. Die deutsche Gesellschaft ist weiterhin stark segmentiert, und die Vielfalt der

Regionalkulturen hält an.[12] Bei unserem kulturgeschichtlichen Überblick dürfen auch die zwölf Jahre nationalsozialistischer Herrschaft nicht vergessen werden. Wir wollen hier die zahlreichen stichhaltigen Erklärungen für das Abgleiten in den Totalitarismus im Jahre 1933 nicht in Frage stellen: der »Verrat« der Armee durch die Politiker, die durch den Versailler Vertrag ausgelösten Frustrationen, die Krise von 1923, die Bündnisunfähigkeit von Sozialisten und Kommunisten, das gefährliche politische Spiel der unzähligen Parteien der Weimarer Politik.

Unser Ansatz widerspricht diesen Analysen nicht, sondern ergänzt sie. Die gewöhnlichen Produkte der Gemeinschaftskultur blieben auch in diesem tragischen Kontext bestehen: Aufgabensegmentierung, die häufig eine globale Sichtweise unmöglich macht; verinnerlichte Autorität, was größeres Mitläufertum und schlimmstenfalls Denunzierung bedeutet, denn jeder einzelne ist dieser Logik gemäß Teil der Gruppenautorität. Das Dritte Reich entstand, ohne daß es jemals eine wirkliche Identifizierung mit einer Nation gegeben hätte; die Gemeinschaftskultur mündete direkt in die Reichskultur. Gegen den autoritären Zentralismus gab es kein wirkliches Gegengewicht, wobei die auch in Deutschland existierenden Widerstandsgruppen nicht ignoriert werden sollen. In Anlehnung an die Zitate des vorausgehenden Kapitels könnte man sagen, daß die Ungeheuerlichkeit des Nationalsozialismus auch die Ungeheuerlichkeit des »Der Himmel hat entschieden« ist, ohne daß sich durch ein »Laß ihn reden!« eine stark durch Dissenz geprägte Logik herstellen ließe.

Im Westen findet das Nachkriegsdeutschland dank des Föderalismus erneut zu einer Funktionsweise, die mit der Gemeinschaftskultur konform geht. Das Grundgesetz ist vor allem durch die direkte Erfahrung seiner »Väter« mit dem totalitären Naziregime geprägt: Deutschland ist eine Republik und eine Demokratie, ein Bundes-, Rechts- und Sozialstaat. Das Be-

---

12 Ebenda, S. 120-121. Die Hauptstädte der Regionen spielen nach wie vor eine große Rolle. Selbst in Nord- und Nordostpreußen gab es beträchtliche Unterschiede und Widerstände. Die Welfen – Hannoveraner, die gegen die Annexion waren – bilden das beste Beispiel. Die bayerischen Katholiken stellten eine starke zentralisierende Opposition dar.

mühen, das von den verschiedenen Teilen der Gruppe geduldig Erarbeitete streng anzuwenden, bleibt bestehen. Der Pluralismus – oder das Paritätskonzept bei den Sozialpartnern – ist Garant für die allmähliche Erarbeitung eines Konsens, ein Prozeß, der in der deutschen Nachkriegsdemokratie unverzichtbar ist. Waren sich die Alliierten, die zu diesem System stark beitrugen, der Tatsache bewußt, daß sie Werte wiederherstellten, die dem deutschen Kulturerbe bestens entsprachen? Die Deutschen im Ostteil des Landes wurden schneller als andere zu Musterschülern des Kommunismus. Auch hier spielte der kulturelle Aspekt sicherlich eine große Rolle: verinnerlichte Autorität ist keine Prädisposition für Widerstand.

Um es deutlich zu sagen: Wir glauben zwar nicht an kulturellen Determinismus, wohl aber an eine permanente kulturelle »Färbung«. Jede Strategie, ob sie von Individuen, Gruppen oder Nationen ausgeht, ist immer eine notwendige Reaktion auf neue Zwänge. Nur selten bezieht man sich dabei – bewußt oder unbewußt – nicht auf sein Kulturerbe.

Zum Abschluß dieses historischen Rückblicks wollen wir einen Aspekt ansprechen, der uns sehr am Herzen liegt. Wer Ende des 20. Jahrhunderts in Frankreich Angst vor einer dominierenden Rolle Deutschlands in Europa hegt, hat Unrecht. Die Deutschen haben seit über fünfzig Jahren exemplarische demokratische Wertvorstellungen verinnerlicht. Durch die seit 1945 eingetretenen Veränderungen ist die Logik des Gehorsams, die im Führerprinzip kulminierte, ausgemerzt worden. Die antiautoritäre Erziehung der 60er Jahre hat stärker als in Frankreich die Managergenerationen geprägt, die heute die Spitzenpositionen in den Unternehmen einnehmen. Darüber hinaus bilden zwei Charakteristika der Gemeinschaftskultur, der Wunsch zusammenzuwachsen und der Begriff der Subsidiarität, solide Grundlagen für die europäische Zusammenarbeit. Die französischen Ängste bezüglich Europa sind leicht zu erklären: In einem Land, das nach wie vor stark durch die Königs- und Kaiserkultur geprägt ist, sind die Menschen es aufgrund der schnellen staatlichen Einigung seit Jahrhunderten gewohnt, sich innerhalb des Sicherheit bietenden nationalstaatlichen Rahmens mit einem starken Zentrum zu identifizieren. Die europäische Einigung ist gleichbedeutend mit Integritätsverlust und insofern ein nicht zu leugnender Angstfaktor.

Genese der deutschen Kultur: vom Partikularismus zum Expliziten

Dieser kurze Überblick über einige wichtige Tendenzen der Geschichte Deutschlands liefert viele interessante Elemente für den diachronen Ansatz. Die kulturell bedingten Besonderheiten, die in den Interviews zutage treten, sind Produkte der Reaktionen und Aktionen der Menschen in Zusammenhang mit ihrem geohistorischen Umfeld.

Die explizite Kommunikation der Deutschen, die in den Fallstudien ausführlich beschrieben worden ist, wird mit Hilfe des Begriffs der politischen Vielfalt besser verständlich. Die Genese der deutschen Kultur fördert nämlich Kommunikationsmodalitäten, die häufig dazu tendieren, die Dinge klar auszusprechen. Die starke Diversifizierung in ökonomischer, regionaler, politischer und religiöser Hinsicht zwingt alle, die sich in einem solchen Umfeld von Partikularismen bewegen, dazu, eine Kommunikationsform zu wählen, die bei Wechsel des Gesprächspartners leicht reproduzierbar ist.[13] Bei einem derartigen Kommunikationstyp, der sich auf unterschiedliche territoriale und kulturelle Kontexte übertragen läßt, müssen die Dinge, Situationen und Verhaltensweisen geordnet, präzise und klar definiert sein. Die Kehrseite der Medaille: Überbetonung der Relevanz und Redundanz. Das erklärt das methodische Vorgehen, das teils als pädagogisches Mittel, teils als Schwerfälligkeit interpretiert wird: Man geht Schritt für Schritt vor, vorsichtig, immer auf die Reaktionen bedacht. In den USA ist dasselbe Phänomen zu beobachten; auch der amerikanische *melting pot* bringt eine Kommunikation hervor, die die Briten als direkt, grob, wenig nuanciert empfinden. Letzteren entgeht, wie auch den Franzosen den Deutschen gegenüber, daß sie über einen weit verbreiteten gemeinsamen Kontext verfügen, der in diesem Fall auf die Insellage zurückzuführen ist.

Die Vielfalt, die eine von der Gemeinschaftskultur herrührende Kleinstaatenkultur hervorbringt, scheint einen der Schlüsselaspekte des deutschen politischen Erbes darzustellen. In einem derartigen Umfeld kennen die

---

13 Vgl. Demorgon, J., 1996, S. 226-230.

Menschen einander besser und finden häufiger zusammen, um Aufgaben gemeinsam zu erledigen. Das führt aufgrund der Kontextzwänge dazu, daß sie sich gemeinsam den Erfordernissen unterwerfen, die mit der Dringlichkeit und der Bedeutung der Aufgabe zusammenhängen. Sie bewerten einander in Abhängigkeit von ihrer Kompetenz, was die betreffende Aufgabe anbelangt. Nur durch eine historische Sichtweise läßt sich das starke Beharrungsvermögen bestimmter nationaler Kultureigenschaften verstehen, denn letztere sind durch eine unglaublich lange Reihe wiederholter täglicher Verfahrensweisen entstanden.

Genese der französischen Kultur: von der Einheit zum Impliziten

Die französische Kultur ist auf verschiedenen Grundlagen entstanden, die alle Faktoren der Einigung darstellen: römische Verwaltung und römisches Recht; Christentum und römischer Katholizismus; politische und religiöse Einigung nach der Konversion von Chlodwig; die höfische Gesellschaft und deren Nachahmung in den Provinzen (Elias bezeichnet das als Verhofung); das republikanische System mit der Schaffung von Departements, zentralistischer Politik und allgemeiner Schulbildung. Vergessen wir nicht, daß Jules Ferry nicht nur für das republikanische Triptychon der kostenlosen, konfessionslosen und obligatorischen Schule steht; er verbietet es auch den kleinen Franzosen, ihren Dialekt oder ihre Regionalsprache zu sprechen. Auf diese Weise festigt er an der Basis der Pyramide des Erziehungssystems das napoleonische Modell der Grandes Ecoles, die besser geeignet seien als die Universitäten, den Interessen des zentralistischen Staats zu dienen. Die französische Kultur ist somit aus einer langanhaltenden Tendenz zu Zentralisierung, Vereinigung und Assimilierung heraus entstanden, die durchaus mit Widerstand, mörderischer Gewalt und Ausweisung ganzer Bevölkerungsgruppen einherging. Erwähnt seien in diesem Zusammenhang die Hugenotten, die nach der Aufhebung des Edikts von Nantes die politischen, religiösen, wirtschaftlichen und kulturellen Eliten Europas und Preußens »bereicherten«. Sicherlich gibt es auch in Frankreich Regionalismen und Partikularismen. Insgesamt aber ist ein starker Kontext entstanden, der sich allmählich auf einen größeren Teil des Staatsgebiets ausgedehnt hat.

Diese Entwicklung hat unzählige Konsequenzen gezeitet. In dem Maße, wie sich dieser Kontext ausbreitet, gewöhnen sich die Franzosen daran, ihn zu benutzen, da er die Kommunikation erleichtert. Es bereitet ihnen Vergnügen, sich gemeinsam in ihrem »high context« zu bewegen, um mit Hall zu sprechen, und sich dabei ständig zu vergewissern, daß der andere ihre Anspielungen und Ellipsen auch versteht. Ihre Kommunikation wird dadurch schneller, aber auch spielerischer und weniger ernsthaft. Hier liegt eine der kulturellen Wurzeln des bekannten Gegensatzpaars implizit/explizit. Es handelt sich um einen der Aspekte, die in den Interviews am häufigsten zur Sprache kommen. Er führt, wie wir gesehen haben, oft zu Mißverständnissen.

Die Bezugnahme auf diesen starken Kontext, der unter Franzosen von Vorteil sein kann, stellt jedoch eine Gewohnheit dar, die bei internationalen Kommunikationssituationen nicht unbedingt abgestreift wird. Deshalb kann der Eindruck entstehen, die Franzosen seien nicht in der Lage, ihre eigene Sphäre zu verlassen und sich der des anderen anzupassen. Es sieht so aus, als wollten sie den anderen in ihren eigenen Kontext einbinden, ihm praktisch ihre eigene Kultur überstülpen. Die französische Tendenz besteht darin, naiv davon auszugehen, die französische Kultur sei universal. Es ist nachvollziehbar, daß ein Volk, dessen Kultur die zivilisierte Welt in den letzten Jahrhunderten so beherrscht hat wie die französische, dazu neigt, andersartige Verhaltensweisen als befremdlich oder grobschlächtig abzulehnen. Wie wir gesehen haben, spielt der Universalitätsanspruch der französischen Kultur bei den deutsch-französischen Spannungen durchaus eine Rolle.

Der Antagonismus Universalismus/Partikularismus

Der Gegensatz zwischen Kultur und Zivilisation ist hier von grundlegender Bedeutung. Die französische Zivilisation tendiert zu Verbreitung und

Durchdringung. Wie Norbert Elias[14] bemerkt, sind die aufsteigenden bürgerlichen Intellektuellen dem höfischen Milieu und der aristokratischen Tradition stark verhaftet. Ihr Verhalten und ihre Affekte haben sich dieser Tradition gemäß entwickelt. Ihre Konzepte stellen keinen Gegensatz zu denjenigen der Aristokratie dar. Die Französische Revolution hat nicht radikal mit den Sitten und Gebräuchen der Aristokratie gebrochen, im Gegenteil – das Bürgertum hat sich schnell mit der Hofetikette identifiziert, die auch den Zugang zu einem neuen Machtbereich bedeutete, der Macht des Geistes. Sehr schnell werden Expansionsbestrebungen und Kolonialismus Frankreichs mit dem Begriff der Zivilisierung gerechtfertigt. Der Prozeß der Zivilisation scheint in den Augen der Franzosen in ihrer eigenen Gesellschaft abgeschlossen zu sein. Das französische Volk meint folglich, mit erzieherischen und kolonisatorischen Aufgaben betraut zu sein, eine Haltung, die unter der III. Republik ihren Höhepunkt erreicht. Die Franzosen werden zu Missionaren, die den Auftrag haben, eine bestehende, vollendete Zivilisation an andere Völker weiterzugeben. Der im Innern des Landes abgeschlossene Prozeß der Unterwanderung der höfischen Gesellschaft durch die Landjunker in der Provinz oder das zunächst vom Hof abhängige, später dann herrschende Bürgertum trägt zur Festigung eines Wertesystems bei, das rasch Universalitätsanspruch geltend macht und zu einer Form von Nationalcharakter wird: Stilkonventionen, Umgangsformen, Förderung der Sensibilität, Höflichkeit und gewählte Sprache, Redegewandtheit und Konversationskunst.

Die Ausbildung der französischen Eliten und Manager ist immer noch durch einen Stil geprägt, der im Gegensatz zum Stil der Deutschen steht. Einige der im empirischen Teil unserer Studie[15] zitierten Interviewauszüge machen sehr deutlich, daß die genannten Eigenschaften in Verbindung mit der Vorliebe für das Implizite zahlreiche Mißverständnisse hervorbringen. Vielleicht läßt sich auch in Anlehnung an Nietzsche in der höfischen Gesellschaft eine der Wurzeln des Gegensatzes zwischen französischen Genera-

---

14 Elias, N., 1980, S. 43-64.
15 Vgl. Kapitel 4.

listen und deutschen Spezialisten ausmachen, der in den Bildungssystemen beider Länder aufrechterhalten wird:

»Überall, wo es einen Hof gab, hat es das Gesetz des Gutsprechens und damit auch das Gesetz des Stils für alle Schreibenden gegeben. Die höfische Sprache ist aber die Sprache des Höflings, der kein Fach hat, und der sich selbst im Gespräch über wissenschaftliche Dinge alle bequemen technischen Ausdrücke verbietet, weil sie nach dem Fach schmecken; deshalb ist der technische Ausdruck und alles, was den Spezialisten verrät, in den Ländern der höfischen Kultur ein Flecken des Stils.«[16]

Es wird deutlich, wie stark sich in Frankreich im Laufe der Jahrhunderte eine Zivilisation mit Universalitätsanspruch abzeichnet, die umstandslos die Leistungsfähigsten integriert. Der Mythos des kleinen Stipendiaten der III. Republik entsteht genau zu der Zeit, als das Identitätsbewußtsein der Franzosen seinen Höhepunkt erreicht hat. Die Mauern, die die Gesellschaft schützen, haben Risse bekommen; Öffnung und Assimilierung anderer Gruppen spielen eine größere Rolle als in Deutschland. Das republikanische Leistungsdenken (*méritocratie*) entwickelt einen regelrechten »sozialen Fahrstuhl«: Diplome und Ausleseverfahren schaffen einen Korpsgeist, der oft entscheidender ist als die Zugehörigkeit zu einer sozialen Schicht. Dieses Modell entfaltet sich, gestützt durch ein zentralistisches System, und wird formalisiert. Das einheitliche französische Bildungssystem mit seinen Normen, Einstufungen und Hierarchien bringt dies am deutlichsten zum Ausdruck. Das gesamte Umfeld zeichnet für den Schüler, den Studenten und den Lehrer ein präzises Bild der Kultur:

»Das Modell der positiven Bestimmung der Kultur und ihrer formalen Darstellung hat sich in alle möglichen Richtungen entwickelt, Académie française, Institut français, Comédie française, Collège de France oder, um Beispiele der jüngeren Zeit zu nennen, Prix Goncourt und Guide Michelin.«[17]

Formale Ausdrucksformen der deutschen Kultur ausfindig zu machen ist schwieriger, da letztere nicht durch nationale Institutionen definiert ist. Sie vermittelt eher Fähigkeiten als Inhalte.

---

16 Nietzsche, F., Die fröhliche Wissenschaft, S. 458, zit. bei Elias, N., 1980, S. 44-45.
17 Gebauer, G., 1991, S. 5.

Die deutsche Kultur ist in Reaktion auf die Fürstenhöfe entstanden, die die erwähnten französischen Werte übernommen hatten. Ihre markantesten Figuren sind der Pastor und der Lehrer, die eine aus den Mittelschichten hervorgegangene Beamtenschicht repräsentieren und vor allem den gesellschaftlichen Ort kennzeichnen, wo diese Kultur entstand und sich entfaltete: die Universität. Diese aufstrebende gesellschaftliche Gruppe kann sich im 19. Jahrhundert nicht auf das Bürgertum, z.B. die Kaufleute, stützen, das zu schwach entwickelt ist. Sie grenzt sich anhand eines rein geistigen Wertesystems ab, wo *Kultur** und *Bildung** dazu tendieren, zwischen dem geistigen Bereich als Träger echter Werte und dem politisch-wirtschaftlich-sozialen Bereich eine scharfe Trennungslinie zu ziehen. Kultur und Bildung entwickeln sich zwar an der Universität; ihre Inhalte sind aber erst im Entstehen begriffen und beziehen sich nicht auf ein etabliertes, normiertes System. Sie äußern sich in Kraft, Energie und Fähigkeit; sie bleiben offen und unterliegen keiner rechtlichen oder administrativen Reglementierung.

In diesem Zusammenhang sei an die zahlreichen Interviews erinnert, die zeigen, wie gern die Franzosen sich ihrer Muttersprache bedienen und beim geringsten Anlaß auf ihren vertrauten Kontext zurückkommen. Uns ist aufgefallen, daß viele Franzosen den anderen sehr gern an rein französischen Normen messen, die sie aber für universal halten. Ähnlich abwehrend reagiert die französische Kultur auf Forderungen anderer Kulturen, was in integrierten Unternehmen ganz besonders deutlich zutage tritt. Hier wird sichtbar, welch enorme Probleme Franzosen haben, wenn sie sich im Ausland bewegen. Umgekehrt führt einer der Aspekte der deutschen Kultur zu Öffnungsbemühungen, die allein schon aufgrund der Kleinstaatenstruktur verständlich werden sowie, wie wir sehen werden, aufgrund familiärer Faktoren. Die deutsche Kultur ist nicht normativ und steht dem Interesse, das dem anderen entgegengebracht wird, nicht im Weg. Die offene Struktur, die Tendenz zur Öffnung veranlaßt das Individuum dazu, die fremde Kultur zu verstehen, auf sie zuzugehen und ihre Ausdrucksweise zu übernehmen. Nehmen wir z.B. die Integration von ausländischen Wörtern in die französische Sprache: eine »originalgetreue« Aussprache innerhalb eines französischen Satzes – hier wäre die Aussprache des Lateinischen in beiden Ländern zu vergleichen – gilt als versnobt, deplaziert oder gar schockierend, während in Deutschland die Neigung vorherrscht, einen fremden Laut so gut wie möglich zu imitieren. Im beruflichen Bereich – wir wollen uns hier auf ein Beispiel beschränken – erklärt dies das Unbehagen einer jungen Deutschen, die bei einem Parisaufenthalt niemandem begegnet, der ihre ungeschickten Bemühungen in der fremden Sprache zu würdigen weiß:

D: »Ich muß sagen, daß mir das überhaupt keinen Spaß macht. Erstens schaffe ich das sprachlich nicht, und mein Englisch wollte keiner akzeptieren. Deshalb war es für mich aussichtslos, beim Abendessen Gespräche anzuknüpfen. Das war dermaßen mühselig, daß ich mir sagte: dann geh doch einfach auf Distanz, das ist wirklich zu unangenehm.«

In zahlreichen Interviews wird der linguistische und kulturelle Protektionismus der Franzosen erwähnt:

D: »Ich kenne ein Buch, ›Parlez-vous franglais?‹, eine Mischung aus Englisch und Französisch, das zeigt schon, daß sie sich mit allen Mitteln gegen die Amerikanisierung wehren. [...] Und ich glaube, da gab es einen Musterprozeß, den verlor eine Luftfahrtgesellschaft, weil die Tickets nur auf Englisch gedruckt waren. Das war natürlich nur eine symbolische Geldstrafe, aber das zeigt schon den Wunsch, nicht von einer bestimmten Linie abzuweichen, wenn sie dazu dient, die französische Kultur hervorzuheben.«

Auf deutscher Seite neigt man ganz deutlich dazu, sich zu öffnen, sich wie die Leute im Gastland zu verhalten, ihre Ausdrucks- und Denkweise zu übernehmen, die eigene Kultur zu überdecken. Für Deutsche ist das Bemühen, eine Botschaft so zu formulieren, daß sie verstanden wird, genauso charakteristisch wie die implizite Anspielung für Franzosen. Die deutsche Kultur funktioniert wie ein Transformator und nicht wie ein Widerstand: Der Disposition der fremden Kultur folgen bedeutet, sich diese Kultur anzueignen, sie zu teilen, was auf französischer Seite oft als Bedrohung oder Aggression verstanden wird. Das steht in diametralem Gegensatz zur französischen Verhaltensweise, die darin besteht, an der eigenen Kultur festzuhalten bzw. sie zu verteidigen oder sogar aufzuzwingen, wobei aber nie in der Kultur des Rivalen interveniert wird.

Der Beitrag der Soziogenese: höfische Gesellschaft und bürgerliche Industriegesellschaft

Mit Hilfe der Antagonismen Einheit/Vielfalt, Kultur/Zivilisation, Universalismus/Partikularismus wird die Entstehung und Entwicklung kultureller Gebilde besser nachvollziehbar. Diese Gebilde sind unterschiedlich, häufig gegensätzlich, und führen wiederum zu völlig verschiedenen Verhaltensweisen. Wir müssen uns an dieser Stelle eingehender mit der höfischen Gesellschaft Frankreichs befassen, um einige tiefliegende kulturelle Strukturebenen sichtbar zu machen, die heute noch präsent sind, insbesondere in den Unternehmen. Unter Bezugnahme auf ein Gespräch zwischen Goethe und Eckermann[18] macht Elias zwei Affektmodellierungen deutlich: die erste, Eckermanns, besteht darin, seine individuellen Sympathien frei zu äußern; die zweite, Goethes, versucht diese zu überwinden und sich den Erfordernissen der vornehmen Welt zu beugen. Anhand dieses Beispiels läßt sich der Begriff der Soziogenese einführen, der für unsere Studie von ausschlaggebender Bedeutung ist:

»Die Soziogenese und Psychogenese der menschlichen Verhaltensweisen ist im großen und ganzen noch unbekannt. Die Fragestellung selbst mag fremdartig erscheinen. Immerhin ist sichtbar, daß die Menschen verschiedener, gesellschaftlicher Einheiten sich in ganz bestimmter Weise verschieden verhalten. Man ist gewohnt, davon wie von etwas Selbstverständlichem zu sprechen. Man spricht von dem Bauern oder dem Hofmann, von dem Engländer oder dem Deutschen, von dem mittelalterlichen Menschen oder vom Menschen des 20. Jahrhunderts und meint damit, daß die Menschen der gesellschaftlichen Einheiten, auf die durch solche Begriffe hingewiesen wird, sich über alle individuellen Verschiedenheiten hinweg in bestimmter Weise einheitlich verhalten, gemessen an den Individuen der Gruppen, die ihnen jeweils gegenübergestellt sind.«[19]

In der »Höfischen Gesellschaft«[20] erwähnt Elias so grundlegende Begriffe wie Etikette, Prestigedenken, die Kunst, seinesgleichen zu beobachten, die

---

18 Elias, N., 1980, S. 38.
19 Ebenda, S. 38-39.
20 Elias, N., 1975.

Menschen zu lenken und die Affekte zu beherrschen. Das Beispiel Versailles ist in vielerlei Hinsicht interessant. Im Unterschied zu Deutschland, wo sich die Macht vom Zentrum zu zahlreichen, in den Regionen ansässigen Adligen verlagerte, verschmolz die französische Aristokratie zu einer einzigen höfischen Gesellschaft, die das Sagen hatte. Der Versailler Königshof stellt in den westlichen Ländern eines der letzten gesellschaftlichen Gebilde dar, wo die Menschen weder arbeiten noch rechnen, sondern von ihrem Vermögen leben. Der Hof stellt die absolute Gesellschaft dar, im Sinne von Dumont, eine Welt, die den Menschen vollkommen beherrscht, wo die Aufsplitterung in Privat- und Berufssphäre noch nicht stattgefunden hat. Diese Situation läßt den Höflingen keine Atempause, da ihr gesellschaftliches Ansehen wegen eines Schnitzers oder eines taktischen Fehlers ständig zerstört werden kann. Das führt zu dauerhaften Verhaltensweisen.

»Der Konkurrenzkampf des höfischen Lebens zwingt so zu einer Bändigung der Affekte zu Gunsten einer genau berechneten und durchnuancierten Haltung im Verkehr mit den Menschen.«[21]

Jedes Detail ist eine Waffe im Kampf um Prestige und gehört zur Logik dieses ausgeklügelten Prozesses. Alles ist Schein, und Reden ist wichtiger als Handeln, wie in der klassischen Tragödie. Es wäre unzutreffend zu behaupten, in Deutschland habe es Ähnliches nicht gegeben. Elias führt Weimar an, wo Werte wie Gelassenheit, Mäßigung der Affekte und Besonnenheit sehr deutlich hervortreten. Der Unterschied besteht darin, daß kein deutscher Hof die Mentalitäten ähnlich stark prägen konnte, egal auf welcher Ebene. Im Unterschied zum Hang der Deutschen, sich in sich selbst zu versenken, ist in der höfischen Gesellschaft Frankreichs die Notwendigkeit einer sozialen Existenz und sozialer Beziehungen gegeben. Die Kunst, seinesgleichen zu beobachten, ist unverzichtbar für jemanden, der den Charakter, die Motivationen, die Fähigkeiten und Grenzen des anderen verstehen will. Dabei muß betont werden, daß in der höfischen Welt der einzelne immer in seinen Beziehungen zu den anderen betrachtet wird.

---

21 Ebenda, S. 169.

Vollkommene Selbstbeherrschung des Individuums ist eine gesellschaftliche Pflicht, wie La Bruyère feststellt:

»Ein Mensch, der sich auf den Hof versteht, ist Herr seiner Bewegungen, seiner Blik-ke, seiner Mienen; er ist undurchdringlich, unergründbar; er weiß schlimmem Tun einen angenehmen Schein zu geben, lächelt seinen Feinden zu, bezwingt seine Laune, verhehlt seine Leidenschaften, verleugnet sein Herz, spricht und handelt wider seine Gefühle.«[22]

Die Beschreibung der Mitmenschen, die Kunst des Menschenporträts stellen deshalb das wichtigste Element des 17. Jahrhunderts dar. Eine von Elias erwähnte Begebenheit macht einen sehr klaren Unterschied zwischen Deutschland und Frankreich deutlich. Er zitiert eine Briefstelle von Madame de Staël: Voltaire und seine Freundin, Madame du Châtelet, ziehen sich zur Arbeit zurück, was bei ihrem Gast auf heftige Kritik stößt:

»Ils ne veulent ni jouer, ni se promener. Ce sont bien des non-valeurs dans une so-ciété où leurs doctes écrits ne sont d'aucun apport [...]. Voltaire a fait des vers ga-lants qui réparent un peu le mauvais effet de leur conduite inusitée.«[23]

Gelehrte Schriften haben keinen Einfluß auf das soziale Leben dieser Gesellschaft. Sie isolieren den Leser, was ein schwerer Fehler ist. Die galanten Verse gehören glücklicherweise zur höfischen Welt, so daß Madame de Staël Nachsicht walten läßt. Die Kunst, den anderen zu beobachten, definiert die gesamte Literatur des 17. Jahrhunderts in Form von Memoiren, Aphorismen, Porträts und Maximen, die bis ins 20. Jahrhundert hinein für jeden, der nach Wissen strebt, unverzichtbar sind. Eine Verbindungslinie von Saint-Simon über Balzac, Flaubert und Maupassant bis Proust zu ziehen, wie Elias dies tut, reicht jedoch nicht. Zu ergänzen ist, daß diese französische Literatur das Verhalten der Eliten dauerhaft beeinflußt, ebenso wie das aufstrebende kleine und mittlere Bürgertum, das sich die in den klassischen Werken ausführlich beschriebenen Werte unmerklich zu eigen macht.

---

22 La Bruyère, 1970, S. 154.
23 Korrespondenz von Madame de Staël, zitiert bei Elias, 1975, S. 162. (Elias zitiert die Briefstelle auf französisch; Anm.d.Übers.)

Die Literaturwissenschaft hat den engen Zusammenhang zwischen diesem Literaturtypus und der ihm zugrundeliegenden Gesellschaft zwar nie unterschätzt, der Universalitätsanspruch der Botschaft hat sich jedoch allmählich durchgesetzt. Diese ewigen Wahrheiten über die menschliche Seele haben – in Frankreich stärker als in anderen Ländern – zu einem besonderen Gesellschaftsmodell geführt und logischerweise einen spezifisch französischen Stil hervorgebracht. »Die Kunst der Diplomatie« entstand in der täglichen Routine der höfischen Gesellschaft. Zahlreiche Probleme bei deutsch-französischen Vorhaben sind auf diesen Unterschied im Stil zurückzuführen. In einem der untersuchten deutsch-französischen Unternehmen wurde den Franzosen in erster Linie vorgeworfen, ihr Verhalten sei zu »politisch«. Holländische Beobachter, die ebenfalls an der gemeinsamen Aktion beteiligt waren, stellten gerne die direkte, zupackende, zuversichtliche Art der Deutschen der subtilen Taktik der Franzosen gegenüber, wo Kalkül und Formalismus dominieren:

»Wenn die Deutschen eine Idee haben, dann schreiben sie einen einfachen, direkten Brief, manchmal ungeschickt, aber ohne Hintergedanken. Sie sind stolz auf ihr Produkt, sie stürzen los und glauben, daß sich die Probleme allein durch ihr Engagement schon lösen lassen werden. Beim französischen Verantwortlichen kann ich mir gut vorstellen, daß er sich in seinen Sessel sinken läßt, anfängt zu überlegen und nach und nach zu dem Entschluß kommt, den einen oder anderen Aspekt des Problems zu verschleiern und mit Unschuldsmiene Fallstricke zu legen. Ich habe oft den Eindruck, daß die Franzosen zu Anfang wirtschaftlich unterlegen sind. Aber oft gelingt es ihnen, das Kräfteverhältnis durch ein subtiles Spiel und die geeignete Taktik umzukehren.«

Die Kunst der Beobachtung ist in der Tat nicht von der Kunst der Manipulation zu trennen. Elias zeigt anhand der Analyse eines Gesprächs zwischen Saint-Simon und dem Dauphin die Einzigartigkeit der Situation und des entstehenden Diplomatiemodells: Es geht darum, sein Gegenüber auszuloten, die Unterredung zu steuern und den anderen, der im Rang höher steht, dazu zu bringen, den eigenen Wünschen gemäß zu denken. Ziel eines solchen Gesprächs ist es natürlich, gute Beziehungen zu knüpfen und so an Ansehen und Macht zu gewinnen.

Dieses Zeremoniell ist von den Verhaltensweisen der Franzosen, die wir in den Gesprächen analysiert haben, nicht sehr weit entfernt. Welche Eigenschaften werden die deutschen Gesprächspartner stören? Die blumige Sprache, die langen »Annäherungsversuche« und der ständige Themenwechsel, der es den Franzosen erlaubt, einem latenten Konflikt auszuweichen und sich den Personen gegenüber richtig zu positionieren. Ähnlich war auf deutscher Seite häufig ein gewisses Unverständnis auszumachen angesichts des Versuchs der Franzosen, die eigene Person herauszustellen, unabhängig vom Thema der Besprechung. Das französische Verhalten bei derartigen Gelegenheiten unterscheidet sich stark von einer deutschen Verhandlung, die auf den Gegenstand zentriert ist und in erster Linie eine Einigung anstrebt. Die Beteiligten gehen davon aus, daß methodisches, schrittweises Vorgehen notwendigerweise zur Übereinkunft führt. Diese Aspekte sind bei den französischen Verhandlungsteilnehmern zwar auch gegeben, sie weisen aber andere spezifische Eigenschaften auf: genaue Beobachtung der Akteure; tastendes Vorgehen mit dem Ziel, die bestmöglichen Beziehungen herzustellen; die Möglichkeit, sich jederzeit von der Gruppe zu lösen und einen originellen Standpunkt zu vertreten. Diese Vorgehensweise, die viel Beobachtung und Analyse erforderlich macht, reproduziert das Schema, auf dem die höfische Gesellschaft basiert. Die Personenorientierung weist zwei Aspekte auf:

– In bezug auf die eigene Person: Der Höfling weiß, daß die Dinge nicht an sich beurteilt werden, sondern durch die sie betrachtenden Personen. Deshalb legt er zunächst Wert auf Etikette, d.h. Selbstdarstellung. Die Etikette stellt die einzige existierende Identitätsgarantie dar, weshalb dieses Verhalten nicht auf einen Hang zu bloßem »Schein« und zu Oberflächlichkeit reduziert werden darf.
  »In ihr stellt sich die höfische Gesellschaft für sich selber dar, jeder einzelne abgehoben von jedem anderen, alle zusammen sich abhebend gegenüber den Nicht-Zugehörigen und so jeder einzelne und alle zusammen ihr Dasein als Selbstwert bewährend.«[24]
– In bezug auf die anderen: Alles, was mit Status oder Macht zu tun hat, hängt von Personen sowie von einem ständigen, komplexen Wechselspiel von Gunst und Mißgunst ab.

---

24 Elias, N., 1975, S. 158.

Die Industriegesellschaft hat dieses Verhalten natürlich beträchtlich verändert, aber die Angewohnheit, die Person über den Gegenstand zu stellen, existiert nach wie vor und prägt das französische Management. Die Personenorientierung, die sich in den französischen Unternehmen vor allem in den Beziehungen zu Vorgesetzten und Kunden äußert, ist unter anderem hierauf zurückzuführen. Dieser Antagonismus ist in unserer Erhebung omnipräsent und ließe sich durch zahlreiche Beispiele belegen. Hier liegt eine der Wurzeln der äußerlichen Autorität: Die Soziogenese der höfischen Gesellschaft veranschaulicht auf hervorragende Weise die Abhängigkeit vom Blick des anderen. Auf deutscher Seite reagiert man verärgert, wenn Franzosen sich ständig »rückversichern« wollen oder einem Kunden gegenüber ein Verhalten an den Tag legen, das häufig als unterwürfig und übertrieben ehrerbietig empfunden wird.

Die höfische Gesellschaft, deren Werte noch heute die französische Gesellschaft prägen, vermag auch Erklärungen für andere grundlegende Antagonismen zu liefern, die bei unserer Erhebung sichtbar geworden sind. Elias stellt die höfische Gesellschaft ständig der bürgerlichen Industriegesellschaft gegenüber, die sich im 19. und zu Beginn des 20. Jahrhunderts in beiden Ländern entwickelt, sich in Deutschland aber leichter durchsetzt, denn hier kann sich die höfische Kultur aufgrund der Klassenschranken nicht zu einem nationalen Charakteristikum entwickeln. Die Grundtendenz der bürgerlichen Gesellschaft geht dahin, zwischen Privat- und Arbeitsleben scharf zu trennen. In der bürgerlichen Industriegesellschaft ist das Interesse am anderen in materieller und zeitlicher Hinsicht beschränkt und eng mit dem Zweck der Zusammenkunft verbunden; das Treffen selbst rangiert erst an zweiter Stelle. In der bürgerlichen Welt bestimmt zunächst der Beruf die Verhaltensweisen und Beziehungen; die positiven oder negativen Auswirkungen des Verhaltens äußern sich in der beruflichen Sphäre und können gegebenenfalls auf die Privatsphäre übergreifen. Die höfische Gesellschaft hingegen zielt auf die gesamte Person ab. Die Rationalität der Industriegesellschaft führt zu einer uniformen Gestaltung und Segmentierung der Aktivitäten. Die Unterschiede, die nach wie vor den Zeitplan in Deutschland und Frankreich kennzeichnen, drängen sich in diesem Zusammenhang auf. Die französischen *cadres*, die ihre deutschen Kollegen durch eine gewisse Neigung zur Streuung verärgern, glauben, daß eine informelle Zusammenkunft mit einer einflußreichen Person, spät abends, nachdem die »kleinen« Angestellten bereits nach Hause gegangen sind, zu zusätzlichen Informationen verhelfen kann und es ihnen erlaubt, sich geschickt zu »plazieren«. Mit Ausnahme der ersten Hierarchieebenen, die heute mit ähnlichen Anforderungen und Arbeitszeiten konfrontiert sind, ist festzustellen, daß die Franzosen eher abends länger im Unternehmen bleiben, weil sie immer danach streben, ihr Netz von Beziehungen auszuweiten. Vielleicht sind sie sich der Tatsache bewußt, daß Existenz und Identität nach wie vor vom sozialen Ansehen abhängen und es in Frankreich immer noch eine Börse der individuellen Werte gibt, die vom Wirtschaftsleben manchmal etwas abgekoppelt ist.

An dieser Stelle sei die Haltung vieler Deutscher erwähnt, die bei Feierabend eilig ihre Arbeitsstätte verlassen. Die Antagonismen zentrierte Aufmerksamkeit/dezentrierte Aufmerksamkeit und Simultaneität/Aufeinanderfolge, die wir aus methodologischen Gründen dem von Hall entwickelten Gegensatzpaar Polychronie/Monochronie vorziehen, sind sicherlich unter anderem auf die höfische Gesellschaft zurückzuführen, die Frankreich heute noch prägt.

Macht und Distanz in Frankreich

Mit Hilfe der höfischen Gesellschaft lassen sich indirekt zwei weitere deutsch-französische Antagonismen erklären: Konsens/Dissens und Wertschätzung/Geringschätzung der Institution. Diese Überlegungen veranlassen uns zu ständigen Parallelen zwischen Autorität und französischem Zentralismus.

In seinem Buch »Le phénomène bureaucratique« widmet Michel Crozier dem Zusammenhang zwischen dem bürokratischen System und bestimmten Eigenschaften der französischen Kultur ein langes Kapitel.[25] Unter Bezugnahme auf Tocqueville zeigt er, wie Frankreich im 17. und 18. Jahrhun-

---

25 Crozier, M., 1963, S. 257-345.

dert durch die Stadt- und Steuerpolitik der absoluten Monarchen jeden Ansatz zu Aktivitäten auf den untergeordneten Ebenen im Keim erstickte. Die Lähmung des kollektiven Handelns und der Mangel an Gruppengeist sind die ersten Auswirkungen der aus der Ferne wirkenden Autorität. Crozier erwähnt verschiedene ethnologische Studien,[26] die auf einen Mangel an festen Sozialbezügen in den Dörfern und Stadtteilen, auf Isolierung und Apathie hinweisen. Die Menschen legen großen Wert auf ihre Unabhängigkeit und halten Abstand; wer Initiativgeist an den Tag legt, dem wird sogleich vorgeworfen, das Kommando übernehmen zu wollen. Das Fehlen von organisierten konstruktiven Tätigkeiten fällt jedem aufmerksamen Beobachter gleich auf. In diesem Zusammenhang sei nur die Aussage eines Franzosen erwähnt, der nach einem zwanzigjährigen Deutschlandaufenthalt nach Frankreich zurückkehrt und in einem sich industrialisierenden ländlichen Gebiet der Picardie desillusioniert feststellt, daß es dort an Gemeinschaftseinrichtungen fehlt:

F: »Hier hat man wirklich den Eindruck, daß die Leute für sich bleiben, keine Anstrengungen unternehmen und sich nicht für das Kollektiv interessieren. Das ist wirklich sehr traurig.«

Seine Privatsphäre schützen, das ist eine Grundregel für die Franzosen, die sich – zur großen Überraschung einer Gruppe von deutschen Studenten, die einen deutsch-französischen Studiengang absolvieren – weigern, mit ihrem Wohnsitz identifiziert zu werden und es manchmal sogar unterlassen, ein Namensschild neben der Klingel anzubringen. An Beispielen für Berührungsangst und individualistische Isolierung mangelt es nicht. Der deutsche Begriff der Bürgerinitiative, der die Franzosen in den 70er Jahren sehr beschäftigte, ist mit der französischen Kultur unvereinbar: Man ist davon überzeugt, daß derartige Aktionen vollkommen aussichtslos sind und die weit entfernte Autorität nicht erreichen können. Das ist indirekt »die logische Verbindung zwischen Isolierung des Individuums und Mangel an

---

26 Er zitiert insbesondere Lucien Bernot und René Blancart: Nouville, Un village français, Paris, Institut d'ethnologie, 1953, S. 148, und Laurence Wylie, Village in the Vaucluse, Cambridge, 1958.

Kooperationsbereitschaft auf der einen, Isolierung der verschiedenen gesellschaftlichen Kategorien und deren ständigem Kampf für künstliche Vorrechte auf der anderen Seite.«[27]

Die französische Zentralgewalt entwickelt im übrigen eine sehr deutliche Strategie zur Eliminierung der Zentrifugalkräfte:

»Die unbedeutendste unabhängige Organisation, die sich ohne ihr Zutun bilden zu wollen scheint, flößt ihr Angst ein; die kleinste freie Vereinigung, was auch immer ihr Ziel sein mag, stört sie: sie läßt nur diejenigen bestehen, die sie willkürlich gebildet hat und denen sie vorsteht. Selbst die großen Industrieunternehmen mißfallen ihr. Kurz, sie duldet es nicht, daß die Bürger sich wie auch immer in die Untersuchung ihrer eigenen Angelegenheiten einmischen; sie zieht Sterilität dem Wettbewerb vor.«[28]

So entwickelt sich in Frankreich ein Anpassungsprozeß, der sich nach und nach in eine resistente kulturelle Strukturebene verwandelt; die Individuen lernen, sich gegen eine weit entfernte Autorität zu schützen. Hier liegt eine der Wurzeln des Individualismus französischer Spielart, der nur dann in Solidarität umschlägt, wenn es um Widerstand gegen die Autorität geht. Der durch den amerikanischen Soziologen J.R. Pitts geprägte und von Crozier übernommene Begriff der »straffälligen Gemeinschaft« bietet sich an, um einige unserer Analysen zu verfeinern:

»Die Gruppe der Gleichartigen, wie sie in der Schule existiert, ist der Prototyp aller solidarischen Gruppen, die man in Frankreich außerhalb der Kleinfamilie und des größeren Familienzusammenhangs findet. Diese Gruppen sind vor allem durch ein streng beachtetes Gleichheitsdenken unter den Mitgliedern gekennzeichnet, durch große Zurückhaltung gegenüber Neuankömmlingen […] und durch eine Art schweigende Verschwörung gegenüber der höheren Autorität. Sie weisen jedoch nicht jedwede Autorität zurück. Sie sind ganz im Gegenteil in Wirklichkeit unfähig, ohne Anweisungen einer höheren Autorität auch nur die kleinste Initiative zu ergreifen. Sie bemühen sich lediglich, für jedes ihrer Mitglieder einen Freiraum für Autonomie, Launen und Kreativität zu bewahren, was durch die Wirklichkeitsferne der Anweisungen von oben begünstigt wird.«[29]

---

27 Crozier, M., 1963, S. 266.
28 Ebenda, S. 121.
29 Pitts, J.R., The Bourgeois Family and French Economic Retardation, soziologische Dissertation, Harvard, 1957, S. 329-331, zitiert in: Crozier, M., 1963, S. 268.

Das Beispiel der kindlichen Aktivitäten in der Schule – und des rituellen Lärmens, das dieses Kulturgefüge bestens veranschaulicht – macht einen grundlegenden Aspekt der französischen Verhaltensweisen deutlich, der auf den monarchistischen Zentralismus zurückzuführen ist. Das implizite Verteidigungsbündnis, das die Mitglieder einer Gruppe schließen, stellt die Lieblingsreaktion zahlreicher französischer Tochtergesellschaften auf die Autorität des Mutterhauses dar. Die von Pitts benutzten Begriffe scheinen für unsere Studie besonders interessant zu sein: Der Verweis auf die Willkür des Individuums, eine Mischung von Launen und Kreativität, ist in der Tat die einzig mögliche Reaktion auf die Wirklichkeitsferne der Anweisungen von oben. In diesem Zusammenhang ist der Begriff der Sonderwünsche – »die Sonderwünsche der Franzosen« – zu erwähnen, der einige deutsche Mutterfirmen so sehr beschäftigt. Genau zu diesem Punkt sagte ein deutscher Mitarbeiter, daß die Franzosen oft einen enormen Fehler begingen, indem sie die von der Zentrale definierten Ziele überbewerteten und diese bis ins Detail zu verfolgen versuchten, statt sich als Herren auf ihrem Gebiet zu betrachten und stärker ihre lokalen Bedürfnisse zu berücksichtigen. Die Unfähigkeit, sich verständlich zu machen, die das Unbehagen der Franzosen kennzeichnet, ist manchmal auf eine zu große Abhängigkeit vom Mutterhaus zurückzuführen, die sie sich selbst auferlegen. Viele Franzosen, die veraltete Vorstellungen vom deutschen Management haben und noch Opfer einer großen hierarchischen Distanz sind, vergessen allzu oft, die Dinge selbst in die Hand zu nehmen, so sehr sind sie auf die zentrale Autorität fixiert.

Dieser augenscheinliche Widerspruch zwischen Vorherrschaft einer zentralen Autorität und Bekräftigung der Unabhängigkeit eines Individuums steht, wie wir gesehen haben, im Mittelpunkt zahlreicher Schwierigkeiten. Dies trifft ganz besonders auf eins der untersuchten französischen Unternehmen zu, wo der Firmenaufkauf durch die Deutschen bei den Franzosen sofort zu einer ungerechtfertigten defensiven Solidarität führte:

F: »Zu Anfang hatten die Leute den Eindruck, es müßte ein Bericht gemacht werden, und sie würden auf dieser Basis beurteilt werden. Sie sträubten sich ein wenig, sich darauf einzulassen, weil sie darin eine Aktion der Hierarchie sahen. Dabei gibt es kaum hierarchische Beziehungen. Es handelt sich um Koordinierungen, um Harmonisierungen von Aktivitäten, um Situationsanalysen.«

Dieser Auszug aus einem Interview beleuchtet einen zentralen Punkt: Er erlaubt es, eine bestimmte auf französischer Seite zu beobachtende Abwehrhaltung zu erklären. Die Betriebsübernahme bedeutete für viele, daß deutsche Chefs kommen würden, die man unbewußt als autoritär einschätzte. Ehe überhaupt ein wirklicher Kontakt zustande gekommen war, organisierte sich ein passiver Widerstand, der den kulturellen Mechanismen gehorchte, die gewöhnlich gegenüber einer entfernten Autorität ins Spiel kommen: sich nicht alles gefallen lassen, sich schützen, seine Unabhängigkeit bewahren usw. Das ist ein schönes Beispiel für Spannungen, die durch ein Stereotyp – der autoritäre, zentralisierende Deutsche – und gleichzeitig durch den Rückgriff auf eine dem gemeinsamen kulturellen Erbe entsprechende Verhaltensweise entstehen.

In der französischen Kultur kommt so ein heiliger Respekt vor der fernen Macht zum Tragen. Crozier bemerkt dazu:

»Das nach wie vor vorherrschende Autoritätskonzept ist immer universal und absolut; es hat noch etwas von der politischen Tradition der absoluten Monarchie an sich mit ihrer Mischung aus Rationalität und ›gnädigstem Willen‹.«[30]

Gleichzeitig aber schützt die beträchtliche Widerstandskraft einer homogenen Gruppe die Unabhängigkeit der einzelnen Gruppenmitglieder. Zudem ist die höhere Autorität nicht in der Lage, die Gleichheit innerhalb der Gruppe zu zerstören und bei ihren Angelegenheiten zu intervenieren. Deshalb ist höchste Vorsicht geboten, wenn es um französische Autorität geht. Wie d'Iribarne anmerkt,[31] sind die Begriffe Hierarchie und Macht in den französischen Organisationen bei weitem nicht untrennbar miteinander verbunden. Die Bedeutung der hierarchischen Distanz heißt nicht, daß die höheren Ebenen de facto von der Machtsituation profitieren. Der französische Individualismus ist auch dazu da, diese schöne Mechanik zu stören, die, bleibt man bei dieser pyramidenhaften Sichtweise, despotisch wäre. Die Verteidigung der Errungenschaften, Rechte und Privilegien innerhalb jeder Berufsgruppe schützt den einzelnen vor Einmischung und Kontrolle von

---

30 Crozier, M., 1963, S. 270.
31 d'Iribarne, Ph., 1990, S. 11.

Seiten der oberen Hierarchieebene. Paradoxerweise kann die hierarchische Distanz auch dazu beitragen, die Macht der Vorgesetzten einzuschränken, da sie »den Chef mit einem Etikett von Anstand versieht, das seiner Macht enge Grenzen setzt«.[32] Hier offenbart sich die Ambivalenz der Hofstedeschen *power distance*. Sie läßt den vielfältigen Widerstand, den die französischen Untergebenen jederzeit leisten, unberücksichtigt. Eine von d'Iribarne[33] zitierte Untersuchung zu diesem Thema zeigt, daß diese Konzepte äußerst vorsichtig zu handhaben sind. Bei Fragen wie: »Leisten Sie den Anweisungen Ihres Vorgesetzten in der Regel Folge?« rangiert Frankreich unter denjenigen europäischen Ländern, in denen die Macht der Vorgesetzten am geringsten ist.

Das Gesagte steht in diametralem Gegensatz zum deutschen Konsensstreben. Für einen Franzosen geht es im wesentlichen darum, einen Eindruck von Freiheit zu bewahren und sich nicht dem demütigenden direkten, persönlichen Willen eines einzelnen beugen zu müssen.

»Sich mit dem anderen arrangieren, sich anpassen, solche Methoden sind nicht sehr beliebt; es ist besser, sich zu beschränken, aber vollkommen frei zu bleiben innerhalb von Grenzen, die man sich selbst gesteckt bzw. die man akzeptiert hat.«[34]

Im Gegensatz zu der funktionellen, spezialisierten deutschen Autorität haben wir es in Frankreich mit einer absoluten, diffusen Autorität zu tun, die ständig in Frage gestellt und unvermeidlich gebremst wird aufgrund des Widerstands bei der Umsetzung von Entscheidungen. Hinzu kommt ihr unpersönlicher, distanzierter Charakter, der auf die Zentralisierung zurückzuführen ist:

»Trotz der augenscheinlichen Allmacht, über die die französischen Manager aufgrund ihrer Position an der Spitze der Hierarchiepyramide verfügen, sind sie durch den allgemeinen Widerstand aller ihnen unterstehenden Kategorien praktisch gelähmt; sie können ihren Einfluß nur unter ganz außergewöhnlichen Umständen geltend machen.«[35]

---

32 Ebenda, S. 12.
33 Ebenda, S. 13.
34 Crozier, M., 1963, S. 272.
35 Ebenda, S. 274.

Dieses subtile Spiel zwischen Individualismus und Zentralismus, das die französischen Akteure unaufhörlich beeinflußt, erlaubt es, einige wichtige Ursachen der Unterschiede und der Spannungen zwischen beiden Kulturen zu identifizieren. Wir befinden uns hier im Kern dessen, was mit dem Begriff der rein äußerlichen Autorität (»autorité en extériorité«) bezeichnet wird, die die französische Kultur kennzeichnet. Im Unterschied zur internalisierten deutschen Autorität, die zum Handeln veranlaßt, führt die französische Autorität zu einer Reaktion auf Druck von oben, den es prinzipiell zurückzuweisen gilt. Die Solidarität ist also immer negativ und richtet sich gegen die Konkurrenzgruppen, die Vorgesetzten und diejenigen, die innerhalb einer Gruppe versucht wären, ihre Macht den anderen aufzuzwingen. Die Persistenz des französischen bürokratischen Modells erklärt sich laut Crozier durch die Tendenz der Identifizierung mit einer Macht und der Ablehnung einer direkten Abhängigkeit vor ihr. Hier stoßen wir wieder auf die von Hofstede erarbeitete klassische Unterscheidung.[36] Ihr zufolge ist der latente Konflikt charakteristisch für Länder mit großer hierarchischer Distanz: Mißtrauen ist hier die Grundregel. Umgekehrt ist in Ländern mit geringer hierarchischer Distanz eine latente Harmonie zwischen Vorgesetzten und Untergebenen festzustellen. Wie wir bereits angemerkt haben, scheinen uns solche Verallgemeinerungen gefährlich zu sein. Im Fall Deutschland/Frankreich liefert uns die Geschichte beider Länder Erklärungsansätze, die dabei helfen, die Entwicklung der beiden Autoritätsformen – die eine entfernt und äußerlich, die andere nah und verinnerlicht – zu verstehen.

---

36 Bollinger, D., Hofstede, G., 1987, S. 89-90.

DIE KULTURELLEN AUSWIRKUNGEN DES FAMILIÄREN ERBES

Familienstrukturen in Deutschland und Frankreich

Die Geschichte Deutschlands und Frankreichs erklärt, wie wir gesehen haben, bestimmte kulturelle Unterschiede zwischen beiden Ländern. Die Betrachtung des Mikrokosmos der höfischen Gesellschaft hat darüber hinaus dauerhafte Grundlagen für Unterschiede offengelegt, die heute noch im Unternehmen festzustellen sind. Dank der Arbeiten des Bevölkerungswissenschaftlers E. Todd können wir zudem auch die Familienstrukturen in unsere Analyse einbeziehen. Todd benutzt das Familienmodell als grundlegende Erklärung für die Verteilung der Ideologien und der politischen Systeme und Kräfte oder auch für die Disparitäten in der weltweiten Entwicklung.[37] Für unseren Vergleich sind seine Arbeiten insofern interessant, als sie determinierende Antagonismen in den Vordergrund stellen. Konzepte wie Autorität/Freiheit oder Gleichheit/Ungleichheit sind für die deutsch-französischen Beziehungen im Unternehmen von zentraler Bedeutung. In seinem Buch »L'invention de l'Europe«[38] kritisiert Todd einen grundlegenden Fehler der politischen Wissenschaft, die die »Vermassung« und den individuellen Egalitarismus mit der Französischen Revolution erklärt. Die Demokratisierung nach der Revolution ist allem Anschein zum Trotz keine universale Erscheinung. Der Zugang aller Schichten zur politischen Aktion – die »Vermassung« – bedeutet nicht, daß überall in Europa Ideologien französischen Typs entstehen, wie man dies in universalistischer Begeisterung annahm.

Jedes Land hat eine besondere anthropologische Basis und gibt seinen spezifischen familiären Werten die Form einer Ideologie. In Deutschland und Frankreich ist in der Tat eine sehr differenzierte anthropologische Landschaft festzustellen. Frankreich bietet kein vollkommen homogenes Bild. Der Norden entspricht der egalitären Kernfamilie, ein schmaler Streifen im

---

37 Todd, E., 1984.
38 Todd, E., 1990.

Nordosten der absoluten Kernfamilie, die Mittelmeerküste der gemeinschaftlichen Familie und der Südwesten, Savoyen, das Elsaß und die Bretagne der Stamm- bzw. autoritären Familie. Deutschland hingegen bietet ein
sehr homogenes Bild, denn mit Ausnahme eines Teils des Rheinlands haben wir es hier mit der Stammfamilie zu tun.

Wir wollen die Charakteristika der verschiedenen anthropologischen
Modelle im einzelnen beschreiben. Die Stammfamilie ist ein vertikales, in-
egalitäres Modell. Die Generationen sind eng miteinander verbunden, aber
nur ein Kind tritt das Erbe des Vaters an; die übrigen müssen den Famili-
enverband verlassen. Todd zufolge gibt es im übrigen bei diesem System
einen Zusammenhang zwischen der autoritären Familienstruktur und dem
hohen Stellenwert der Frauen. Die weibliche Erbfolge ist möglich, wenn
es keine männlichen Erben gibt. Ungleichheit unter den Brüdern bedeutet
somit nicht, daß sich immer das männliche Element durchsetzt. In dieser
Familienstruktur steht die Produktion von Ältesten und Nachgeborenen,
von Erben und Nichterben im Vordergrund. Eine direkte vertikale Verbindung wird zwischen dem Vater und demjenigen Sohn aufrechterhalten, der
den Familienbetrieb von ihm übernehmen wird. Der Erbe kann der älteste
Sohn sein (Primogenitur) oder der Nachgeborene (Ultimogenitur). Wie die
Entscheidung auch ausfallen mag, es herrscht immer Ungleichheit unter den
Brüdern und eine asymmetrische Sichtweise des sozialen Raums. Todd sieht
in der Gesamtheit der Menschengruppen, die das Ideal der autoritären Familie verfolgen, »ein Konzentrat all unserer Partikularismen, all unserer Eth-
nozentrismen, all unserer Widerstände gegen das Universale«[39]. Er wählt
als Beispiel die wenigen französischen Gebiete, in denen diese Kultur vorherrscht – Baskenland, Okzitanien, Bretagne, Elsaß – und stellt fest, daß
sich diese Regionen stärker als andere ihrer Besonderheit bewußt sind. Dieses Prinzip der Ungleichheit der Menschen verhindere, so Todd, die Schaffung großer Imperien. Das Scheitern der deutschen Reiche, das Unvermögen der Deutschen, in Osteuropa ein Reich zu schaffen, obgleich sie seit
dem Mittelalter stark zur Herausbildung der Ziviliation der Slawen und
Magyaren beigetragen hatten, sei Ausdruck der Unfähigkeit, sich durch

---

39 Todd, E., 1984, S. 67.

Assimilierung auszubreiten. Die Regionen mit Stammfamilien verstünden sich meisterhaft auf die Wahrnehmung inexistenter Unterschiede:

»Deutschland mit seinen Einheitsproblemen bietet das schönste Beispiel. Hier werden immer noch hundert oder tausend Mundarten gesprochen, und jede Stadt, jede Provinz, jedes Land treibt insgeheim Kult mit einer Besonderheit, die es auf anthropologischer Ebene nicht gibt.«[40]

Regionalistische Folklore ist mit Sicherheit eine in Deutschland omnipräsente Realität, die auch vor den Unternehmen nicht haltmacht. Unsere deutschen Gesprächspartner erwähnten häufig lokale Probleme, die in unseren Augen weder stark auffallen noch die Verhaltensweisen determinieren. Autorität deutscher Prägung bedeutet Fragmentierung, im Unterschied zum russischen oder chinesischen Totalitarismus, wo die Organigramme der Partei und des Staats auf der Gemeinschaftsfamilie und einem Symmetriedenken basieren, das die Existenz eines Zentrums impliziert. Wir haben bereits deutlich gemacht, daß selbst die autoritären Regime Deutschlands nicht durch die Dominanz von Zentripetalkräften gekennzeichnet sein konnten. Die Asymmetrie der Familienstruktur bringt ein asymmetrisches, ungeordnetes, unruhiges politisches System hervor. Auch das Zeitempfinden, das bei deutsch-französischen Konflikten häufig eine Rolle spielt, läßt sich durch das autoritäre Modell erklären. Ein Ingenieur sagte, eines seiner größten Probleme im Umgang mit Franzosen bestehe darin, daß er nicht in der Lage sei, sie in einen festen zeitlichen Rahmen mit unveränderbaren Fristen zu integrieren:

D: »Es erschien mir unmöglich, unseren Kollegen begreiflich zu machen, daß sie bestimmte Fristen und Meilensteine zu respektieren hatten.«

Wir wollen hier nicht näher auf den Aspekt des Langfristigen eingehen, den wir bereits ausführlich behandelt haben. Das betrifft insbesondere die deutschen Tochtergesellschaften, die es bedauern, daß die Beziehungen zum Mutterhaus sich nicht stärker langfristig anlegen lassen:

D: »Nichts ist in Frankreich stetiger als der Wandel.«

---

40 Ebenda, S. 70.

Todd zufolge ist die wichtigste stabile Achse der Sozialsysteme für die Stammfamilien die Zeitachse. Er erwähnt in diesem Zusammenhang das starke Geschichtsbewußtsein und die Bedeutung der linearen Zeit, natürlicher Ausdruck des Stammesideals. Die Funktion der autoritären Familie besteht darin, für eine unaufhörliche Generationenabfolge zu sorgen, ein theoretisch unendliches Fortleben der häuslichen Gruppe sicherzustellen. Der Sohn löst den Vater ab, der Enkel den Sohn usw.

Kontinuität bedeutet auch die Fähigkeit, über die vertikale Organisation extrem starke Verhaltensnormen weiterzugeben. Das Erziehungspotential wird im übrigen dadurch erhöht, daß Vater und Mutter dieselben Prinzipien vertreten und der Erbe mit ihnen unter einem Dach lebt. Gerade in Gebieten mit autoritären Familien entwickeln sich unter anderem Buchdruckerkunst, Reformation und Massenalphabetisierung. Hier wird ein erstaunlicher Widerspruch sichtbar zwischen dem Konzept der Ungleichheit, das das Wesen der autoritären Familie ausmacht, und der heutigen sozioökonomischen Realität. Deutschland, aber auch Japan, Norwegen und Schweden praktizieren Chancengleichheit an den Schulen; ihre Mittelschichten sind groß und einflußreich, die Einkommensunterschiede sind geringer als in vielen Ländern mit vorgeblich egalitärer Struktur. Todd liefert einen sehr ergiebigen Interpretationsansatz. Seltsamerweise ist gerade die Struktur von Ländern mit autoritären Familien fast immer egalitär:

»Die autoritäre Familie kämpft nämlich gegen die Zerstückelung der landwirtschaftlichen Betriebe und verhindert Phänomene kapitalistischer Konzentration auf dem Land. Sie definiert ein bäuerliches Stabilitätsideal: jede Familie muß sich an ihren Boden, ihr Haus klammern, wenn sie fortbestehen will; ihr äußerstes politisches Ziel ist die Anerkennung ihres Besitzrechts. Die agrarischen Gesellschaften Japans, Deutschlands [...] sind in ihrer internen Struktur egalitär und werden von einem mittleren Bauernstand beherrscht, dessen Familien sich alle für Aristokratenfamilien halten.«[41]

Diese Familienstrukturen haben Deutschland über Jahrhunderte hinweg geprägt. Auch heute noch gibt es Überreste: in den Zweifamilienhäusern leben, der kulturellen Tradition entsprechend, häufig die Eltern im Erdge-

---

41 Ebenda, S. 75.

schoß und ein verheiratetes Kind im ersten Stock. Zudem ist es im Unterschied zu Frankreich in Deutschland möglich, Generationen umfassende Darlehen aufzunehmen. Die Stammfamilie ist zwar seit einigen Jahrzehnten zersplittert, aber die damit verbundenen Verhaltensweisen sind nicht vollkommen verschwunden.

Umgekehrt wird die Kernfamilie, deren politisches und familiäres Ideal egalitär ist, dazu veranlaßt, die Betriebe zu zersplittern, zur Freude der Agrarkapitalisten. Die Stammfamilie scheint somit im Unterschied zur egalitären Kernfamilie gleichzeitig inegalitäre Werte und eine egalitäre soziale Praxis weiterzugeben.

In seiner Beschreibung der egalitären Kernfamilie betont Todd den Begriff des Individuums. Er erwähnt die lange zurückreichenden Arbeiten von Le Play,[42] der bei den Galliern ein Ideal der instabilen Kernfamilie ausmacht, das zu unerhörter Disziplinlosigkeit führe. In Frankreich zeichnet sich dieselbe anthropologische Entschlossenheit ab, Eltern und Kinder zu voneinander unabhängigen Individuen zu machen. Die Gesellschaft gleicher Individuen wird es nie zulassen, daß an das Privateigentum oder das Prinzip einer im wirtschaftlichen und kulturellen Leben vom Staat unabhängigen Zivilgesellschaft gerührt wird. Die Dynamik der totalen Macht zerbricht immer an der Kernfamilienstruktur. Ähnlich »unterscheiden sich die entstehenden sozialistischen Parteien von ihren Schwesterparteien im Norden sofort durch organisatorische Ohnmacht, Disziplinlosigkeit und die Unfähigkeit, die kollektivistischen Ideologien, die im Stadium der Doktrin stekkenbleiben, mit Leben zu füllen.«[43] Hier findet sich ein Gedanke, der in den Interviews häufig zu hören war, nämlich »das französische Chaos«, die Spontanität – Todd erwähnt als Beispiel die Spontanstreiks –, kurz, Individualismus im Sinn der trivialen Weigerung, sich in ein festes System einzufügen und sich an strenge Regeln zu halten. Die Gewerkschaft Solidarnosc bildet vielleicht das perfekteste Beispiel für diesen Individualismus, der sich allen Bürokratien widersetzt. In der egalitären Kernfamilie bereitet die gleichzeitige Benutzung der Konzepte Freiheit und Gleichheit Probleme.

---

42 Le Play, F., Les ouvriers européens (1894), zitiert in Todd, 1984.
43 Ebenda.

Genauso wie die Gleichheit der Brüder bei der Aufteilung eine spätere Differenzierung des Vermögens toleriert, akzeptiert es die Republik einfach, alle Individuen in die gleiche Ausgangsposition zu bringen. Einige dürfen aufsteigen, aber nur aufgrund ihrer Verdienste. Zudem herrschen im bürgerlichen Leben Frankreichs zwei wichtige Prinzipien vor: Schranke und Ebene. Die Ebene ist eine theoretische Gleichheit aufgrund der Zugehörigkeit zum Bürgertum, sobald die Schranken überwunden sind.

Der Zusammenhang zwischen der egalitären Ideologie der französischen Gesellschaft und der Stratifizierung der sozialen Schichten liegt auf der Hand: In Anbetracht ihres sozialen Charakters bleibt die Schranke sichtbar, auch wenn sie überwunden worden ist. Die oberen Schichten schützen sich vor jedem Kontakt durch Diplome, Vorlieben und Moden und stellen somit etwas symbolisch in Frage, was durch den anfänglichen Egalitarismus erst möglich geworden war. Dies steht keineswegs im Widerspruch zur universalistischen Tendenz der französischen Kultur, sondern verstärkt sie sogar noch. Eben weil es theoretisch möglich, praktisch aber schwierig ist, zu etwas Zugang zu bekommen, was wir heute als kulturelles »must« bezeichnen würden, zieht der Prozeß des Zugangs sich über Jahrhunderte hin.

Der Staat darf nie selbst die Chancengleichheit verwirklichen: Frankreich erlebt instabile Regime, die ständig zwischen totalitären und inegalitären Bestrebungen schwanken. Die Regionen mit Kernfamilien zeichnen sich durch die Fähigkeit aus, über die Unterschiede hinwegzusehen. Frankreich ist ein Modell der Toleranz in der Vielfalt: ein zentraler Block egalitärer Kernfamilien (45%) definiert und vereint die Nation, lebt aber ohne weiteres mit den autoritären Familien (33%), den gemeinschaftlichen Familien (15%) und den absoluten Kernfamilien (7%) zusammen. Dem universalen Menschen, an dem der französischen Tradition so viel liegt, sind die Unterschiede vollkommen gleichgültig. Der französische Universalismus ist eher eine Ideologie der Aufnahme als eine Ideologie der zwangsweisen Assimilierung. Aufnahme schließt Zurückweisung und Eliminierung zwar aus, ist jedoch nicht gleichbedeutend mit Interesse am anderen. Der französische Universalismus sieht es gern, wenn man sich ihm anschließt, ist jedoch kein Synonym für Offenheit und Neugier.

Gleichheit/Ungleichheit und Kontinuität/Diskontinuität

Es wird deutlich, welch fruchtbaren Beitrag Todd zu unserer Analyse der kulturellen Unterschiede zwischen Deutschland und Frankreich liefert. Mit seiner Hilfe wird eine Strukturebene der deutschen Kultur besser verständlich, die in den Gesprächen mit Franzosen oft negativ besetzt war: Starrheit, Unfähigkeit zur Veränderung, Made in Germany, Bodenständigkeit und die erstaunliche Identifizierung mit dem Produkt, das immer als das beste angesehen und nur selten in Frage gestellt wird. Mit Hilfe des Begriffs der Nähe, den wir bereits im Zusammenhang mit den Auswirkungen des politischen Erbes behandelt haben, läßt sich eine Verbindung mit dem familiären Erbe herstellen. In den zu Ländern gewordenen Kleinstaaten führt die Koexistenz des verheirateten Erben und seiner Eltern zu einer größeren Nähe der familiären Autorität. Letztere ist zunächst für das Kind, dann für den Erben unverzichtbar; er entdeckt den Familienbesitz, den er übernehmen wird, über die Bedeutung, die seine Eltern ihm beimessen. Wir haben es mit einem Aneignungsprozeß zu tun, der an Goethes »Faust« erinnert: »Was Du ererbt von Deinen Vätern hast, erwirb es, um es zu besitzen.«[44]

Hier zeichnen sich bestimmte kulturelle Orientierungen ab: zunächst die Leichtigkeit, mit der Autorität verinnerlicht wird, dann die große Achtung vor den eigenen Besitztümern: Ordnung, Strenge, Genauigkeit, sowohl zeitlich als auch räumlich, zusammen mit einem starken Sinn für Kontinuität. Demorgon betont in diesem Zusammenhang:

»Die Ungleichheit der Kinder in den Erbbestimmungen führt zu der Vorstellung, daß die einen auserwählt sind, die anderen nicht. Aufgrund ihrer tatsächlichen Existenz macht sie diese Vorstellung sehr glaubwürdig.«[45]

Die Vorstellung, auserwählt zu sein, gesellt sich zu den genannten Gründen hinzu und verstärkt die Identifizierung mit den Eltern und die Nachahmung der Ernsthaftigkeit, mit der die Eltern, vormals selber auserwählt, sich um das Familienerbe kümmern. Hier liegt eine der Erklärungen für

---

44 Goethe, J.W. von, Faust 1, Vers 682-683.
45 Demorgon, J., 1996, S. 231.

den »deutschen Konservatismus«, der die Franzosen so irritiert, für die Beachtung von Normen und Prozeduren, für die Skepsis bei plötzlichen Neuerungen. Eine Erhebung bei etwa hundert Ingenieuren beider Länder, bei der es um die Unterschiede bei der Wahrnehmung des Innovationskonzepts ging, hat diesen Unterschied bereits deutlich gemacht.[46] Auf französischer Seite gilt Innovation als individueller Geistesblitz, der oft den Rückgriff auf Elemente erforderlich macht, die außerhalb des gewöhnlichen Arbeitszusammenhangs liegen. Der Begriff des Bruchs hängt eng damit zusammen. Auf deutscher Seite handelt es sich eher um eine Verstärkung des existierenden Systems: Innovation wird notwendig, wenn sich ein bestimmtes Problem nicht auf herkömmliche Art und Weise lösen läßt. So wird verständlich, weshalb Franzosen so häufig Wörter wie Strenge, Steifheit oder gar Starre benutzen.

Wie soll es denn auch möglich sein, einen Menschen zu einer Meinungsänderung zu bewegen, der gleich dreimal die unmittelbare Autorität verinnerlicht hat, nämlich auf politischer, religiöser und familiärer Ebene? Ein Beispiel aus der Fallstudie zu einem deutsch-französischen Unternehmen zeigt, wie schwierig dieses Unterfangen ist:

D: »Ich berücksichtige die französischen Vorschläge nur dann, wenn klipp und klar ist, daß meine Lösung nicht deutlich die bessere ist. Wenn die anderen Projekte besser sind, dann man muß man sich einander annähern, eine neue Identität und die optimale Formel finden.« (Schlägt mit der Faust auf den Tisch, um seinen Standpunkt zu unterstreichen.)

Festhalten an familiären Dingen und Gegenständen, Gewissenhaftigkeit und Genauigkeit bei der Arbeit, Traditionsbewußtsein und eine ablehnende Haltung dem Wandel gegenüber sind geradezu eine Gewähr für richtiges Handeln. Letztere wiederum führt zu einer Art Gewißheit, es immer tun zu können, d.h. zu dem Glauben an die Möglichkeit, die Aufgabe zu erfüllen. Die französischen Manager sind über die Kontinuität der deutschen Unternehmen oft erstaunt: Kontinuität bei der Geschäftsführung, bei den Ar-

---

46 Pateau, J., Dissertation, 1994, Kap. V.

beitsgruppen, peinlich genaue Vorbereitung der Ablösung. Eine wissenschaftliche Untersuchung macht diesen Punkt sehr deutlich.[47]

– 32% der Manager der deutschen Muttergesellschaften haben ihre gesamte Karriere in dem Unternehmen gemacht, das sie nun leiten, bei den Franzosen sind es nur 6%.
– In Deutschland ist jeder dritte Unternehmenschef im Unternehmen selbst ausgebildet worden, in Frankreich nur jeder sechzehnte.

Über ein Viertel der deutschen Manager haben als Lehrling im Unternehmen angefangen, und die Hälfte von ihnen hat später eine Ausbildung absolviert. Der deutsche Unternehmer, der seinen Betrieb und die Mitarbeiter bestens kennt, achtet sehr auf die interne Funktionsweise und bevorzugt langsamen Aufstieg und Kontinuität, wie dies auch bei seiner eigenen Karriere der Fall war. Umgekehrt fällt es ihm schwer, strategische Brüche zu vollziehen und Risiken einzugehen.

Kontinuität bedeutet auch großen Respekt vor allen Kompetenzen, die das Ergebnis eines langen Lernprozesses sind. Jeder im Unternehmen, egal welchen Rang er einnimmt, besitzt ein spezifisches Know-how, und die Anhörung anderer ist ein notwendiger Schritt, um das gemeinsame Erbe zu vergrößern. Diese Sichtweise produziert logischerweise Selbstbewußtsein und Vertrauen; diese beiden Begriffe erklären die unterschiedliche Haltung dem Kunden gegenüber und führen manchmal zu unüberwindlichen Barrieren zwischen deutschen und französischen Managern, die gemeinsam bei einem Kunden intervenieren sollen.[48]

Man muß sich darüber im klaren sein, daß Ergebnisse und Qualität als natürliche Konsequenzen der Ernsthaftigkeit und des Durchhaltevermögens gelten, die bei der Erledigung der Aufgabe an den Tag gelegt werden. Wie der Stamm, so ist auch die Familie ein Ort, wo die Personen im Team Aufgaben in Angriff nehmen und wo sich aufgrund dessen erneut der Konsens häufig als obligatorischer Habitus durchsetzt.

---

47 Bauer, M., Bertin-Mourot, B., 1992.
48 Vgl. Kapitel 7.

»Hinaus in die weite Welt«

Der zweite Aspekt der Kultur der Stammfamilie ist das Kulturgefüge, das von den Jüngeren entwickelt wird. In einer ökonomischen Abhandlung benutzt Sabine Urban emblematisch das Gegensatzpaar Heimweh/Fernweh. In einem Kapitel mit dem Titel »Ein geheimnisvolles, dominierendes Land« heißt es: »Der romantische Deutsche empfindet gleichzeitig Heimweh, das das starke Festhalten an der Germanität erklärt, und Fernweh, das ihn zu Abenteuern im Ausland veranlaßt.«[49]

Die deutsche Sehnsucht trüge somit einen Januskopf, eine Ambivalenz, die auf die familiären Strukturen zurückzuführen ist. Die Ungleichheit der Kinder, was die erbrechtlichen Bestimmungen anbelangt, veranlaßt diejenigen, die den Familienbesitz nicht erben, dazu, ihre Heimat zu verlassen. Ihr Ehrgeiz muß dahin gehen, es genauso gut zu machen wie ihr auserwählter Bruder (oder die Schwester). Sie müssen sich den Ländern, die sie durchqueren, anpassen. Ihr Erfolg hängt von ihrer Fähigkeit ab, sich verständlich zu machen, um in einer neuen Umgebung, deren Kontext sie nicht beherrschen, akzeptiert zu werden. Die Kultur der Nichterben zwingt zu expliziter Kommunikation und Offenheit: das Überleben des Individuums steht auf dem Spiel. Sie können nicht beanspruchen, am ethnischen und kulturellen Leben jeder Region, durch die sie reisen, teilzunehmen. Sie müssen eine präzise, aber beschränkte Sprache sprechen, die sie vor Ort schnell erlernen. Bei den beiden charakteristischen Lebenswegen der Kinder der Stammfamilie wird eine bestimmte Welt determiniert, sei es die der Eltern oder die, die man sich selbst schaffen muß, indem man sich in den unterschiedlichsten Kulturen bewegt.

Hier liegt eine Erklärung für den immensen Erfolg, den die Kultfernsehserie »Heimat« von Edgar Reitz in den 80er Jahren in Deutschland zu verzeichnen hatte. Zentrales Thema dieser Familienchronik ist letztendlich der permanente Konflikt zwischen Bodenständigkeit und Fernweh. Dieser Widerspruch, der oft bei ein- und derselben Person anzutreffen ist, gründet

---

49 Urban, S., Lipp, E.M., 1988, S. 52.

auf den ältesten Strukturen der deutschen Familie. Wir sind hier mitten bei unserem Thema, denn Anton, der Älteste, der die Kultur der Erben repräsentiert, hat nach der Rückkehr aus dem Krieg ein Modellunternehmen gegründet, Simon Optische Werke OHG. Es handelt sich dabei um eines jener mittelständischen Unternehmen, Speerspitze der deutschen Wirtschaft, die fast alle demselben Schema gehorchen: Gründung und Aufstieg unter Adenauer, sehr spezialisiertes Know-how, vollkommene Identifizierung von Familie und Region, starker Paternalismus und Partikularismus.

Auf der Rückkehr von der Ostfront legt Anton mehrere Tausend Kilometer zu Fuß zurück. Während seines langen Umherirrens durch Europa verinnerlicht er seine zukünftige Aufgabe und entwickelt ein Dutzend Patente. Anton ist der Älteste; diese lange Rückkehr ist auch eine optimale Vorbereitung für sein Heimischwerden. Seine Bildung ist damit abgeschlossen, seine Lehr- und Wanderjahre ebenfalls. Er vertritt von nun an einen sehr engstirnigen Konservatismus und Provinzialismus, spielt sich gegenüber seinem jüngsten Bruder als moralischer Zensor auf und streitet sich mit dem zweiten Bruder. Ihm wirft er vor, nicht zu arbeiten, sich nicht niedergelassen und seinen Kindern nichts vererbt zu haben. Ende der 60er Jahre ist die Versuchung groß, der Übernahme durch einen internationalen Konzern zuzustimmen. Edgar Reitz übertreibt kaum, wenn er diesem Konzept den herzlosen Merkantilismus und das vaterlandslose Geschäftsdenken der beiden deutschen Emissäre gegenüberstellt, die eingeladen sind, im Betrieb Hunsrücker Wurst zu essen. Aber Anton weiß, daß Glaube an die Arbeit und Genauigkeit bei der Erfüllung der Aufgaben das Gütezeichen »Made in Germany« ausmachen. Zwischen wirtschaftlichem Druck und kulturellem Imperativ entscheidet er sich notwendigerweise für die Kontinuität, wobei er von seinen Angestellten, den tragenden Kräften im Dorf, unterstützt wird. Die Arbeit auf dem Feld wurde durch die »Optischen Werke« ersetzt, aber alle Familien sind im Unternehmen vertreten. Interessant ist, daß Anton dem hedonistischen Diskurs seines Vaters widersteht, der in den USA ein Vermögen erworben hat und ihn davon zu überzeugen sucht, daß Geldausgeben sehr viel angenehmer sei als Geldverdienen. Paul Simon, der Vater, steht für das Fernweh, die andere Kultur. Daß er das Dorf verlassen hat, ist ohne Erklärung geblieben, auch für ihn selbst. Seine Verbindung zur

Gemeinschaft bleibt stark und er unterstützt sie; er schickt seinem Ältesten Geld, hilft ihm bei der Gründung seiner Fabrik und läßt schließlich
die Familie in den Genuß der Gelder seiner Stiftung kommen.

Die letzten Episoden vertiefen die Kluft zwischen Anton und Hermann,
dem Jüngsten, zudem noch unehelich geborenen, der als Künstler zunächst
die Kultur der Öffnung repräsentiert und beide Welten perfekt miteinander verbindet. Er verläßt das Dorf, um in München zu studieren, und wird
ein international bekannter Musiker. Der Film endet mit einer Interpretation seines letzten Stücks, das den sprachlichen Reichtum des Hunsrück
voll ausschöpft. Die Texte der Lieder, die in seiner Komposition vorkommen, sind nichts anderes als die Transfiguration der Beerenbezeichnungen
dieser Gegend, die ihm ein alter Bauer erklärt hat. Die Dinge kehren sich
um, und Hermann entdeckt die Besonderheiten seiner Heimat wieder und
erreicht über die Sprache der Musik Universalismus. Es wäre ein Leichtes,
dieses Werk mit Hilfe der Familienstrukturen weiter zu interpretieren. Der
physische und symbolische Mittelpunkt von »Heimat« ist nicht eine Person, sondern das Eßzimmer, fester Bezugspunkt inmitten der Ereignisse
dieser Familie und Symbol der erwähnten Autorität der Nähe. Dieser Film
ist die Geschichte eines permanenten Konflikts zwischen Vertrautem und
Fremdem und bestätigt die beiden grundlegenden kulturellen Tendenzen
Deutschlands.

DIE KULTURELLEN AUSWIRKUNGEN DES RELIGIÖSEN ERBES

Ob auf politischer oder familiärer Ebene, in der deutschen Stammeskultur
befand sich das Individuum traditionsgemäß in politischer, familiärer und
landwirtschaftlicher Immanenz. Die großen Offenbarungsreligionen sind
jedoch durch den Rückgriff auf die Transzendenz eines höheren Gottes gekennzeichnet, der für den Menschen unerreichbar ist. Einige Probleme der
katholischen Kirche in Deutschland finden hier eine erste Erklärung.

Verinnerlichte Autorität/äußerliche Autorität

Die Reformation bedeutet in erster Linie, daß die päpstliche Autorität zurückgewiesen und die stark hierarchisierte Kirche in eine innere Kirche verwandelt wird, die jedem Gläubigen eigen ist. Sie stellt für unser Thema das zentrale Element dar. Diese persönliche Glaubensauffassung führt zu einer Verinnerlichung, in deren Folge das Individuum Gott allein gegenübersteht, ohne Hilfestellung von Seiten der Tradition und der Institution. Der Streit um das Ablaßwesen führt zur radikalen Ablehnung der römisch-katholischen Kirche und zum Verlust einer Abhängigkeit, die sowohl eine Belastung als auch Sicherheit darstellte:

»Nein, es steht nicht in der Macht des Heiligen Vaters, für das Heil der Menschen zu sorgen, wie seine gefährlichen Schmeichler vorgeben, denn dann dürfte man nicht mehr über Christus sprechen. Er hat nicht das Recht, an Gottes Urteil zu zweifeln. Seine Macht beschränkt sich darauf, von den Sünden loszusprechen, die ihm gebeichtet werden [...]. Deshalb täuschen diejenigen, in deren Augen durch den Ablaß alle Strafen erlassen werden, sich selbst und uns. Sie verwechseln Macht der Kirche und Macht Gottes [...]. Mit ihren schönen Erfindungen [...] wollen sie uns bloß das Geld aus der Tasche ziehen, die Tore zur Hölle öffnen und uns die Tore des Himmels verschließen.«[50]

»Dieser Bruch mit der römischen Institution – eine äußerliche Autorität, die mit ostentativem Prunk gefeiert wird – befreit das Individuum von äußerlichen Abhängigkeiten. Er ist jedoch nicht mit einer Erleichterung verbunden, wie sie durch die Beichte oder die Sakramente bei den Katholiken möglich ist. Ein derartiger Personalismus richtet sich gegen die traditionelle Doktrin und gegen den Bezug auf die Autoritäten bei der Auslegung der Heiligen Schrift: ›Das Individuum hat unmittelbaren Zugang zur Bibel und liest sie immer wieder mit ungetrübtem Blick.‹«[51]

Diese Reflexion Nipperdeys liefert uns eine der grundlegenden Wurzeln der deutschen Kultur: Das Individuum trennt sich endgültig von der schützenden kirchlichen Institution. Das Bildungsideal besteht von nun an darin, sich selbst in direkter Beziehung zu Gott zu verwirklichen. Die Personali-

---

50 Luther, M., zitiert in: Lovy, R.J., 1964.
51 Nipperdey, T., 1992, S. 48.

sierung der Beziehungen zwischen Mensch und Gott hat eine vollkommen neue Sichtweise der Kirche und der Christen hervorgebracht. Keiner ist den anderen gegenüber privilegiert; der Unterschied zwischen Klerus und Weltlichen, die gesamte Hierarchie gehört der Vergangenheit an. Das Wort richtet sich direkt an jeden einzelnen und gibt ihm die Freiheit, selbst zu hören. Die Kirche gibt nur noch Hilfestellung bei der Erfüllung irdischer Pflicht, sie hat keine Aufsichtsfunktion mehr. An die Stelle des kanonischen Rechts tritt die Freiheit der Glaubensgemeinschaft, ihre Beziehungen so zu gestalten, daß sie ihrer Aufgabe am besten gerecht wird. Diese Aufgabe ist alles. Sie ist es, die die Gemeinschaft und die Individuen in die Welt schickt; so sieht der Dienst nun aus, ohne eine überragende, sakrale Autorität, die es erlaubt, nach den Normen der Heiligkeit zu leben. Es geht jetzt nicht mehr darum, ein Heiliger zu sein, sondern zu gehorchen, Barmherzigkeit walten zu lassen und im Alltag Gottes Mitarbeiter zu sein. Hören und lieben werden Akte der Freiheit, unter Ausschluß einer »Christianisierung« im Sinne von Weltbeherrschung.

Die Kirche hat nicht mehr vorzuschreiben, wie der Dienst des einzelnen aussieht. Sie kann nur an die Gebote Gottes erinnern, beraten, mahnen. Es ist Sache der individuellen Verantwortung, den Anweisungen zu gehorchen und zu entscheiden, wie sie in einem bestimmten Fall umzusetzen sind, und zwar nicht in der Isolierung, sondern durch brüderlichen Rat, in voller Verantwortung. Der Mensch muß den Mut aufbringen, ein Individuum zu sein, und darf vor der Verantwortung und den notwendigen Entscheidungen nicht zurückzuschrecken. Die protestantische Kirche besteht letztendlich aus ganz gewöhnlichen Christen. Die absolute Überlegenheit Gottes verweist die Menschen auf ihre theoretische Gleichheit vor Gott. Die Pastoren können mir helfen, aber kaum mehr als jeder andere Christ. Befreiung von einer erdrückenden Hierarchie und würdiger Ernst angesichts der schweren Bürde, die unser Los ist, so sehen die beiden Seiten der deutschen Ernsthaftigkeit aus.

Zurück zum Unternehmen

Um den Gegensatz zwischen äußerlicher und verinnerlichter Autorität, wie sie im Unternehmen zum Ausdruck kommt, besser zu veranschaulichen, wollen wir auf einige grundlegende Eigenschaften zurückkommen, die bei unserer Erhebung ständig festzustellen waren.

– Die Organisation steht über den Menschen: Im Unterschied zu Frankreich werden Organigramm und Funktionen vorab definiert, nicht in Abhängigkeit von den Personen. In diesem Zusammenhang sei die Überraschung eines jungen Deutschen erwähnt, der für die Produktwerbung zuständig war. Seine französischen Vorgesetzten, die ihn sehr schätzten, wiesen ihm bei jedem Parisaufenthalt neue Funktionen zu:

D: »Bei den Deutschen wird man aufgrund guter Leistungen befördert, das dauert, und da gibt es Hierarchiestufen. In Frankreich, da gibt es eher ein Klassensystem, wenn man zu den Guten gehört, dann bleibt man oben auf der Leiter, und das, was darunter liegt, geht einen nichts an. Bei uns ist das offener, aber das hat den Nachteil, daß es viel länger dauert. In Frankreich ist alles viel persönlicher, diese Funktion beispielsweise ist speziell auf mich zugeschnitten worden. Ich kam nach Paris, und da lernten sie mich langsam kennen und fingen an, mir neue Aufgaben zuweisen; da haben Sie noch dies, und das […] Das ist sehr viel stärker auf die Person ausgerichtet als auf die Funktion.«

– Jede Einheit verfügt über reelle Autonomie, und die Geschäftsführung hütet sich davor, in den verschiedenen Abteilungen einzugreifen, da diese sehr auf ihre Unabhängigkeit pochen. Ein Beispiel mag diesen Sachverhalt verdeutlichen: Ein deutscher Ingenieur konnte sich mit einem seiner französischen Kollegen nicht über den Begriff des Ziels einig werden. Im Laufe einer heftigen Diskussion betonte der Deutsche ständig das »Terrain« und die »interne Entwicklung«; die allgemeinen Ziele der Unternehmensgruppe empfand er kaum als zwingend. Der Franzose hingegen machte seine gesamte Arbeit von den Zielen abhängig, sicherte sich aber einen gewissen Freiraum gegenüber den Anweisungen. Die Definition des Zuständigkeitsbereichs gibt den deutschen Verantwortlichen ein enormes Selbstbewußtsein; deshalb kommt der zur Entscheidung führende Impuls nicht von der Spitze der Pyramide, sondern häufig von der mittleren Ebene.

– Es wird tatsächlich delegiert: Wie wir gesehen haben, führte dieser Aspekt im Unternehmen zu realen Konflikten und verärgerte die Verantwortlichen der deutschen Muttergesellschaft:

D: »Wir haben häufig festgestellt, daß wir von unseren französischen Gesprächspartnern, die sich auf derselben Hierarchiestufe befanden, keine sofortigen Antworten oder Entscheidungen bekamen. Das zog sich in die Länge, und die Entscheidung kam schließlich von Deutschland, d.h. zwei Stufen über uns. Die Franzosen müssen sich immer bei ihrer Hierarchie rückversichern. Die Hierarchie gibt das dann an die entsprechende Ebene in Deutschland weiter, und so geht dann die Information einen sehr komplizierten Weg, bis sie bei uns ankommt. Wir sind sehr frustriert, weil wir den Eindruck haben, daß die Qualität unserer Arbeit in Frage gestellt wird.«

Hier sind zwei Aspekte zu berücksichtigen: die Autorität hängt nicht nur von der Person ab, die sie innehat, sondern auch von ihrer Wahrnehmung durch denjenigen, der ihr untersteht. So erklären sich deutsch-französische Konflikte in diesem Bereich häufig durch die Neigung der französischen Manager, sich ständig bei ihrer Hierarchie rückzuversichern. Das Pyramidendenken ist eine Tatsache, die die Funktionsweise der französischen Unternehmen empfindlich stört.

Einsamkeit und Verantwortung: eine Wurzel der deutschen Ernsthaftigkeit

Weber zufolge ist die neue Verantwortung, die das Luthertum dem Individuum überträgt, in erster Linie gleichbedeutend mit Isolierung und führt zu Pessimismus:

»In ihrer pathetischen Unmenschlichkeit mußte diese Lehre nun für die Stimmung einer Generation, die sich ihrer grandiosen Konsequenz ergab, vor allem eine Folge haben: das Gefühl einer unerhörten inneren Vereinsamung des einzelnen Individuums.«[52]

---

52 Weber, M., 1981, S. 122.

Die logische Konsequenz ist Unruhe. Es gibt keine Erleichterungen, wie sie die katholische Kirche bietet:

»Die protestantische Ernsthaftigkeit und die permanente Selbstreflexion nagen an Einfallsreichtum, Unvoreingenommenheit, Natürlichkeit und Lebensfreude [...]. Protestanten sind trauriger als Katholiken. Das Leben ist Bürde und gleichzeitig Aufgabe; der Mensch lebt in Spannungen und Konflikten, am Rande eines Abgrunds, der sich ständig neu auftut.«[53]

Die Einsamkeit im Angesicht eines allmächtigen, allwissenden Gottes erklärt zum Teil die protestantische Neigung, die Welt verändern zu wollen und sich durch ständig neue Erfahrungen Wissen anzueignen. Die Protestanten können sich in ihrem Leben im Unterschied zu den Katholiken nicht auf Evidenzen stützen. Bei den Calvinisten hat der Gerechte die Möglichkeit, sich systematisch zu verwirklichen, sich fortwährend um eine christliche Existenz zu bemühen und daraus Sicherheit zu ziehen. Dem ist bei den Protestanten nicht so. Die Rechtfertigung ist für Luther nichts Endgültiges, sie muß ständig erneuert werden. Dem Menschen stehen keine Verhaltensregeln und religiösen Vorschriften zur Verfügung, auf die er sich beziehen könnte. Er kann sich nicht hinter einer präetablierten, durch die Kirche gewährleisteten Weltsicht verstecken. Wie Nipperdey treffend formuliert: »Die innere Unruhe der Protestanten schweift durch die äußere Welt.«[54] Der angsterfüllte Protestant weiß nicht, wie es um seine Heilsaussichten bestellt ist. Jeder Erfolg kann ein Zeichen der Ermutigung sein, bietet aber niemals Gewißheit. Ernsthaftigkeit und Unabhängigkeit von den Hierarchien bilden ein Grundelement der protestantischen Kultur, das in den Verhaltensweisen im Unternehmen noch stark präsent ist.

---

53 Nipperdey, T., a.a.O., S. 54.
54 Ebenda, S. 55.

Metaphysische Ungleichheit und Protestantismus

In diesem Zusammenhang ist der grundlegende Widerspruch zu erwähnen, den Emmanuel Todd zwischen den irdischen und den metaphysischen Zielen des Protestantismus ausmacht:

»Ein Christ ist freier Herr über alle Dinge und niemandem unterworfen.«
»Ein Christ ist ein Leibeigener, dem man alle Frondienste auftragen kann; er ist allen unterworfen.«[55]

Auf der einen Seite eine Demokratisierung des Religiösen, die zur Gleichheit aller Christen führt, auf der anderen grundlegende Ungleichheit zwischen den Menschen nach dem Tod, Ausdruck der absoluten Autorität Gottes. Der Katholizismus – inbesondere nach dem Konzil von Trient – fordert Unterwerfung und Ungleichheit der Christen auf Erden durch die Akzeptanz der priesterlichen Macht; er postuliert die metaphysische Gleichheit der Menschen und ihre Freiheit bei der Erlangung des Heils. Wir haben es hier mit einer weiteren Manifestation der äußerlichen Autorität zu tun: Sie verkörpert sich auf Erden in einer straff organisierten religiösen Hierarchie. Die beiden Religionen widersprechen sich somit in zwei Punkten. Todd stellt fest, daß der Protestantismus in Gebieten mit Stammfamilien Fuß faßt, d.h. dort, wo bereits eine familiäre Organisation mit einem autoritären Vater und ungleichen Söhnen existiert; hier wird der metaphysischen Dimension dieser Religion der Vorzug gegeben. In seiner weiteren Argumentation stellt Todd die Bedeutung von Autorität und Ungleichheit sowohl in religiöser als auch in familiärer Hinsicht heraus und erklärt das logische Auftreten eines antiuniversalistischen, ethnozentristischen Nationalismus, der von der Ungleichheit der Menschen überzeugt ist. Der Nationalsozialismus tue nichts anderes, als dasselbe Prinzip auf den Begriff der Rasse anzuwenden und es extrem radikal auszulegen.

Todd zufolge ist die Entstehung des Luthertums mit der Entwicklung eines deutschen Vornationalismus verbunden, der sich gegen den römischen Universalismus wendet und über eine Glorifizierung Deutschlands nicht

---

55 Luther, M., La liberté du chrétien, S. 255, zitiert in: Todd, E., 1990, S. 100.

hinausgeht. Das Massenphänomen des Antisemitismus wird erst durch den Zusammenbruch des protestantischen Glaubens möglich; in einem Kontext sozialer Angst, zu einem Zeitpunkt, wo die Entchristlichung zwischen 1918 und 1930 zum Abschluß kommt, schafft das Verschwinden des traditionellen religiösen Rahmens Raum für eine Ideologie der extremen Umsetzung des Autoritäts- und Ungleichheitsideals. Todd geht noch weiter und stellt dem die egalitäre Tradition der französischen Kernfamilie gegenüber. Er zeigt, daß die Infragestellung der Vorschriften zur Staatsangehörigkeit, die von einem Teil der französischen Rechten gefordert wurde, bei der Bevölkerung auf Ablehnung stieß. In seinen Augen ist Egalitarismus Bestandteil des nationalen Unterbewußtseins: Auch Franzosen, die sehr extreme Einstellungen vertreten, wünschen im Grunde nur die vollkommene Anpassung an die französischen Sitten und Gebräuche, was im übrigen wieder zu dem oft erwähnten Konzept der Assimilation zurückführt.

In Deutschland hingegen führt die rechtlich-soziale Mechanik zur Konstituierung einer fremden Ordnung auf deutschem Boden, denn die in Deutschland geborenen Kinder von Ausländern bleiben Ausländer. Todd befürchtet eine Infragestellung der Homogenisierung der deutschen Gesellschaft: Die Darstellung der Ausländer als Block institutionalisiert den hierarchischen Charakter des Landes. Im Unterschied zu Frankreich existieren die Immigranten hier nicht als Individuen:

»Deutschland und Frankreich, die ihren autoritären und inegalitären bzw. liberalen und egalitären Werten verbunden sind, verhalten sich weiter wie zwei antagonistische Pole in Europa.«[56]

Wir haben bereits darauf hingewiesen, daß der familiäre Faktor das Festhalten an der Tradition, die Neigung zur Organisation, den Sinn für Kontinuität und den Begriff der Nähe verständlich macht. Was das religiöse Erbe anbelangt, liefern Todds Thesen interessante Erklärungen für den harmonischen Katholizismus, der die wichtigsten katholischen Gebiete Deutschlands kennzeichnet, darunter Bayern. Er macht deutlich, daß die irdische und metaphysische »Häufung« von Autoritarismus und Ungleichheitsdenken

---

56 Todd, E., 1990, S. 496.

mit der Stammfamilie zusammenfällt, was das Überleben der Religion mitten im wissenschaftlich-technischen Zeitalter gewährleistet. Der Protestantismus leidet zwischen 1880 und 1930 stark unter der darwinistischen Revolution, da durch die Infragegestellung der Genesis Zweifel an der Bibel und den Heiligen Schriften insgesamt aufkommen. In der katholischen Welt hingegen, die den Gläubigen in der Praxis den Zugang zu den Schriften verweigert, führt der familiäre Autoritarismus zusammen mit der Vorherrschaft des Priesters zu einer »Verzögerung des Zerfalls«[57]. In den katholischen Gebieten Deutschlands hat die Autorität der Nähe eine noch stärkere Daseinsberechtigung. Interessanterweise sieht sich der traditionsbewußte katholische Süden des Landes nach dem Konzil von Trient dazu veranlaßt, die Religion noch stärker in Szene zu setzen und sichtbar zu machen.[58] Wallfahrten, Kapellen, Prozessionen, Kreuze, Heiligenbilder, Reliquien, alles trägt dazu bei, Gott bereits auf Erden greifbar zu machen, direkten Kontakt und lokale Bindung zu fördern. Die Trompe-l'Œil der barocken Kirchen verlängern das Kirchenschiff bis ins Himmelszelt. Der süddeutsche Katholizismus ist durch die Jesuiten, die während des gesamten 18. Jahrhunderts über jegliches Abweichen wachen, vor äußerem Einfluß geschützt. Er trägt auf seine Art und Weise zur Entwicklung eines starken Partikularismus bei, wo Üppigkeit und architektonische Übertreibungen Ausdruck der konkreten Präsenz eines nahen Gottes und einer autoritären Kirche sind.

Was den Protestantismus anbelangt, dessen Werte einen großen Teil Deutschlands bis auf den heutigen Tag prägen, scheint es uns im Unterschied zu Todd wichtiger, seine irdische Komponente zu betonen, die das klerikale Monopol des religiösen Lebens abschafft und jeden dazu auffordert, sein Geschick in die Hand zu nehmen. Die Ablehnung einer zentralen Autorität, der allgemeine Zugang zur Heiligen Schrift, die Einschränkung priesterlicher Macht und die Kritik an der Ungleichheit der Menschen bilden Elemente, die auch einen wichtigen Aspekt der protestantischen und der deutschen Kultur ausmachen.

---

57 Ebenda, S. 184.
58 Vgl. Mirow, J., 1990, S. 408-409.

»Alle Christen gehören wirklich zum Kirchenstaat; es bestehen keinerlei Unterschiede zwischen ihnen, abgesehen von der Funktion. Paulus sagt, daß wir alle ein einziger Leib sind, jedes Glied aber seine eigene Funktion hat.«[59]

Diese Aussage Luthers ist von grundlegender Bedeutung, und die von Todd erwähnte irdische Komponente geht zweifelsohne leicht mit der verinnerlichten Autorität zusammen. Der Begriff des Universalmenschen steht hier im Mittelpunkt des deutsch-französischen Antagonismus. Mutatis mutandis liefert uns das Zitat von Luther einen interessanten Aspekt des deutschen Unternehmens. Es gibt keine Allwissenheit und somit keinen unfehlbaren Generaldirektor, der alles weiß, sich um alles kümmert und alle Entscheidungen trifft. Kollegialität und kollektive Entscheidungsfindung sind Ausdruck einer Gesellschaft von Spezialisten, die gemeinsam ein Bauwerk errichten.

Todds Analyseinstrument ist in vielerlei Hinsicht fesselnd, aber was das Abgleiten von Ungleichheit in Rassismus anbelangt, ist seine Interpretation nicht objektiv; sie beruht letzten Endes auf einer inakzeptablen, gefährlichen Abneigung gegen die Deutschen: Warum betont er bei seinem Gegensatzpaar irdische Gleichheit/metaphysische Ungleichheit lediglich den Aspekt der Ungleichheit? Warum unterstreicht er bei der protestantischen Kultur nicht die Autonomie des Individuums, die Ablehnung der Abhängigkeit, die innere Freiheit? Nur Ideen zu diskutieren und die konkrete Praxis unberücksichtigt zu lassen, führt in eine Sackgasse. In Anbetracht all der durchgeführten Gespräche und unserer langen Erfahrung mit beiden Ländern können wir dieser Sichtweise, die die deutsche Gesellschaft insgesamt als autoritär und inegalitär hinstellt, absolut nicht zustimmen. Die Realität sieht sehr viel nuancierter aus. Viele Interviewpartner benutzten spontan den Begriff der Gleichheit, um Deutschland zu charakterisieren, und beschrieben Frankreich mit dem Begriff der Freiheit, was auch wieder nicht zutrifft. Ich würde es folgendermaßen formulieren: In der deutschen Gesellschaft ist man weniger auf Egalitarismus bedacht als in Frankreich, das Individuum ist aber durch Verfahren und Regeln häufig besser gegen

---

59 Luther, M., zitiert in: Lovy, R.J., 1964, S. 83.

Machtwillkür geschützt. Diese Welt ist für jemanden, der seine Freiheit darin sieht, sich von der Norm abheben zu können, natürlich einengender, denn die Gesetze müssen einfach befolgt werden. In Frankreich ist Freiheit leider meist eher Mythos als Wirklichkeit. Das Land der Menschenrechte und der Devise »Freiheit, Gleichheit, Brüderlichkeit« hat guten Grund, auf seine Erfindung der gemeinsamen nationalen Staatsbürgerschaft stolz zu sein. Es sollte sich jedoch nicht einbilden, allein im Besitz von Werten zu sein, die es an die Welt weitergegeben hat, ohne deren Fortbestand im eigenen Land zu prüfen. In Frankreich wird für die Gleichheit gekämpft, die Nacht des 4. August wird ständig neu erlebt, um Privilegien abzuschaffen, die gleich wieder neu entstehen. Die chronische Unreife des sozialen Dialogs in Frankreich bietet hierfür das beste Beispiel. Gleichheit ist letztendlich nur ein Aspekt der Dissenskultur. Sie ist ständige Waffe im Kampf gegen die permanente Tendenz zu monarchistischem Verhalten, ein pures Produkt der französischen Kaiserkultur.

Bei einer der ersten Zusammenkünfte der Führungskräfte eines im Entstehen begriffenen deutsch-französischen Unternehmens stellte der französische Generaldirektor all seinen Kollegen der ersten Hierarchiestufe einige Prinzipien vor, die er für das binationale Joint-venture empfahl. Die Formulierung »Keine Privilegien« gehörte zu den vorgeschlagenen Schlüsselwerten; sie rief bei den deutschen Gesprächspartnern sofort ein gewisses Erstaunen hervor. Einer verstand die Bedeutung der Formulierung nicht. Einem anderen war nicht klar, wozu das gut sein sollte, und fragte, ob das, was ihm aufgrund seiner Funktion und seines Postens zustand, nicht normal sei (Dienstwagen, Gehalt, Größe des Büros usw.). Er fand es überflüssig, einen Aspekt zu behandeln, der in der funktionalen deutschen Logik natürlich geregelt war und auf einem Konsens basierte. Eine zutiefst gemeinschaftsorientierte Logik: keine egalitaristischen Forderungen; stattdessen erledigt jeder eine präzise Aufgabe in Abhängigkeit von einer von allen internalisierten Norm. Der französische Generaldirektor, dem persönlich sehr an Gleichheit und Gerechtigkeit lag, gab feierlich zu verstehen, daß er monarchistisches Abgleiten ablehne, und versuchte, sein Unternehmen von vornherein gegen dieses Risiko zu schützen: Das Fehlen von Privilegien sollte Bestandteil der grundlegenden Werte der Gruppe sein. In Frankreich ist

Gleichheit, wie immer Todd dies auch beurteilen mag, über zweihundert Jahre nach 1789 immer noch ein Gründungsmythos, niemals ein feststehendes Prinzip.

Wertschätzung von Arbeit, Schrifttum und Wissen

Ein anderer prägender Aspekt der protestantischen Religion besteht in der erstaunlichen Verlagerung der vertikalen Hierarchie von Glauben, Politik und Wirtschaft ins Horizontale, bei der zwei Faktoren eine Rolle spielen.[60] Die katholische Kirche hatte ihre Macht auf das Primat des Geistlichen über das Irdische gegründet. In diesem Sinne stand das Religiöse über dem Politischen. Zum einen aber verhilft die Ausbreitung der Handelskultur ökonomischen Werten zur Anerkennung; zum anderen degradiert die Kirche durch das Ablaßwesen das Religiöse selbst zu etwas Wirtschaftlichem. So sind religiöse, politische und wirtschaftliche Aktivitäten nicht mehr voneinander getrennt, da sie alle gleichermaßen durch den Glauben und die Kraft, mit der man seine Aufgabe vor Gott erfüllt, aufgewertet werden. Luther leistet der Desakralisierung der Welt beträchtlichen Vorschub, indem er die magische Vorstellung von der Existenz zerstört: »Wenn die Kirche keine Hierarchie von Sakramentausteilern mehr ist, darf sie die Welt nicht mehr regieren.«[61]

Der Mensch hat sich in der Welt zu beweisen. So erklärt sich der Bedeutungszuwachs der weltlichen Aspekte, die zu »intraweltlichen Transzendenzen« werden. Familie, Arbeit und Kultur werden zu sakrosankten Werten, die man sich zeit seines Lebens aneignen muß. Die Existenz des Gläubigen wendet sich nicht mehr von der Welt ab, sondern engagiert sich in ihr; die religiöse Askese vollzieht sich in der Welt, wie Nipperdey schreibt:

»Das kontemplative Leben ist nichts Höherstehendes mehr; Armut ist keine religiöse Eigenschaft mehr [...]. Einkommen, das nicht von Arbeit herrührt, ist diskreditiert [...]. Arbeit wird zu einem pädagogischen, sozialen, moralischen und religiö-

---

60 Vgl. Demorgon, J., 1996, Kap. V.
61 Nipperdey, T., 1992, S. 55.

sen Ziel, was die reale Existenz, die Disziplin, die Leistung, das Pflichtgefühl, das Gewissen geprägt hat. Luther hat den Beruf als Berufung beschrieben: die erlernte und zeitlebens ausgeübte Tätigkeit, diejenige, zu der Gott das Individuum beruft. Der Beruf tritt an die Stelle der guten Taten.«[62]

Arbeit, Leistung und Erfolg haben eine moralische Funktion, denn sie gereichen Gott zu Ehren. Die Formulierung stammt von Weber,[63] der trotz aller seitdem geltend gemachten Vorbehalte deutlich gezeigt hat, wie sehr es die industrielle Revolution neben anderen Faktoren auch dem Protestantismus zu verdanken hat, daß das Bürgertum die allgemeine Tendenz zur Rationalisierung von Arbeit und Gesellschaft befürwortet. Webers These lautet, daß Religionen, die wie der Katholizismus die Ansammlung von irdischen Gütern als Sünde betrachten und das Jenseits betonen, die Entfaltung eines Verhaltens verhindern, das auf Effizienz, Planung und Leistung ausgerichtet ist. Reichtum belastet das Gewissen, was die scharfe Verurteilung des Erwerbsstrebens nach sich zieht. Der Calvinismus war bei weitem nicht so einflußreich wie das Luthertum. Es ist an dieser Stelle aber auf die extreme Tendenz des asketischen Protestantismus hinzuweisen, die auch in der deutschen Gesellschaft existiert. Der Mensch allein ist nicht in der Lage, Gnade zu finden und von der Erbsünde erlöst zu werden. Zauberrituale wie Beichte, Buße und gute Taten sind vollkommen nutzlos, denn wären sie von Nutzen, würde dies die absolute Entscheidungsgewalt Gottes schmälern. Letzterer, der notwendigerweise allwissend und allmächtig ist, hat die winzige Minderheit der Auserwählten bereits bestimmt. Die einzige Art, zu erfahren, ob man zu den Auserwählten gehört, besteht darin, Zeichen der göttlichen Gnade ausfindig zu machen. Gnade kann sich in irdischem materiellem Reichtum äußern, da er Arbeitsanstrengungen belohnt:

»Und andererseits wurde, um jene Selbstgewißheit zu erlangen, als hervorragendstes Mittel rastlose Berufsarbeit eingeschärft. Sie und sie allein verscheuche den religiösen Zweifel und gebe die Sicherheit des Gnadenstandes.«[64]

---

62 Ebenda, S. 53.
63 Weber, M., 1981.
64 Ebenda, S. 129.

Die Wohltaten Gottes, insbesondere Erfolg, sind Zeichen für Auserwählt-sein; umgekehrt verweist Armut auf Ungnade. Die Ausbeutung des Prole-tariats wird insofern gerechtfertigt, als allein Arbeit es erlaubt, seine Situa-tion zu verbessern. Die religiöse Dimension verstärkt hier das erwähnte familiäre Erbe. Die Weitergabe dieses Erbes hat etwas Göttliches an sich:

»Die protestantischen Bürger glaubten, die göttliche Auserwählung durch die Wei-tergabe ihres Erbes zu gewährleisten; sie gewährleisteten aber etwas, was die Öko-nomen als Phase der ursprünglichen Kapitalanhäufung bezeichnen. Diese Phase der Weitergabe von über Generationen hinweg angesammeltem Besitz stellt den Beginn der industriellen Revolution dar.«[65]

Es geht keineswegs darum, seinen Reichtum mit Luxus oder Vergnügun-gen zu vergeuden; es geht darum, zu sparen, anzusammeln und zu inve-stieren. Die Wertschätzung von Arbeit, Bereicherung und Vermögensbil-dung ist somit Bestandteil der protestantischen Ethik. Letztere bildet einen weiteren Grundstein der deutschen Unternehmenskultur, ist aber nicht un-bedingt allein ausschlaggebend.

»Psychologisch gesehen kann man sagen, daß die Protestanten im Unterschied zu den Katholiken nicht von Institutionen, Normen und Evidenzen getragen werden. Dies kann sich darin äußern, daß man nach Überzeugungen strebt und zu dauerhaf-tem Engagement neigt.«[66]

Hier liegt eine der Wurzeln des Lernbedürfnisses der deutschen Gesell-schaft, jener *Lernfähigkeit**, die oft mit Bescheidenheit und Achtung vor wissenschaftlichen Erkenntnissen einhergeht. Das neue, sich der Welt zu-wendende Frömmigkeitsideal richtet die Energie der kontemplativen Ge-müter auf die wissenschaftliche Erfaßbarkeit der Welt; es legitimiert Neu-gier und läßt ihr freien Lauf. Die Neugier richtet sich in erster Linie auf das gelesene, gesprochene, gepredigte, gesungene Wort; wir befinden uns nicht mehr in der Kirche des Sakraments und der Liturgie. Nipperdey be-merkt dazu:

---

65 Nadoulek, B., 1991, S. 68.
66 Nipperdey, T., 1992, S. 53.

»Das Wort vermittelt die Bedeutung, nicht das Bild; die protestantische Kultur ist eine Kultur des Ohrs, nicht des Auges. Schrifttum und Buch betreffen nicht nur den Prediger, sondern jeden einzelnen.«[67]

Die Kirche des Worts regt zu Lesen und Schreiben sowie zu einer gewissen Emanzipation an, die beträchtliche Auswirkungen auf die weltliche Kultur hat. Gewissen hängt mit Wissen zusammen, die existentiellen Glaubensbemühungen mit der genauen Auslegung der Bibel. Die Vektoren dieses Wissens sind nicht mehr Päpste oder Konzile, sondern Theologieprofessoren, denen sich selbst die Fürsten unterwerfen. Wir rühren hier an einen der zentralen Aspekte des deutschen Partikularismus. Die Pastoren waren außerordentliche Gelehrte, und »die anderen Zöglinge der Universität, vor allem Juristen und Beamte, waren im Schatten der Theologie ausgebildet und erzogen worden. Die Verbindung von Kirche, Universität und Staat, von Beamten und Fürsten wird zu einer spezifisch lutherischen, deutschen Erscheinung.«[68]

Aufgrund der geringen Zentralisierung Deutschlands gab es viele konkurrierende Professoren und Institutionen, was der Neigung zur Auseinandersetzung und der Entwicklung eines intellektuellen Pluralismus förderlich war.

»Eine Charaktereigenschaft der Deutschen besteht darin, in allen Dingen eine Überzeugung, einen Standpunkt, eine allgemeine Einstellung zu haben. Das ist eine Auswirkung der lutheranischen Kultur.«[69]

Luther verkörpert letzten Endes den Prototyp des deutschen Intellektuellen. Er ist zu den Ursprüngen zurückgekehrt und »definiert sich wie die ersten Christen als ein außer der Welt stehendes Individuum. Er gräbt einen neuen Abgrund – man könnte sogar von Kluft sprechen – zwischen der Beziehung des Christen zu Gott, dem Glauben, und der Welt der sozialen Realität, der zwischenmenschlichen Beziehungen.«[70] Er entzieht der Kirche die Rolle der großen Vermittlerin und ordnet die Welt und den Staat weitgehend dem inneren Leben des Christen unter.

---

67 Ebenda, S. 50.
68 Ebenda, S. 50.
69 Ebenda, S. 51.
70 Dumont, L., 1991, S. 66.

Gemeinschaft und Gesellschaft: der Antagonismus Konsens/Dissens

Zum besseren Verständnis der Auswirkungen des Protestantismus auf die Funktionsweise der sozialen Gruppe muß auf den Gegensatz zwischen Gesellschaft und Gemeinschaft zurückgekommen werden, der von Thomas Mann[71] ausgiebig behandelt und von Louis Dumont aufgegriffen wurde. Die auf Luther zurückgehende geistige Freiheit läßt die außerhalb des Individuums stehende politische Gemeinschaft unberührt. Sie richtet sich gegen die Hierarchie der Kirche: alle Christen werden Priester und sind so für ihr Heil selbst verantwortlich. Diese Verinnerlichung bedeutet, daß alles übrige dem inneren Leben des Christen untergeordnet wird:

»Insbesondere das Politische wird untergeordnet, der Staat wird untergeordnet und gleichzeitig als Leben und Macht anerkannt, mit seiner Arbeitsteilung: für das Regieren gibt es Spezialisten, denn es ist bedeutungslos.«[72]

Der Deutsche lebt in einer Gemeinschaft, mit der er sich identifiziert und die auf ihre Art und Weise einen Aspekt der Menschheit zum Ausdruck bringt. Herder stellt dem farblosen Rationalismus der Aufklärung die Vielfalt und den Reichtum jeder einzelnen, spezifischen Kultur gegenüber. Dumont bemerkt aber zu Recht, daß dieser Gemeinschaftsgeist nur einen Teil der deutschen Wirklichkeit erfaßt. Die Reformation führt einen religiösen Individualismus ein, der die soziopolitische Ebene vernachlässigt und Deutschland gegen die Revolution »immunisiert«. Wie wir in unseren Gesprächen zur Genüge haben feststellen können, nehmen die Franzosen die deutsche Kultur nur oberflächlich wahr. Sie beobachten lediglich eine disziplinierte, konventionelle Haltung, wobei das große Ideal der *Bildung**, d.h. der inneren Erziehung, vollkommen übersehen wird. Dumonts Kommentar zu diesem Antagonismus ist sehr interessant:

»Es gibt einen sehr charakteristischen Dualismus, der auf den ersten Blick seltsam erscheint. Auf der einen Seite hat die Gemeinschaft auch in der modernen Zeit noch

---

71 Mann, Th., 1983.
72 Dumont, L., 1991, S. 66.

Bestand: eine holistische Haltung, die sich im täglichen Leben in der geradezu sprich-
wörtlichen Neigung zum Gehorsam äußert, der spontanen Unterordnung unter die
politische und soziale Autorität. Auf der anderen Seite ist eine sehr starke innere
Entwicklung der Individualität festzustellen, ein ängstlich gehütetes Innenleben.«[73]

Wir stoßen hier an den Kern eines Mißverständnisses zwischen den beiden
Kulturen: Wie in den Gesprächen häufig festzustellen war, sehen die Franzosen im deutschen Arbeitsstil lediglich eine Aufwertung des Ganzen, auf
Kosten des Subjekts. Wir denken dabei insbesondere an die von einigen
französischen Managern so genannte »Entpersonalisierung«:

F: »Es geht dabei nicht um Hierarchie, sondern um Entscheidungen, die sie auf einer bestimmten Ebene nicht nachvollziehen und erst recht nicht kritisieren können.
Sie kritisieren zwar, aber in einer ganz kleinen Gruppe, und auch nur mit ganz bestimmten Leuten. Sobald sich der Kontakt aber auf andere Länder, andere Unternehmen ausdehnt, vertreten sie denselben, offiziellen Standpunkt und sagen nichts,
noch nicht einmal: ›Das ist bedauerlich‹ oder ›Es stimmt schon, das könnte man auch
so machen‹. Sie schlagen keine Lösungen vor, noch nicht einmal, um auf die Entscheidung einzuwirken. Die Entscheidung kommt einfach von da.«

F: »Die Entscheidungen, die man mir mitteilte, oder die Diskussionen mit meinen
deutschen Kollegen waren immer einem Prinzip untergeordnet. Das ging von jemand
anderem aus. Gerade das ist es, was mich schockierte: Die Leute, mit denen ich zu
tun hatte, engagierten sich nicht unbedingt persönlich; sie sagten nicht: ›Ich glaube,
das ist die beste Lösung, weil wir es so machen und die Ergebnisse da sind‹. Es hieß
immer: ›Das ist so, weil produziert werden muß, und wir arbeiten so.‹ Und wenn
man dann an den Punkt kam, wo Uneinigkeit herrschte, sagten sie: ›So ist das nun
einmal.‹«

Die Reaktion der Franzosen wird verständlich, wenn man sich die von
Troeltsch vorgeschlagene und von Dumont aufgegriffene Definition der
Freiheit à l'allemande vergegenwärtigt:

»organisierte Einheit des Volks auf der Basis der strengen, aber gleichzeitig kritischen
Unterordnung des Individuums unter das Ganze, ergänzt und legitimiert durch die
Unabhängigkeit und die Individualität der freien geistigen Kultur«[74].

---

73 Ebenda, S. 60.
74 Ebenda, S. 60.

Für viele Franzosen ist das Verhalten der Deutschen befremdend, weil es dem Individuum alle Vorrechte entzieht. Sie sprechen in diesem Zusammenhang nicht nur von Entpersonalisierung, sondern sogar von Sklaverei oder Autoritätsdenken. »Gewollte Disziplin, Förderung und Entfaltung des eigenen Selbst in einem Ganzen und für ein Ganzes«[75] ist der Logik der Beziehungen zwischen Individuum und Gesellschaft, die vor allem Teilung und Kampf von Partikularinteressen ist, natürlich fremd. Der Gegensatz zwischen *Naturwille** und *Kürwille** macht einige Aspekte unserer beiden Kulturen sehr deutlich.

»Die Individuen setzen nicht das Ganze zusammen, sondern sie identifizieren sich mit ihm. Die Freiheit ist nicht Gleichheit, sondern Dienst des Einzelnen an seinem Ort in der ihm zukommenden Organstellung.«[76]

Troeltsch liefert sehr interessante Beobachtungen zu einem Hierarchietypus, der in deutschen Großunternehmen weiter verbreitet ist als in französischen:

»[…] so hat der Gedanke der organischen Freiheit sich in das harmonische und abgestufte Zusammenwirken [Anspielung auf die Hierarchie] der großen und kleinen, staatlichen und privaten Unternehmungen ergossen, die gleich unmöglich wären ohne den disziplinierenden Sinn für das Ganze und das Ehrgefühl der Beteiligung an ihm.«[77]

In Kapitel 4 sind wir ausführlich auf den Ärger bzw. Spott der französischen Kollegen eingegangen, die eine derart präzise, genaue Verteilung der Aufgaben und Funktionen nur schwer akzeptieren können. Ohne die Realität verzerren oder die Zwänge der Großunternehmen ignorieren zu wollen, die weit über den kulturellen Rahmen hinausgehen, haben wir doch den Eindruck, daß dieser Hierarchietypus in Deutschland sehr viel spontaner akzeptiert wird als in Frankreich. Das Ehrgefühl sowie die Begriffe »Naturwille« und »Kürwille« veranlassen zur Beschäftigung mit dem französischen Individualismus, den d'Iribarne in einem Vergleich der holländischen, ame-

---

75 Troeltsch, E., 1966, S. 97.
76 Ebenda, S. 94.
77 Ebenda, S. 97.

rikanischen und französischen Praxis bestens analysiert hat.[78] Diese Logik ist nur in einer Gesellschaft denkbar, wo jede Gruppe ihre Interessen, Vorrechte und Privilegien verteidigt. Jede Gruppe, jeder »Staat« beruft sich, vollkommen am Rande des allgemeinen Gesetzes, auf Pflichten und Rechte, die seine Identität darstellen:

»Ehre ist das Vorurteil jeder Person und jeder Stellung; sie ist ein Vorurteil: Ehre hängt weniger davon ab, was man den anderen schuldet, als davon, was man sich selbst schuldet. Sie ist nicht das, was uns mit unseren Mitbürgern verbindet, sondern das, was uns von ihnen unterscheidet.«[79]

Hier wird ersichtlich, wie unterschiedlich die Begriffe Freiheit und Individualismus in Deutschland und Frankreich verstanden werden. Montesquieu geht davon aus, daß Ehre zu den schönsten Handlungen veranlassen kann, genauso wie die Gesetze. Anders ausgedrückt, eine Handlung ist selbst dann legitim, wenn die gemeinschaftliche Verbindung zur Gruppe abgebrochen ist. Dieser Riß verursacht zweifelsohne die gravierendsten deutsch-französischen Mißverständnisse. Er erklärt die Begriffe Ausnahme, Willkür, Diskontinuität und veranschaulicht das nicht *Nachvollziehbare**, wie es die deutschen Ingenieure nennen würden. D'Iribarne stellt einen Zusammenhang her zwischen der Ehrenlogik und dem Gegensatz gemein/edel und zeigt, wie seit den Kreuzzügen bis in die Werkstätten der Unternehmen unserer Zeit die Unterscheidung zwischen rein und unrein anhält. Vom Adligen, der sich durch eine unstandesgemäße Verbindung erniedrigt, über den Bürger, der den Anstand vor erniedrigender Arbeit bewahrt, bis hin zum Arbeiter, der von der Würde seines Berufs spricht, entwickelt sich eine ganz spezielle Ethik, die in über ihre soziale Rolle definierten Gruppen anzutreffen ist. So wird die ablehnende Haltung der Franzosen verständlich, die sich durch eine mit diesen Idealen nicht konforme Aktion zu »entwürdigen« fürchten: »Sich streng an seine Interessen halten, auf seinem Recht bestehen, kleinlich sein, das hat etwas Vulgäres an sich.«[80]

---

78 d'Iribarne, Ph., 1989.
79 Montesquieu, zitiert in: d'Iribarne, 1989, S. 59.
80 Ebenda, S. 74.

Zahlreiche junge französische Angestellte zeigten sich in den Gesprächen schockiert über die Durchhaltepolitik einiger Deutscher, die wegen Lappalien gerichtliche Schritte unternahmen. In Frankreich gibt es schon zu lange ein System, wo sich Wort und Geist gegenüberstehen, wo das Gesetz und dessen Anwendung nicht viel gemeinsam haben:

»Es war eine Art unreguläre, nicht kontinuierliche Freiheit, immer innerhalb der Klassenschranken, immer mit der Vorstellung von Ausnahme und Privileg verbunden, die es fast genauso wie Willkür erlaubte, dem Recht zu trotzen, und fast nie so weit ging, allen Bürgern die natürlichsten, notwendigsten Sicherheiten zu bieten.«[81]

Bei seinem Versuch, die Unfähigkeit der Franzosen deutlich zu machen, für die Anwendung von allgemein anerkannten und kodifizierten Gesetzen zu sorgen, betont Tocqueville etwas, was wir heute ohne weiteres als eine der Komponenten des Managements à la française bezeichnen können:

F: »In Deutschland muß auch jemand von der Chefetage eine Bestellung machen und ein Formular ausfüllen, wenn er eine Übersetzung braucht; das ist extrem strukturiert. Und dann, ich weiß nicht, das ist eine Bestellung, die seiner Abteilung in Rechnung gestellt wird [...] ohne diese Bestellung kann man in Deutschland nichts übersetzen. In Frankreich, also das wäre vollkommen utopisch, hier so etwas durchsetzen zu wollen. Heute morgen noch, da brauchte mein Vorgesetzter sechs Seiten Übersetzung, tja, und dann wird sofort alles andere stehen und liegen gelassen, und dann wird das gemacht. Das ist ziemlich typisch. In Deutschland gibt's ganz bestimmt auch solche dringenden Probleme, aber das wird alles sehr viel stärker geplant.«

Ein derartiges Abweichen von einem System oder einer Organisation versetzt in Frankreich arbeitende Deutsche ständig in Erstaunen. Ein deutscher Mitarbeiter einer französischen Tochtergesellschaft äußerte sein Befremden über die französische Ehrenlogik:

D: »Er hat sich strikt geweigert, einen Teil der Werkstatt zu fegen, und mir gesagt, es täte ihm leid, aber das sei nicht die Aufgabe eines Arbeiters. In Deutschland hätte man ihn auf der Stelle vor die Tür setzen können. Und er schien sich auch noch sehr wohl in seiner Haut zu fühlen, als er mir das sagte.«

---

81 Tocqueville, L'Ancien Régime et la Révolution, Kap. VI, zitiert in: d'Iribarne, 1989, S. 75.

Ohne daß ihm dies bewußt war, hatte der deutsche Vorgesetzte dem Arbeiter eine »gemeine« und somit inakzeptable Aufgabe übertragen. Man könnte fast von einer französischen Form von Pflichtverinnerlichung sprechen, allerdings mit dem Unterschied, daß diese Logik weder mit der Beachtung von Verträgen und Gesetzen noch mit Konsensstreben zu tun hat.

Im französischen Bildungssystem besteht ein klarer Zusammenhang zwischen dem Initiationsritus der Aufnahme in die großen Korps und der Ehrenlogik. Wir haben es nach wie vor mit einer Ordensgesellschaft zu tun, wobei in diesem speziellen Fall die Beachtung des Korpsgeistes wichtiger zu sein droht als die objektiven Arbeitserfordernisse. Es wäre jedoch falsch anzunehmen, diese Logik sei nur an der Spitze der Hierarchie anzutreffen. Ein ausländischer Vorgesetzter, der mit derartigen Manifestationen von Individualismus und Freiheit konfrontiert wird, muß mit dem Ehrbegriff der Gruppe, mit der er arbeitet, gut vertraut sein. D'Iribarne geht sogar so weit, Prinzipien für ein französisches Management vorzuschlagen, das diesen kulturellen Besonderheiten Rechnung trägt:

»Man muß sich die Intensität zunutze machen, mit der der einzelne sich seiner Arbeit widmet, sobald er sich geehrt fühlt, und ihn dazu bringen, für Ziele zu arbeiten, die über seinen direkten Interessenkreis hinausgehen. Dazu müssen besondere Anreize geschaffen werden, so daß bei niemandem der Eindruck entsteht, seine Unabhängigkeit zu verlieren und zum Sklaven erniedrigt zu werden.«[82]

Um so zentrale Begriffe wie Freiheit oder Individualismus zu verstehen, müssen die kulturellen Matrizen unberücksichtigt bleiben. Wie wir gesehen haben, bietet der Protestantismus – und insbesondere die Rolle Luthers – einen wertvollen Erklärungsansatz für bestimmte Verhaltensweisen, die in deutschen Unternehmen festzustellen sind. Autonomie bei der Arbeit, starkes Engagement bei der Ausübung der Verantwortung, Ablehnung entfernter Hierarchien, Betonung des Schriftlichen, Ernsthaftigkeit, der Wunsch zu lernen und Wissen weiterzuvermitteln, das alles sind Elemente, die auf die religiöse Kultur zurückreichen.

---

82 d'Iribarne, Ph., 1989, S. 98.

Unser geschichtlicher Rückblick hat kulturelle Strukturebenen offengelegt, die einige Erklärungen für heutige Verhaltensweisen bieten. Der diachrone Ansatz erhebt jedoch nicht den Anspruch, alle Verhaltensweisen zu erklären, die heute in den Unternehmen dominieren. Die skizzierten groben Tendenzen müssen durch die Untersuchung der jüngeren Wirtschafts- und Sozialgeschichte ergänzt werden, um unser Modell mit den drei Polen Familie, Politik und Religion zu vervollständigen.

Kapitel 10

VALIDITÄT DES KULTURELLEN ANSATZES

PATRON UND UNTERNEHMER

Im 19. Jahrhundert entstehen zwei gegensätzliche Modelle, die zwei verschiedene Managementtypen hervorbringen. Der französische Paternalismus glorifiziert das Bild des *patron*, der, in Anlehnung an Napoleon III., eine besondere Form von Autorität entwickelt: allmächtiger Chef und Wohltäter der Nation.

Le Goff[1] spricht von einem neuen Autoritätstyp: derjenige, der regiert, »entscheidet allein über die Legitimität der Bedürfnisse des Volkes [...] er weiß, wenn nötig, zu unterdrücken, will aber auch seine Untertanen moralisch erziehen und getreue Diener entlohnen.«

Die sich in Frankreich zu Beginn der Industrialisierung entwickelnde Autorität des *patron* weist beide Aspekte auf:

»Seine wichtigsten Merkmale orientieren sich sowohl am Modell der Armee mit ihrer streng reglementierten Disziplin als auch am Modell der Familie mit ihren dem Willen des Vaters untergeordneten Gefühlsbeziehungen. Beide Modelle existieren nebeneinander und werden durch den französischen *patron* verkörpert: Chef und Vater, streng, aber gerecht, am Wohlergehen seines Personals interessiert.«[2]

Die gesamte Philosophie der französischen *patrons*, die die Produktion fördert und dabei gleichzeitig moralisiert und richtiges Verhalten einschärft, stützt sich weitgehend auf die moralischen Grundsätze der katholischen

---

1 Le Goff, J.P., 1992, S. 202.
2 Ebenda.

Religion. Als die Industrieregionen entstehen, bauen die Unternehmen ihre sozialen Einrichtungen aus. So können sie die Arbeiter von Orten der Versuchung wie den Großstädten fernhalten, d.h. sie gleichzeitig beschützen und überwachen. Diese Analyse findet sich auch bei Kolboom,[3] der aufzeigt, daß der Paternalismus zu einem Bestandteil des französischen Liberalismus geworden ist:

»Diese neofeudale Interpretation der modernen Arbeitsbeziehung konnte hierarchische Abhängigkeit und das Prinzip des vollkommenen Gehorsams dem Unternehmer gegenüber unter Verstärkung außerökonomischer Zwänge rechtfertigen. Sie wurde in dem Maße entwickelt, wie der ›Industrialismus‹ der vorindustriell-feudalen (gegenseitigen) Loyalität die Grundlagen entzog.«[4]

Dieses Bild des *patron*, ein Terminus, der sowohl auf *pater* als auch auf *patronus* (Herr eines Sklaven oder eines Freigelassenen) zurückgeht, wird hauptsächlich über die Autoritätsbeziehung definiert. Für die industrielle Fraktion des Bürgertums stellte dies das einzige Mittel dar, ihre Position im sozialen Gefüge der Eliten abzusichern:

»Stabilisiert wurde der soziale Paternalismus durch eine seit 1791 individualrechtlich und interpersonal geprägte Arbeits- und Sozialverfassung, die eben nicht den Weg der Bismarckschen Sozialgesetzgebung ging. Sie überließ dieses Gebiet der Fürsorge und Willkür des einzelnen Unternehmens.«[5]

An dieser Konzeption hat sich bis heute nichts Wesentliches geändert.

Der deutsche »Unternehmer« definiert sich vor allem über seine wirtschaftliche Funktion: Er verkörpert die industrielle Modernität genauso wie der französische Ingenieur oder Techniker. Dieser Begriff ist enger gefaßt als das französische *patron*, denn die gesamten sozialen Aspekte fallen unter den Begriff »Arbeitgeber«. Der deutsche Unternehmer verkörpert eine »stürmische industrielle Dynamik«[6] und vor allem eine Funktion. Dies führt

---

3 Kolboom, I., in: Leenhardt, J., Picht, R. (Hrsg.), ²1990, S. 238-243.
4 Ebenda, S. 241.
5 Ebenda, S. 242.
6 Ebenda, S. 239.

wieder zu dem oft erwähnten Gegensatz zwischen Person und Funktion. Der deutsche Unternehmer hat die ökonomischen und technischen Aspekte zu beherrschen, der französische *patron* will wirtschaftliche Macht, soziale Autorität und geistigen Einfluß in sich vereinigen.

Bezeichnend ist, daß die französische Sprache im realen sozialen Umfeld den alten Ausdruck *patron* vorgezogen hat, anstatt den existierenden Begriff *entreprendeur* zu benutzen. Wie bei den kulturellen Strukturebenen, die auftreten, verschwinden und wiederkehren, haben wir hier ein Beispiel für tiefe kulturelle Verwurzelung. Diese Interpretation der jüngsten Sozialgeschichte liefert fruchtbare Erklärungsansätze für die bereits erwähnte hierarchische Funktionsweise in beiden Ländern.

Die Identifizierung mit einer einzigen, entfernten Macht beruht in Frankreich auf einer Jahrhunderte alten Tradition; das gleiche gilt für das Bild des gerechten Vaters oder des seinen Kindern alles verzeihenden Gottes. Das Konzept des *patron* vereinigt Wertvorstellungen in sich, die tief in der französischen Mentalität verankert sind.

Der deutsche Ausdruck »Unternehmer« spiegelt das Bild einer verinnerlichten, idealisierten Aufgabe wider, die jedoch nicht zu persönlicher Abhängigkeit führt. Aufgabe des Unternehmers ist es, die moderne Zeit zu beherrschen, indem er seine wirtschaftliche Besonderheit herausstellt. Sein Bildungsideal besteht darin, sich weiterzuentwickeln und zu einem Industriepionier aufzusteigen.

Von der *Bildung** zur Ausbildung

Ein Blick auf die komplexen Zusammenhänge zwischen Industrie und Bildungssystem im Laufe der jüngeren Geschichte erlaubt es, die Organisation der Unternehmen in beiden Ländern besser zu verstehen.[7]

In der zweiten Hälfte des 19. Jahrhunderts mußte sich die Schwerindustrie sowohl in Frankreich als auch in Deutschland mit vorindustriellen Ar-

---

7 Vgl. Lutz, B., 1976.

beitskräften begnügen, die häufig Analphabeten waren und vom Land stammten. Ihre Fähigkeiten beschränkten sich auf je nach Region unterschiedliche handwerkliche Fertigkeiten. Der starke Bedarf an technischen, abstrakten Fertigkeiten war nicht gedeckt, was eine Veränderung des Bildungssystems nach sich zog. Zu diesem Zeitpunkt war die Lage Frankreichs günstig: Die Industrie verfügte über weitreichende Möglichkeiten, das Bildungssystem zu beeinflussen, denn die napoleonischen Grandes Ecoles waren bereits in der Lage, den Bedarf an technischem Personal zu decken. Die Anpassung an die neuen Erfordernisse bestand darin, verstärkt zu rekrutieren. Zudem war es aufgrund der Reformen des Bildungssystems, die zunächst die Republik und ihr Potential stärken sollten, praktisch allen Franzosen möglich, sich relativ gut zu qualifizieren, so daß die Industrie keinen Grund sah, selbst in der Ausbildung aktiv zu werden.

In Deutschland konnte sich die Industrie aufgrund der erwähnten Vielfalt nicht auf staatliche Strukturen stützen. Die technischen Schulen etablierten sich zögernd und taten sich sehr schwer, sich in ein föderatives System einzugliedern. Sie hatten unterschiedlichen Status (privat, halbprivat, öffentlich), und die Aufnahmebedingungen waren sehr vage. Die Grundschule war lange Zeit durch traditionelle Erziehungsgrundsätze und agrarische, handwerkliche, vorindustrielle Normen geprägt. Die Industrie war somit in großem Umfang gezwungen, selbst für die Ausbildung zu sorgen. Die erste Qualifikation wurde von Lehrlingsausbildungsstätten vermittelt. Dabei wurde darauf geachtet, daß die theoretische Ausbildung vom Produktionsprozeß getrennt war. Die Fähigkeit, abstrakte, technische Innovationsprobleme zu lösen, stand im Mittelpunkt der Ziele der neuen Ausbildungseinrichtungen.

Nach dem Ersten Weltkrieg bringt der allmähliche Übergang zur Massenproduktion zwei Erfordernisse mit sich: Arbeitskräfte finden und alles der Produktion unterordnen. Von diesem Zeitpunkt an werden die Schwächen des französischen Systems offenbar, das nicht in der Lage ist, Facharbeiter zu Technikern auszubilden. Die französische Industrie kann sich aus ihrer Abhängigkeit vom Bildungssystem nicht lösen. Einzig eine Verlängerung der schulischen Ausbildung mit Selektionseffekt scheint Abhilfe schaffen zu können. Die in den 50er Jahren geschaffene, stark auf den Bedarf der Unternehmen zugeschnittene »beschleunigte Berufsausbildung« (Formation Professionnelle Accélérée) reicht nicht aus. Im Bereich der immens wichtigen technischen Ausbildung wird in Frankreich nicht genug getan. Erst Ende der 60er Jahre beginnt man, sich des Problems anzunehmen, und schafft zweijährige qualifizierende Ausbildungsgänge nach dem Abitur (IUT, BTS).

In Deutschland hingegen entsteht bereits in den 20er Jahren ein technisches Ausbildungssystem, das vom allgemeinen Schulsystem deutlich abgegrenzt ist und auf die Berufsausbildung der Arbeiter abzielt. Der neue Abschluß des Industriekaufmanns antizipiert die Zunahme der Verkaufs- und Verwaltungsabteilungen. Heute ist die deutsche Handelsschule eher Vorzimmer zur Lehre als ein Ort, der eine vollständige Schulausbildung vermittelt. Eine ausschließlich schulische Ausbildung wird den Ansprüchen der Industrie nicht mehr gerecht.

In Frankreich verschärft sich die Dichotomie manuelle Arbeit/intellektuelle Arbeit, und die dauerhafte Unfähigkeit des Systems, das Problem des technisch geschulten Personals zu lösen, nimmt zu. So erklärt sich das starke Verlangen nach Bildung, die in Frankreich das beste Mittel darstellt, einer beruflichen Position zu entgehen, die durch Unterordnung, niedriges Einkommen und permanente Kontrolle gekennzeichnet ist. In Deutschland stellt die Lehre, die die meisten Angestellten abgeschlossen haben, das berufliche Fundament dar. Sie garantiert kürzere hierarchische Distanz und Sinn für technische Kultur.

KULTUR ODER ORGANISATION?

Die wichtigste soziologische Forschungsarbeit zu deutschen und französischen Unternehmen haben wir bereits erwähnt.[8] Die Polemik zwischen gesellschafts- und kulturtheoretischem Ansatz, bei der sich die drei Soziolo-

---

8   Maurice, M., Sellier, F., Silvestre, J.-J., 1982.

gen des LEST und d'Iribarne[9] gegenüberstehen, mag den Eindruck erwekken, die Divergenzen seinen unüberwindlich. Auf der einen Seite der Wunsch, die Zusammenhänge zwischen Sozialisation und Organisation zu untersuchen, um das Unternehmen innerhalb der Gesellschaft zu konstruieren; auf der anderen Seite das Anliegen, geschichtlich verankerte Vorstellungen, Bedeutungen, Werte und Traditionen zu berücksichtigen. Allein die Identität des Akteurs zu rekonstruieren und jede kulturelle Realität zu vernachlässigen, bedeutet, auf wichtige Fakten zu verzichten. Die Verbindung von institutioneller und kultureller Analyse hilft, diesen vielleicht nur vordergründigen Widerspruch zu überwinden.

Die drei Autoren schlagen in ihrem Ansatz vor, die identitätsstiftenden Prozesse durch die Untersuchung der Sozialisations- oder Mobilitätsprozesse jeder Kategorie von Akteuren notwendig zu ergänzen. So heißt es bei ihnen:

»Die Unterschiede (...) zwischen der ›französischen Hierarchie‹ und der ›deutschen Hierarchie‹ können nur in bezug auf die komplexen, vielfältigen Sozialisations- und Organisationsprozesse interpretiert werden, deren Interaktionen letztendlich die Identität der Akteure und die Natur ihrer Sozialbeziehungen konditionieren.«[10]

Wir neigen eher zu der Annahme, daß diese komplexen Prozesse durch zwei Kulturen hervorgebracht worden sind, die mit besonderen, manchmal gegensätzlichen Handlungszwängen zu tun haben. In der neueren Geschichte Deutschlands ging es darum, die deutsche Industrie wieder aufzubauen und sich allmählich vom Joch der Alliierten zu befreien, Produktivität und Leistungsfähigkeit zu steigern, den Demokratisierungsprozeß im Unternehmen fortzusetzen usw. Was bedeutet dieses Konstrukt hinsichtlich der Logik der Antagonismen, die wie gesagt im Widerspruch steht zu einer deterministischen kulturellen Sichtweise, die aber zeigt, daß kulturelle Strukturebenen, Produkte einer ständigen Anpassung, sich jederzeit erhalten oder verändern lassen?

---

9 Vgl. d'Iribarne, Ph., 1991, und Maurice, M., Sellier, F., Silvestre, J.-J., Revue Française de Sociologie, 1992.
10 Maurice, M., Sellier, F., Silvestre, J.-J, 1992, S. 190.

Freizeit und Arbeitszeit in Deutschland und Frankreich

Ein Aufsatz von Hélène Riffault[11] zur Entwicklung der Wertvorstellungen der Europäer hebt deutliche Unterschiede zwischen Deutschland und Frankreich hervor, insbesondere hinsichtlich der Frage nach der Arbeitsmotivation: »Ich arbeite gern, aber ich lasse es nicht so weit kommen, daß die Arbeit mein übriges Leben stört.«

Die Zustimmung zu dieser Aussage liegt im europäischen Durchschnitt bei 30%, wovon sich Deutsche mit 43% und Franzosen mit 23% sehr deutlich entfernen. In Deutschland wird die Freizeit stärker geschützt als in Frankreich. Dies läßt sich leicht durch mehrere kulturelle Faktoren erklären, die wir hier noch einmal anführen wollen. Eine der Schlußfolgerungen unserer qualitativen Untersuchung ist, daß der bereits von E. Hall identifizierte Gegensatz zwischen der Aufgabenorientierung der Deutschen und der Personenorientierung der Franzosen, den E. Hall mit dem Gegensatz zwischen starkem und schwachem Kontext in Zusammenhang brachte, stichhaltig ist. In Kulturen, wo die Kommunikation zwischen Personen wichtiger ist, um Informationen zu erhalten, Probleme zu lösen, aber auch um Verfahrensweisen zu vereinfachen und getroffene Entscheidungen umzusetzen bzw. zu korrigieren, ist die Trennung von Arbeit und Freizeit in der Tat weniger deutlich. In diesem Punkt ähnelt Frankreich Ländern wie Spanien, Portugal und Italien, die von Hall ebenfalls als Länder mit starkem Kontext eingestuft werden. In diesen Ländern sind persönliche Beziehungen in der Arbeit unerläßlich, was in der Praxis ein stärkeres Übergreifen der Arbeit auf die Freizeit bedeutet. Letztere wird hier weniger gut verteidigt als in Kulturen, wo die Zeitorganisation ein derartiges Überlappen verhindert, wie in den deutschsprachigen, angelsächsischen oder skandinavischen Ländern. Dänemark befindet sich übrigens auf demselben Niveau wie Deutschland, was die Zustimmung zu diesem Statement anbelangt (Dänemark: 43%, Deutschland: 43%, Italien: 28%, Portugal: 26%, Frankreich: 23%, Spanien: 19%).

---

11 Riffault, H., 1995, S. 25-47.

Die Bedeutung des historischen Faktors haben wir bereits untersucht. Die gemeinschaftsorientierte Kultur valorisiert diejenigen Individuen, die eine präzise Aufgabe im Interesse der Gruppe erledigen, wobei die Betonung auf der »demokratischen» Verteilung der Arbeit liegt, die durch konsensuale Prozesse legitimiert wird. Die Trennung von Arbeit und Freizeit, auf die wir bereits ausführlich eingegangen sind, zieht auch ein anderes Verhältnis zur Zeit nach sich. In diesem Zusammenhang verdienen zwei Ausdrücke, die nicht auf die französische Kultur übertragbar und somit nicht übersetzbar sind, unsere Aufmerksamkeit: »Mahlzeit«, ein ausschließlich der Arbeitswelt zugehöriger Begriff, und »Feierabend«, ein Ausdruck, der alles, was die beiden Kulturen trennt, auf den Begriff bringt, nämlich daß der deutsche Arbeitnehmer, in der Formulierung der Europäischen Wertestudie,[12] »es nicht so weit kommen läßt, daß die Arbeit [sein] übriges Leben stört«. Ebenfalls aufschlußreich ist der Vergleich der Kommunikationsformen unter Kollegen, das deutsche Siezen unter Benutzung der Anrede »Herr« bzw. »Frau« oder »Herr/Frau Doktor«, was in Deutschland die geläufigste Form ist, und das französische Duzen, das bei hierarchisch nahen Personen öfter anzutreffen ist, oder die noch weiter verbreitete Variante, die Kombination von Siezen mit dem Gebrauch des Vornamens, was für viele Deutsche, die die Dinge nicht gern durcheinanderbringen, verwirrend ist. Für die Franzosen stellt diese Form der Anrede eine ideale Dosierung dar; das Siezen erhält die Hierarchiebarrieren aufrecht, während der Gebrauch des Vornamens es erlaubt, die starke Personenorientierung zu berücksichtigen.

Das Individuum wird in Frankreich, wie wir gesehen haben, stärker aufgrund seiner persönlichen Beziehung zu den Mächtigen anerkannt, was ebenfalls ein anderes Verhältnis zur Zeit mit sich bringt. Wir beobachten in französischen Unternehmen zunehmend eine starke Fehlentwicklung: Nicht nur das Führungspersonal, sondern auch die Angestellten in mittlerer oder niedriger Position werden dazu veranlaßt, abends immer länger zu arbeiten. Da die Delegation der Aufgaben und Zuständigkeitsbereiche weniger klar ist als in Deutschland, ist es häufig unvermeidlich, einen Vorgang

---

12 Ebenda.

noch einmal mit der Hierarchie abzustimmen, also ständig zahlreiche kleine Entscheidungen absegnen zu lassen, außerhalb der normalen Besprechungen und oft sehr spät abends, bei Zweiergesprächen, die sehr instruktiv sind und unverzichtbar für die individuelle Karrierestrategie.

Diese Ausdehnung der Arbeitszeit auf Kosten der Freizeit erklärt sich im übrigen nicht nur durch die Auswirkungen der höfischen Gesellschaft, die die Aufrechterhaltung des Kontakts mit dem Chef erforderlich macht, sondern auch durch die frühzeitige Sozialisation der französischen Kinder. Robert Picht[13] hat den Zusammenhang zwischen Bildungssystem und den tendenziellen Verhaltensweisen in Deutschland und Frankreich bestens untersucht. Im Gegensatz zum deutschen Kind, das es sehr früh lernt, Schule und Freizeit zu trennen – morgens Schule, nachmittags Freizeit –, ist der französische Kontext durch die Vermengung und wechselseitige Durchdringung beider Bereiche gekennzeichnet. Schon in der Vorschule und dann über Jahre hinweg lernt der kleine Franzose, lange in der Schule zu bleiben und weniger große Ansprüche bezüglich der Freizeit geltend zu machen. Seine besten Freunde sind im übrigen in der Regel die Schulkameraden, mit denen er den größten Teil seiner Zeit verbringt. Von der Freundesgruppe anerkannt werden, sich ohne viele Worte verstehen, kurz, eine personenorientierte und oft sehr implizite Kommunikation entwickeln, eben weil der mit den Freunden geteilte Kontext sehr stark ist, so sieht der Alltag für die jungen Franzosen aus.

Dies wird durch die Berichte von Studenten, die einen deutsch-französischen Doppeldiplomstudiengang absolvieren, bestätigt.[14] Bei deutschen

---

13 Vgl. insbesondere: Picht, R., Die »Kulturmauer« durchbrechen. Kulturelle Dimensionen politischer und wirtschaftlicher Zusammenarbeit in Europa, in: Europa-Archiv, 42/10, Bonn 1987; Picht, R., Annäherung oder Entfremdung? Fragen zum sozialgeschichtlichen Gesellschaftsvergleich Hartmut Kaelbles, in: Frankreich-Jahrbuch 1992, Deutsch-Französisches Institut, Opladen, 1992; Picht, R., Die Unterschiedlichkeit der Bildungssysteme als Hauptfaktor kultureller Vielfalt, in: Arzt, H.G. (Hrsg.), Europäische Qualifikation durch deutsch-französische Ausbildung?, Ludwigsburg 1994 (Ludwigsburger Beiträge).

14 Das Deutsch-Französische Hochschulkolleg verfügt auf diesem Gebiet über sehr zahlreiche Informationen, die bisher nicht zur Genüge ausgewertet worden sind.

Studenten in Frankreich ist oft der Wunsch festzustellen, die genaue Liste der Studienveranstaltungen zu kennen, damit sie lange im voraus ihre verschiedenen Arbeiten und Prüfungen vorbereiten, in der Bibliothek die behandelten Themen in Ruhe vertiefen und das Leben an der Universität deutlich von ihrer Freizeit trennen können, die einem autonomeren Leben entspricht. Auf französischer Seite hingegen geht das Engagement in hochschulinternen Vereinsaktivitäten oft mit dem Verschwinden der freien Zeit, mit einem permanenten Gedankenaustausch mit Studienkollegen und mit intensiver Kommunikation mit Kommilitonen desselben Jahrgangs im Rahmen zahlreicher Projekte einher. Dies begünstigt eine Kultur der »Ehemaligen«, die förderlich ist für den Aufbau eines Beziehungsnetzes, das während der gesamten beruflichen Laufbahn aufrechterhalten wird. An dieser Stelle muß natürlich präzisiert werden, daß dieses Verhalten in den Grandes Ecoles oder in den kurzen, zweijährigen Ausbildungsgängen (IUT, BTS) stärker zu beobachten ist als an der Universität, aber letztere führt auch seltener zu Berufen in Unternehmen. So läßt sich besser verstehen, weshalb der Ausdruck »Teamarbeit« oft große Mißverständnisse herbeiführt. Die Deutschen suchen hier eine genaue, demokratische Verteilung der Arbeit, eine eher einsame Konzentration auf den ihnen zufallenden Teil der Arbeit und eine punktuelle Rückkopplung mit der Gruppe. Die Franzosen streben stärker einen permanenten Austausch unter den verschiedenen Personen an, was unweigerlich zu einem Übergreifen der Arbeit auf den Privatbereich führt.

SPEZIALISTEN UND GENERALISTEN

Die Unterschiede in der Wahrnehmung werden durch den starken Gegensatz zwischen der deutschen Spezialistenkultur und der französischen Generalistenkultur noch verstärkt. Unser Beispiel veranschaulicht den weitreichenden Einfluß von zwei unterschiedlichen Bildungssystemen.

Die Schwierigkeit der Zusammenarbeit in gemischten Teams, die trotz bester Absichten zu beobachtende Unfähigkeit, den anderen zu respektie-

ren und seine Kompetenzen anzuerkennen, ist vor allem auf zwei grund-
sätzlich verschiedene Orientierungen zurückzuführen. Die globale, abstrakte, synthetische Sichtweise, die einer allgemeinen Ausbildung entspricht,
wie sie bei den französischen Ingenieuren Tradition hat, steht im Gegensatz zur deutschen Methode, die darauf basiert, ein Problem zu isolieren
und gründlich zu behandeln, bevor man sich mit der Verbindung der verschiedenen Teilelemente befaßt. Unsere erste Beobachtung[15] betrifft den
Unterschied zwischen der in Frankreich sehr bekannten Stilübung der *ré-
daction* und der *dissertation* und dem deutschen *Besinnungsaufsatz**: auf der
einen Seite ein rhetorischer, allgemeiner, globaler Ansatz, der es erlaubt, jed-
wedes Thema zu behandeln; auf der anderen Seite eine Methode, eine bestimmte, klar definierte Frage im Detail zu behandeln. Die Analyse der Aus-
bildungsprogramme und ihrer Organisation liefert andere Verständnishilfen
(in Frankreich betrifft dies die technischen Grandes Ecoles und ihre Vor-
bereitungsklassen, in Deutschland die Fachhochschulen und die Universitäten), was das Unbehagen und die Verständnislosigkeit betrifft, die bei gemischt zusammengesetzten deutsch-französischen Arbeitsgruppen oft zu
beobachten sind.

Ein Vergleich der Ausbildung von verschiedenen deutschen und französischen Arbeitskollegen, die in einem deutsch-französischen Konstruk-
tionsbüro der Luftfahrt dieselben Aufgaben erfüllen, hat deutlich werden
lassen, daß die Franzosen sich erst vier Jahre nach dem Abitur auf spezifische technische Fächer konzentrieren (im zweiten Jahr der Grande Ecole,
hier Sup' Aéro). Die vorausgehenden Ausbildungsjahre sind der Entwicklung von theoretischen Kompetenzen gewidmet, gemäß dem in Frankreich
vorherrschenden Schema, in dem die Mathematik eine herausragende Stellung einnimmt. In Deutschland beruht das Studium des Maschinenbaus
oder der Luftfahrttechnik vom ersten Jahr an – und dies zehn Semester lang
– eher auf einer Logik des allmählichen Erlernens verschiedener technischer
Kompetenzen. Es ist nur zu deutlich, daß der Berufseintritt auf ähnlichen
Arbeitsstellen, unabhängig von den individuellen Eigenschaften, in beiden

---

15 Vgl. Picht, R., 1994.

Ländern sehr unterschiedlich aussieht. Vor Ort haben viele Verantwortliche die Verärgerung der Franzosen erwähnt, die es ablehnten, ihre Zeit damit zu verschwenden, sich mit Details zu beschäftigen, die oft als überflüssig und »niedrig« gelten, und schnell einen globalen Überblick über das Problem gewinnen wollten. Auf deutscher Seite hat die Trennung von aufeinanderfolgenden Aufgaben den Vorteil, die Probleme nacheinander »abzuhaken«, wobei man allerdings manchmal das Endziel aus den Augen verliert. In einem deutsch-französischen Konsortium, in dem der Bereich der Entwicklung zu einer einzigen Abteilung zusammengefaßt ist, kursiert seit mehreren Jahren ein Scherz, der auf sicherlich überzogene, aber äußerst bildliche Art und Weise zwei Nationalstile einander gegenüberstellt: »Um einen Hubschrauber zu bauen, bringen die Deutschen erst eine Schraube, dann zwei, dann drei, und letztendlich wird daraus ein Hubschrauber. Die Franzosen kommen mit einem Hubschrauberkonzept und bauen schließlich auch einen Hubschrauber.« Dieser Gegensatz zwischen allgemeiner Ausbildung und Spezialistentum veranlaßt die Deutschen, die dem französischen Ansatz oft sehr reserviert gegenüberstehen, sofort dazu, sich zu fragen, wo denn in Frankreich die Mitarbeiter seien, die die »wirkliche« Arbeit tun. Die Antwort hängt oft mit der Organisation zusammen.

Der erste Schritt zur effizienten Zusammenarbeit zwischen deutschen und französischen Partnern besteht in der Tat häufig darin, die Organigramme auszutauschen, um den tatsächlichen Gesprächspartner auszumachen, d.h. denjenigen, mit dem die gemeinsamen Aktionen durchzuführen sind. Hier sind mehrere Verschiebungen festzustellen, die die Zusammenarbeit blockieren können, ohne daß es dabei am guten Willen der Akteure mangelt. In allen Sektoren, ob in der Luftfahrt oder der Metallindustrie, in der Fertigung oder der Entwicklung, geht die Tendenz dahin, zunächst zu glauben, daß sich zwei in den Organigrammen der Unternehmen identische Funktionen quasi perfekt entsprechen. Zwei Arbeitskollegen, beispielsweise ein Abteilungsleiter und ein *chef de département*, werden aber letztendlich feststellen, wie sehr ihre Methoden, Kompetenzen und Ziele sich voneinander unterscheiden.

Der deutsche Ingenieur hat sich innerhalb eines fest abgesteckten Umfelds entwickelt und seine Kompetenzen und seine Verantwortung durch allmähliche Ausweitung der Aufgaben gesteigert. Seine Autorität innerhalb seiner Arbeitsgruppe ist mit der Beherrschung von verschiedenen technischen Problemen verbunden. Innerhalb seines klar definierten, normierten, abgegrenzten Kompetenzbereichs hat dieser Ingenieur vollkommene Entscheidungsbefugnis, ohne häufiges Einschalten der Hierarchie. Sein theoretischer französischer Amtskollege macht häufig schneller Karriere, ist jünger, interessiert sich kaum für die technischen Aspekte seiner Aufgabe und wechselt gern den Posten. Ihm geht es oft in der Hauptsache darum, seine Truppen gut zu managen, »schnell das Problem zu erfassen«, einen guten Kontakt mit der Hierarchie zu unterhalten (seine Entscheidungsbefugnis ist häufig unklarer bestimmt) und sich sehr unterschiedlichen Gebieten zu öffnen, die die nächste Etappe seiner Karriere darstellen. So haben wir auf französischer Seite oft alle zwei oder drei Jahre einen Wechsel beobachtet, zum Beispiel von der Entwicklung zur Fertigung oder von der Fertigung zur Instandhaltung. Die dabei angesammelte Erfahrung betrifft vor allem die globale Problemlösung, Unvoreingenommenheit, Führungsqualitäten. Bei einer raschen Karriereentwicklung hat ein solcher Ingenieur weder den Wunsch noch die Zeit oder die Mittel, eine große spezifische technische Kompetenz zu entwickeln, die im übrigen nicht sehr positiv bewertet wird. Der Erfahrungsschatz im deutschen Sinne des Worts ist in Frankreich häufig auf untergeordneter Ebene anzutreffen, bei den Werkstattleitern, die zur Zeit je nach Alter eine zweijährige Ausbildung nach dem Abitur (BTS oder DUT) absolvieren oder allmählich intern aufsteigen. Diese Kategorie höherer Techniker, die aufgrund der Schwierigkeiten, die ein Übergang zum Status des *cadre* darstellt, wesentlich weniger mobil ist als die der Ingenieure, stellt seltsamerweise für das Erfassen und Lösen der gängigen Aufgaben die wirklichen Gesprächspartner der deutschen Ingenieure dar. Was die Entscheidungsbefugnis angeht, so sehen die Dinge natürlich anders aus. Da es an der für den deutschen Kontext üblichen systematischen Äquivalenz von Funktion, Aufgabe und Entscheidungsbefugnis mangelt, sind die deutschen Ingenieure auf französischer Seite oft gezwungen, auf eine Bestätigung zu warten, die häufig auf relativ hoher Hierarchieebene erfolgt, zum Teil oberhalb der Ebene der Ingenieure. Wir könnten folglich sagen, daß der deutsche Ingenieur, der mit französischen Kollegen arbeitet, oft dazu gezwungen ist, die Gesprächspartner zu wechseln und den »Spagatingenieur« zu spielen, wenn er den unumgänglichen Weg von der Identifizierung eines Problems über den technischen Austausch mit einem kompetenten Kollegen, den Vorschlag von Lösungen, den Beschluß und schließlich die Entscheidung geht. Der Ausdruck »Spagatingenieur« bereichert die bereits lange Liste von deutsch-französischen Metaphern, die im Unternehmen verbreitet sind. Wir denken insbesondere an die Unterscheidung zwischen den deutschen »Bergsteigern«, die in ihrem Unternehmen, das sie bis ins Kleinste kennen, allmählich Karriere gemacht haben, und den französischen »Fallschirmspringern«, die ohne große Kenntnis der Praxis gleich auf der höchsten Ebene ankommen.[16]

Diese in deutsch-französischen Unternehmen bisher kaum identifizierte Diskrepanz läßt sich überwinden. Das erfordert allerdings sehr viel Flexibilität. Zudem darf es keinerlei hierarchischen Formalismus geben, denn es geht darum, einen permanenten Dialog mit verschiedenen Ebenen aufrechtzuerhalten. Der Mangel an Klarheit und Transparenz hinsichtlich der Funktionsweise von oft getrennten und geographisch voneinander entfernten Einheiten macht die Dinge natürlich noch schwieriger. Zudem verläuft die Kontaktaufnahme im Partnerunternehmen nach wie vor sehr oft über eine einzige Person, den berühmten Amtskollegen, der, wie wir gesehen haben, nicht in der Lage ist, alle gewünschten Antworten zu liefern.

Die beiden Beispiele bezüglich der Lösung technischer Probleme und der organisatorischen Unterschiede lassen sich relativ einfach erläutern, wenn man die Hauptmerkmale beider Bildungssysteme analysiert. Bei der Untersuchung des Entstehungsprozesses des Hierarchiephänomens werden zwei sehr unterschiedliche Systeme deutlich, wobei wir uns hier speziell für die mittleren und leitenden Führungskräfte (*cadres*) interessieren.

In Deutschland haben wir es in der Hauptsache mit Ingenieuren mit Hoch- oder Fachhochschulabschluß zu tun. Letztere, die graduierten Ingenieure, stammen ursprünglich vom Facharbeiter ab, was zu einem extrem homogenen Ausbildungsfeld (Facharbeiter, Meister, Ingenieur) auf der Basis

---

16 Vgl. Bauer, M., Bertin-Mourot, B., 1992.

eines gemeinsamen Grundstocks an theoretischen und praktischen Kenntnissen führt. Der Leiter eines Labors, der die französische Kultur nicht zu entschlüsseln vermochte, erklärte: »Die Fachhochschulingenieure sind sehr realitätsnah, weil sie selbst oft Facharbeiter waren und die Praxis vor Ort nicht vergessen haben.«

Im Laufe der Jahre haben sich die Fachhochschulen verändert, und die Anzahl von jungen Studenten mit Abitur, die nicht unbedingt eine Lehre absolviert haben, hat stark zugenommen.[17] Die Unterschiede zwischen den beiden Ingenieurstypen entsprechen eher technischen Spezialisierungen als einer realen Statushierarchisierung. Einzig der Doktortitel ist für die Fachhochschulabsolventen in der Regel nicht zugänglich, was in gewissen Industriezweigen wie beispielsweise der Chemie nach wie vor ein wirkliches Karrierehindernis darstellt. Im Unterschied zu Frankreich gelten beide Ingenieursdiplome nicht als Höhepunkt des gesamten Bildungssystems, sondern lediglich als ein Ausbildungsgang unter vielen anderen, denn die Massenausbildungsgänge führen auch zu einer anderen Hierarchie in der Fachausbildung. Zudem tragen die zahlreichen Möglichkeiten, zwischen den verschiedenen Ausbildungsebenen zu wechseln, zur Entmystifizierung der universitären Ausbildung bei.

In Frankreich stellen die Absolventen der Grandes Ecoles den Höhepunkt der allgemeinen höheren Ausbildung dar:

»Wer dieses Diplom besitzt, kommt folglich in den Genuß der Legitimität und des Prestiges, das ihm sowohl seine Position an der Spitze der Bildungshierarchie als auch die Tatsache verleiht, daß er aus einem weitgehend sozial offenen Wettbewerb hervorgegangen ist. Diese beiden Merkmale kennzeichnen die Dualität der Beziehungen des Bruchs (Einfluß des sozialen Status) und der Kontinuität (demokratischer Wettstreit in einem offenen Raum), die die Absolventen einer Grande Ecole an die Gesamtheit der Erwerbstätigen binden.«[18]

---

17 Wir verfügen über keine globalen Angaben, aber unsere Erfahrung mit Doppeldiplomen und verschiedenen deutschen Fachhochschulen hat uns gelehrt, daß das Durchschnittsalter der Studenten kontinuierlich sinkt und der Anteil der »klassischen« Abiturienten heute etwa 70% beträgt.
18 Bauer, M., Bertin-Mourot, B., 1992, S. 70.

Dieses einheitliche, prestigeträchtige Modell führt in Frankreich zu komplexen Reaktionen der Faszination und der Ablehnung, die in den deutschen Unternehmen nicht gegeben sind.

Maurice, Sellier und Silvestre bemerken, daß in Deutschland die Technik oft in der Lage ist, Hierarchiebarrieren zu überwinden.[19] Sie erklären anhand der Sozialbeziehungen zwischen verschiedenen Kategorien von Akteuren das Auftreten von Wertvorstellungen wie z.b. Solidarität unter Kollegen, die bei der Behandlung von verschiedenen Problemen zur Norm geworden ist. Konferenzen und Besprechungen haben folglich die Funktion, die Kohärenz innerhalb einer Organisation zu erhalten, die »stärker durch horizontale und vertikale Überschneidungen als durch einheitliche Befehlsgewalt gekennzeichnet ist.«[20]

In Frankreich gibt es eine ausgeprägte Barriere zwischen den Technikern und den Absolventen der Grandes Ecoles, während in Deutschland die Kontinuität stärker ist. Der Übergang zum Meister oder *cadre*, der uns hier besonders interessiert, stellt in Frankreich eine grundsätzliche Diskontinuität dar, die von den Forschern des LEST sehr gut erklärt worden ist.[21] Es handelt sich weniger um einen beruflichen Aufstieg als vielmehr um einen Bruch mit dem ursprünglichen sozialen und beruflichen Milieu. Dieser Bruch geht mit einer starken Integration ins Unternehmen einher, das gewissermaßen an die Stelle des Ausbildungssystems tritt, was die Rolle der beruflichen Sozialisation betrifft. Dies macht die Anpassung an Normen und Wertsysteme erforderlich, die eher die soziale Identität des Mitarbeiters ausmachen als seine Ausbildung. Die Autoren unterscheiden so zwischen einer sozial-normativen, einer »hausgemachten« Ausbildung und dem deutschen instrumental-technischen System. Hier liegt eine interne Erklärung für die oft gelobte Autonomie der deutschen Angestellten. Der Status des Meisters beruht auf einer objektiven Legitimität auf dem Arbeitsmarkt, die nichts mit dem Unternehmen zu tun hat. Seine Autorität basiert

---

19 Maurice, M., Sellier, F., Silvestre, J.-J., 1992, S. 166. Sie betonen, daß diese Feststellung nicht nur als eine kulturelle Eigenschaft angesehen werden darf.
20 Ebenda, S. 66.
21 Maurice, M., Sellier, F., Silvestre, J.-J., 1982, S. 179-185.

zunächst auf der Professionalität, und seine Stellung innerhalb der hierarchischen Struktur bedarf keinerlei Statussymbole oder diskriminierender Gehaltsunterschiede.

In Frankreich beruht die Autorität der mittleren Führungskraft (*cadre moyen*) stärker auf einem Bruch hinsichtlich Status und Gehalt, der zu einem Abhängigkeitsverhältnis gegenüber dem Unternehmen führt. Die Konsequenzen bestehen in der Respektierung der Arbeitsdisziplin und der relativ strengen Kontrolle der Arbeit der Untergebenen. Der Begriff des »hauseigenen« *cadre* bzw. Ingenieur (*cadre, ingénieur »maison«*) ist deutlicher Ausdruck dieses Systems, das bestimmte Personen aufwertet,[22] wobei diese aber gleichzeitig in ein enges Abhängigkeitsverhältnis geraten, das das Phänomen der »von außen gesetzten« Autorität erklären mag, welche für viele deutsche Mitarbeiter unerträglich ist. Letztere werfen ihren französischen Kollegen mangelndes Selbstbewußtsein vor, was ihre Arbeitsweise und ihre Beziehungen zu den Vorgesetzten angeht.

DIE LEITENDEN ANGESTELLTEN IN DEUTSCHLAND UND FRANKREICH

Hieraus läßt sich ableiten, daß das deutsche Unternehmen aufgrund der sehr großen Durchlässigkeit zwischen Ausbildungssystem und Betrieb über sofort einsetzbare Mitarbeiter verfügt. Das Problem des Erwerbs der notwendigen Kompetenzen am Arbeitsplatz ist somit in Frankreich wesentlich schwerwiegender als in Deutschland. Das Niveau der Allgemeinbildung ist in Frankreich von grundlegender Bedeutung, denn es ist die Garantie da-

---

22 Bei einer Untersuchung in einem französischen Unternehmen sprach ich eine junge Mitarbeiterin, die in meinen Augen die interkulturelle Problematik sehr gut erfaßt hatte. Der Personalleiter fragte mich im Anschluß an dieses Gespräch, was ich von dieser Person hielt. Ich gab ihm zu verstehen, daß sie die deutsch-französischen Probleme sehr nuanciert zu analysieren schien. Daraufhin entgegnete er: »Das dachte ich mir. Ich werde zusehen, daß wir sie zum *cadre* befördern.«

für, daß der *cadre* in der Lage ist, eine unternehmensspezifische Qualifikation zu erlangen. Anders ausgedrückt, die Distanz wird hier noch durch die Vorherrschaft von Kräften mit hoher Allgemeinbildung verstärkt, deren Legitimität auf dem sozialen Rang beruht, der mit dem Besuch einer Grande Ecole verbunden ist. Diese soziale Stellung hängt weniger von einer gewissen Professionalität ab: letztere wird oft sogar als ein Handicap empfunden, was mit der in Frankreich weit verbreiteten Idee zusammenhängt, eine starke Spezialisierung verhindere den Zugang zu leitenden Positionen.

Auf einer niedrigeren Ebene gibt es in Frankreich »hauseigene« *cadres* mit langer Betriebszugehörigkeit, deren Potential von ihrem Unternehmen an die betriebseigenen Normen angepaßt worden ist. Der Begriff des Autodidakten, der per Definition auf einen von den Ausbildungs- und Qualifizierungsnormen abweichenden Werdegang verweist, spiegelt diese typisch französische Realität deutlich wider.

Wie Maurice, Sellier und Silvestre[23] feststellen, geht die Entscheidung der Beförderung im übrigen häufig der entsprechenden Ausbildung voraus, was sich manchmal destabilisierend auswirkt im Hinblick auf die ursprüngliche Berufskategorie. Das Handeln des Unternehmens ist in Deutschland weniger sichtbar als in Frankreich: Die Beförderung gehorcht in der Bundesrepublik in erster Linie der Entwicklungslogik des Ausbildungssystems. Hier ist die wichtige Rolle der beruflichen Weiterbildung zu erwähnen. In den untersuchten Betrieben hat knapp die Hälfte der deutschen Führungskräfte – alle Kategorien zusammengefaßt – ihren höchsten Berufsabschluß nach ihrem Eintritt ins Erwerbsleben erworben; das gleiche trifft in Frankreich auf lediglich 10 bis 18% zu.

Ähnlich sind drei Viertel der französischen *cadres* als solche in den französischen Unternehmen eingestellt worden, was lediglich auf 14% der außertariflich bezahlten Kräfte in Deutschland zutrifft. Seit einigen Jahren ist im übrigen bei den jungen deutschen Hochschulabsolventen eine Strategie festzustellen, die sich gegen diese Tradition wendet. Man läßt sich gleich zu

---

23 Maurice, M., Sellier, F., Silvestre, J.-J., 1982, S. 187.

Beginn zu einem außertariflichen Gehalt einstellen, selbst wenn man dadurch zu Anfang etwas weniger verdient. Dieser Status gibt im Gefolge mehr Flexibilität und erlaubt eine von den einengenden Tarifverträgen unabhängige berufliche Entwicklung. Es ist im übrigen interessant festzustellen, daß bestimmte Unternehmen diese Tendenz befürworten, da sie so dem Problem der Bezahlung der Überstunden entgehen können, das von den Gewerkschaften sehr rigide behandelt wird. Fügt man hinzu, daß die französischen Angestellten in leitender Position eine höhere Reproduktionsrate aufweisen als ihre deutschen Amtskollegen, so wird deutlich, daß die französischen *cadres* enger an ihre Kategorie gebunden sind als die deutschen. Das deutsche System begünstigt Mobilität zwischen den Kategorien und befürwortet eine langfristige Ausbildung. Die Entsprechung zwischen Diplomen und Berufskategorien stabilisiert die deutschen *cadres* stärker, ohne daß dadurch die berufliche Mobilität eingeschränkt würde, die auf spezifischen, auf dem gesamten Arbeitsmarkt anerkannten Fachausbildungen beruht.

Dieser soziologische Ansatz liefert keine neuen Erkenntnisse, sondern bestätigt lediglich die Aussagen von deutschen und französischen Verantwortlichen. In unserer Erhebung haben wir festgestellt, daß das französische Bildungssystem bei vielen Deutschen auf Kritik stieß.[24] Die häufigsten Kritikpunkte waren die folgenden:

– Zu starke Unterschiede zwischen den Hochschulabsolventen, was der sozialen Kohäsion abträglich ist:

D: »Das französische System ist sehr selektiv [...] es gibt eben einen idealen Weg und kaum andere Möglichkeiten. Deshalb haben wir hochqualifizierte Leute, oder zumindest Leute, die durch viel Arbeit konzeptuell gesehen Topniveau haben. Und daneben gibt es Leute, die sich wirklich auf sehr niedrigem Niveau befinden. Dazwischen gibt es nichts. Eine riesige Kluft. Das ist schlecht für die Industrie.«

---

24 Pateau, J., Dissertation, 1994, Kap. V.

– Unfähigkeit zur konkreten Umsetzung der großen Theorien:

D: »Die Franzosen haben oft die besseren Ideen, sie sind meiner Meinung nach kreativer als die Deutschen. Aber sobald es um die Umsetzung geht, ist es eine Katastrophe. Es ist natürlich toll, wenn jemand das super geniale Verfahren oder den tollen Algorithmus fürs Computerprogramm gefunden hat, aber dann braucht man jemanden, der das Programm auch schreibt, der die Schraube einschraubt und daran denkt, daß eine um 2 mm kleinere Schraubenmutter 2 g weniger Gewicht ausmacht, und da es eben 100 000 von diesen Muttern gibt... also das sind einfach solche ganz praktischen Dinge, mit denen die Deutschen besser zurechtkommen. Also für die Industrie, da finde ich ihr Ausbildungssystem besser.«

– Kompetenzverlust für das Unternehmen:

D: »Für sehr schlecht halte ich, daß ausgezeichnete Mitarbeiter einen vollkommen ungerechtfertigten Minderwertigkeitskomplex entwickeln, weil ihre Ziele und Perspektiven ganz anders liegen. Wenn jemand keine Eliteschule absolviert hat, dann kann er bestimmte Funktionen nicht erfüllen, auch wenn das aufgrund seiner Fähigkeiten überhaupt kein Problem wäre.«

– Arroganz bei jungen Hochschulabsolventen mit wenig Berufserfahrung:

D: »Sie verhalten sich arrogant. [...] Es mangelt ihnen ein bißchen an understatement. [...] Ich habe den Eindruck, daß sie ein starkes Selbstwertgefühl haben und ihre Art und Weise, sich zu geben, von den älteren Kollegen hier nicht akzeptiert wird. Das höre ich aber nicht nur von den Zivildienstleistenden, sondern auch von jungen Franzosen, die hierher kommen. Das gilt natürlich nicht für alle, da gibt es Ausnahmen. Aber eine gewisse Arroganz ist schon da.«

– Ungeduld und Karrieredenken.

Derartige Wahrnehmungen auf deutscher Seite sind verständlich. Die Arbeit von M. Bauer und B. Bertin-Mourot,[25] die die Praxis der Rekrutierung von Führungskräften in den zweihundert größten Unternehmen beider Länder untersuchen, macht dies deutlich. In Frankreich ist der Zugang zu Spitzenpositionen stark von bestimmten Ausbildungstypen abhängig. In

---

25 Bauer, M., Bertin-Mourot, B., 1992.

Deutschland genießen bestimmte Hochschulen einen besseren Ruf als andere, so beispielsweise die Ingenieurausbildung an der RWTH Aachen oder der betriebswirtschaftliche Studiengang an der Universität Köln. Der Doktortitel, der die Franzosen so beeindruckt, ist zwar wichtig, erlaubt es aber nicht, relativ früh führende Positionen zu besetzen, wie dies in Frankreich möglich ist. Das deutsche Bildungssystem ist nicht zu vergleichen mit der sehr spezifischen Rolle französischer Einrichtungen wie der Ecole Polytechnique oder der Ecole Nationale d'Administration. Über 45% der französischen Unternehmer sind Absolventen einer der beiden Hochschulen. Fünf »Etablissements« wählen jedes Jahr unter einer Generation etwa fünfzig junge Leute aus: Absolventen der Ecole des Mines und der Ecole des Ponts et Chaussées sowie Mitglieder der Inspection des Finances, der Cour des Comptes und des Conseil d'Etat liefern über ein Viertel der Spitzenkräfte der französischen Wirtschaft. Das französische Unternehmen scheint somit seinem internen Einstellungsverfahren nicht so recht zu trauen und überträgt diese Verantwortung an externe Instanzen, die Grandes Ecoles und die »Grands corps«.

Die hierarchische Distanz und die französische Dissenskultur werden durch dieses System natürlich verstärkt. Eine französische Führungskraft hat eine andere Ausbildung genossen als ihre Untergebenen. Sie verfügt über weitverzweigte persönliche Beziehungen und befindet sich in den sehr großen Unternehmen ihr Leben lang in gesicherter Position. Die Schichtung nach Schulen und »Corps« führt zu einer starken Zentralisierung und sorgt dafür, daß die Eliten sich selbst reproduzieren.

Führt man in Anlehnung an Philippe d'Iribarne[26] eine »kulturelle« Lektüre dieser gesellschaftlichen Analyse durch, so wird eine »Ranglogik« deutlich, die die französische Gesellschaft stark prägt und die in der Terminologie der verschiedenen Berufskategorien wiederzufinden ist: »niedrige Kategorien«, »mittlere *cadres*«, »leitende *cadres*«, »hohe Verantwortungen«, »hohe Diplome«, »Arbeiterelite«, »Hierarchisierung der Aufgaben«, »Vorrechte«, »Großtaten« usw.[27]

---

26 d'Iribarne, Ph., 1991.
27 Ebenda, S. 603.

Der Begriff des Rangs hängt eng mit der Diskoninuität zusammen, denn zwischen bestimmten Kategorien ist eine nicht auszuräumende, definitive Distanz auszumachen. Sie ist natürlich und wird häufig von den Franzosen akzeptiert, von den Deutschen hingegen als skandalös empfunden. Die Abwertung bestimmter Ausbildungsgänge sowie die in Frankreich gegebene Geringschätzung der manuellen Arbeit ist ebenfalls auf diese Logik des Rangs und die »hauseigenen« *cadres* zurückzuführen, genauso wie die Autodidakten niemals über jene Aura verfügen, die diejenigen umgibt, die Initiationsriten kennen, die die Spreu vom Weizen trennen.

Die Berücksichtigung der kulturellen Dimension scheint nicht etwa die Analyse zu verfälschen, sondern ganz im Gegenteil eine bessere Erklärung bestimmter, in das Korsett der gesellschaftlichen Analyse eingezwängter Phänomene zu erlauben.

KULTUR UND INSTITUTIONEN

In einem Vergleich der Rechtssysteme beider Länder legt Patrick Hunout[28] die jeweilige spezifische Kultur offen. Die Konzepte der deutschen »Gemeinschaft« und der französischen »Gesellschaft« bringen die Unterschiede auf den Begriff.

»Der Status geht aus dem gemeinsamen organischen Willen hervor, wie er sich in allen Gemeinschaften äußert, während das Gesellschaftsrecht besser im Vertrag zum Ausdruck kommt.«[29]

In Deutschland werden die Arbeitsbeziehungen der Angestellten der Großunternehmen als *Mitgliedschaft im Unternehmen** begriffen – was an die *Eingliederungstheorie** erinnert –; diese rechtlichen Elemente verweisen wieder auf die deutsche Gemeinschaftskultur. In Frankreich handelt es sich eher um Eintritt in eine Institution als um Eingliederung in eine Gemeinschaft.

---

28 Hunout, P., 1993.
29 Ebenda, S. 17.

Hunout erinnert zudem daran, daß die Untersuchung der Arbeitsbeziehungen in Frankreich nach wie vor im wesentlichen vertragsbezogen ist. Im Fall einer Entlassung, die sich durch die betrieblichen Interessen nicht rechtfertigen läßt, hat der Angestellte keinerlei Möglichkeit, wieder eingestellt zu werden:

»[...] durch die Theorie des frei entscheidenden Arbeitgebers untersagt es sich die Rechtsprechung, die Führung des Unternehmenschefs zu beurteilen, selbst wenn letztere offensichtlich nicht mit dem Interesse des Unternehmens zu vereinbaren ist.«[30]

Die Gemeinschaftskultur Deutschlands und die königlich-kaiserliche Kultur Frankreichs sind, wie zu sehen ist, in den Unternehmen beider Länder nach wie vor präsent. Die Gestaltung der Exekutive ist für die Manager der deutlichste Ausdruck dieser Tatsache: auf der einen Seite die Person des französischen PDG, auf der anderen Seite der deutsche Vorstand.

Es läßt sich leicht eine Parallele zwischen bestimmten Gegebenheiten der Organisationen und der ihnen zugrundeliegenden kulturellen Genese aufzeigen, die wir bereits im Zusammenhang mit politischen, familiären und religiösen Wurzeln erwähnt haben. Die geringe hierarchische Distanz, die auf eine starke familiäre und religiöse Internalisierung zurückzuführen ist, hängt auch mit der Organisation der deutschen Unternehmen zusammen. Das Erziehungssystem und der Sozialisationsprozeß induzieren Autonomie bei der Arbeit und Verantwortungsbewußtsein, die die hierarchische Distanz verkürzen. Umgekehrt bringt das französische Unternehmen eine starke hierarchische Distanz hervor aufgrund des Abstands, der zwischen den verschiedenen Ebenen entsteht, die sich einander weniger öffnen, und aufgrund der Bedeutung dieser Institution bei der Zuweisung von Arbeitsstellen, was eine nicht an das Individuum gebundene Abhängigkeit hervorbringt.

Die deutsche Orientierung auf die Aufgabe (oder das Produkt) ist eine Variante dieser sozialen Realität. Das oft perfekte Zusammenfallen von Aufgaben, Funktionen und Personen führt zu einem starken Selbstbewußtsein. »Made in Germany« ist vor allem das Ergebnis mehrerer Kräfte, die ein per-

---

30 Ebenda, S. 18.

fektes Gefüge darstellen und so Qualität hervorbringen. Die Transparenz ist vollkommen: Die Universitäten und Fachhochschulen sind bekannt; das gleiche gilt für die jeweiligen Ausbildungssysteme, die Lehrkräfte und die Studieninhalte. Die Ausbildung ist normiert, genauso wie die erlernten Kompetenzen und die Arbeitsstellen. Die Aufgabenbeschreibung ist präzise, der Kompetenzbereich klar abgesteckt und die entsprechenden Mittel sind im Haushalt vorgesehen. Der Ingenieur kann sich auf ein Team stützen, insbesondere auf Facharbeiter, die ihrerseits eine normierte Ausbildung absolviert haben, die vollkommen unter Kontrolle ist. Es genügt folglich, daß das Team das Produkt normiert, d.h. es an die Vorstellung angleicht, die man von ihm hat. Seine Funktionalität muß den Anforderungen entsprechen und der DIN-Norm gehorchen. Auch die Sicherheit ist durch eine Norm gewährleistet, und die entsprechenden Gütezeichen werden auf dem Produkt angebracht. Das ist die Regel des »Made in Germany«!

Wie kann es da noch erstaunen, daß die Deutschen Schwierigkeiten haben, auf französische Sonderwünsche einzugehen? Hier wird ersichtlich, daß die Zusammenhänge zwischen Bildungssystem und Unternehmen die Sonderstellung Deutschlands auf der Achse der Antagonismen Produkt-Kunde noch verstärken, eine Position, die in den tiefen kulturellen Wurzeln bereits angelegt ist.

Es wird deutlich, inwieweit das französische System eher personen- bzw. kundenorientiert ist. Die Identifizierung mit dem Produkt ist immer schwächer ausgeprägt aufgrund der ständig präsenten Diskrepanz zwischen Qualifikationen, Funktionen und Personen. Die Kritik an einem konzipierten und gefertigten Produkt wird weniger persönlich genommen; Zweifel stellt sich schneller ein. Eine solche Kritik ist um so leichter zu ertragen, als man selten persönlich angegriffen wird, da eine vollkommene Entsprechung zwischen Personen und Funktionen selten ist.

Die »normativ-soziale« Dimension ist, wie wir gesehen haben, immer wichtiger als die »instrumental-technische« Dimension. Die Hauptachse bleibt ein soziales Spiel zwischen den Akteuren, von denen man abhängt und an die sich die Funktionen mehr schlecht als recht anpassen.

Der Antagonismus Dissens/Konsens läßt sich auch ausgehend von der Analyse der Interessenvertretungssysteme und der Machtfragen im Unternehmen behandeln.[31] Wir wollen hier lediglich auf einige zentrale Punkte zurückkommen, die zwar Produkte des heutigen Systems der deutschen und französischen Unternehmen sind, die aber auf einem geeigneten kulturellen »Boden« zur Blüte kamen. In Deutschland ist der Begriff des Konsens, der oft mit der Mitbestimmung in Zusammenhang gebracht wird, auf zwei Ebenen anzusiedeln. Innerhalb des Betriebs betrifft er den Betriebsrat, der teilweise an der Entscheidungsfindung beteiligt ist, und die Unternehmensleitung. Auf überbetrieblicher Ebene handelt es sich um die Parität, die zwischen Vertretern von Kapital und Arbeit angestrebt wird und die nur in einem Fall wirklich erreicht worden ist, und zwar seit 1951 in der Montanindustrie. Das System der Mitbestimmung beruht auf dem Einvernehmen aller Beteiligten. Im Streitfall entscheidet der von den Vertretern der Arbeitnehmer und der Aktionäre gemeinsam ernannte »neutrale Mann«. Ebenso interveniert eine Schlichtungsinstanz, wenn der Betriebsrat und die Unternehmensleitung keinen Kompromiß finden können. In der Praxis intervenieren diese Regulierungsinstanzen ziemlich selten; die genaue Beobachtung des deutschen Unternehmens zeigt in der Tat, daß Harmonie das latente Prinzip ist. Der Arbeitsraum ist ein Ort sozialen Friedens, denn ein Streik kann nicht innerhalb des Betriebs ausgelöst werden, sondern nur außerhalb, durch die jeweilige Branchengewerkschaft. Hier stoßen wir wieder auf einen Grundbegriff der deutschen Kultur, die internalisierte und nahe Autorität. Dieses Konzept schließt sozialen Konflikt innerhalb des Betriebs aus. Das heißt aber keinesfalls, wie schlecht informierte Franzosen dies lange Zeit fälschlicherweise vermutet haben, daß man mit den Arbeitgebern gemeinsame Sache macht. Der Betriebsrat verfügt über reale Macht, und der gewerkschaftliche Organisationsgrad[32] ist sehr viel höher als in Frankreich; allein schon die IG Metall hat mehr Mitglieder als alle französischen Gewerkschaften zusammengenommen. Die Tarifverhandlungen sind Anlaß für bedeutenden Widerstand, der zu langen, schweren

---

31 Vgl. hierzu René Lasserre, Concertation sociale et gestion des ressources humaines dans l'entreprise, in: L'état de l'Allemagne, 1995. Vgl. ebenfalls Hassenteufel, P., 1990, S. 21-37; Sellier, F., 1990, S. 41-58; Rehfeldt, U., 1990, S. 59-80.
32 Anfang 1977 betrug er in Deutschland etwa 40%, in Frankreich 10%.

Streiks führen kann. Die harmonie- und konsensgeprägte Atmosphäre im Unternehmen wird dadurch jedoch nicht beeinträchtigt, denn jeder Arbeitnehmer kann sich durchaus zwei verschiedenen Entitäten zugehörig fühlen, intern dem Unternehmen und extern der Gewerkschaft, welche trotz der Existenz von Vertrauensleuten nicht als Institution im Betrieb präsent ist. Es existiert somit eine wirkliche Trennung zwischen der ökonomischen Betriebsführung und der Verteidigung der Arbeiterinteressen. Zudem ist auf die deutsche Logik der gewerkschaftlichen Segmentierung nach Regionen, Branchen und Berufen hinzuweisen, die eine dissensgeprägte gewerkschaftliche Interessenvertretung verhindert. In den meisten französischen Unternehmen versuchen fünf Gewerkschaften unterschiedlicher politischer Schattierung nebeneinander zu existieren. In vielen Seminaren, die wir für die Sozialpartner durchgeführt haben, sahen die deutschen Kollegen in der Vielfalt der französischen Gewerkschaften eine Schwäche. Ihre französischen Gesprächspartner fanden den Begriff der Parität äußerst suspekt; der Begriff des *Arbeitsdirektors**, wie er in der Montanindustrie existiert, erschien ihnen vollkommen unbegreiflich.

Die Rolle der Personalvertreter (*délégués du personnel*)[33] in Frankreich ist in kultureller Hinsicht sehr interessant. Ihre Aufgabe besteht darin, dem Arbeitgeber die individuellen und kollektiven Beschwerden und Forderungen zu unterbreiten, aber dieser ist nicht gezwungen, hierauf zu antworten. Das Unternehmen scheint eine Konfrontationslogik zu entwickeln, die immer durch ein komplexes Verhältnis zwischen zentraler Unternehmensleitung und Basis geprägt ist. Das Management der Sozialbeziehungen im Unternehmen wird durch die Unternehmensleitung zentralisiert; auch auf dieser Ebene äußert sich die große hierarchische Distanz:

»Die französische Betriebsführung ist eher administrativ (d.h. mit Entscheidungen der Personalverwaltung verbunden) als technisch geprägt. Dies hängt mit dem Typus des Meisters zusammen, der im französischen Betrieb für technische Zusammenarbeit und Ausbildung zuständig ist. So erklärt sich die französische Tendenz, jeden isolierten Konflikt an die Unternehmensleitung weiterzureichen. [...] Selbst wenn es in deutschen Unternehmen ebenfalls eine Personalabteilung gibt, die registriert

---

33 Vgl. Sellier, F., 1990, S. 52.

und harmonisiert, so haben die verschiedenen Hierarchieebenen in der Produktion doch mehr Autonomie bei konfliktträchtigen Entscheidungen, und die Personalchefs und Unternehmensleitungen mischen sich weniger in die Produktion ein [...] Ein Ingenieur sagte uns, er brächte 60% seiner Zeit damit zu, Streitigkeiten zu schlichten.«[34]

Dieses Beispiel zeigt, in welchem Ausmaß in der Betriebsorganisation zwei antagonistische Logiken aufeinandertreffen. Auf der einen Seite der ständige Bezug auf eine weit von den Werkstätten entfernte zentrale Autorität, die sich immer wieder einmischen muß; auf der anderen Seite der Wunsch, alles vor Ort zu klären, im Namen der Autorität der Nähe.

Sellier spricht in bezug auf Frankreich von einer schwer zu erklärenden konfliktgeladenen Stabilität.[35] Man kann nicht umhin, in diesem Zusammenhang an die Entsprechung von gesellschaftlichen und kulturellen Faktoren zu denken sowie an das Gleichgewicht, das für d'Iribarne zwischen dem rationalen und dem traditionellen Element besteht.[36]

Es ist zu spüren, daß der französische Geist des Murrens, des Widerspruchs, der individuellen Herausforderung gegenüber der zentralen Macht und den von ihr ausgehenden anziehenden wie abstoßenden Wirkungen in diesem System zum Ausdruck kommt. Ähnlich ist der Erfolg des deutschen Sozialmodells Ausdruck einer tief verwurzelten Logik der Kooperation, des langsamen und zeitweilig schmerzhaften Erarbeitens eines unvermeidlichen Konsens, der es der Gruppe erlaubt, zusammenzuwachsen. René Lasserre[37] schreibt dazu:

»Diese Konzertierungsmechanismen setzen das Unternehmen nicht den unnötigen Spannungen und den Ungewißheiten aus, die mit einer sozialen Steuerung in Abhängigkeit von den Machtverhältnissen verbunden sind, sondern führen ganz im Gegenteil dazu, das Personal in die betrieblichen Entscheidungen einzubeziehen und es zu einer *Betriebsgemeinschaft** zu machen, die auf das gemeinsame Ziel des kollektiven Erfolgs ausgerichtet ist.«

---

34 Ebenda, S. 55.
35 Ebenda, S. 52.
36 d'Iribarne, Ph., 1989, S. 263.
37 Lasserre, R., 1995, S. 347.

KULTUR UND MANAGEMENT

Wie wir gesehen haben, führt der gesellschaftstheoretische Ansatz dazu, dem Akteur eine Identität zu geben, die im Falle Frankreichs und Deutschlands durchaus stark kulturell geprägt ist: Die Behauptung, die Akteure seien nur vom System abhängig, greift zu kurz und ist unbefriedigend. Es ist kaum zu leugnen, daß die seit 1951 in der Montanindustrie herrschende echte Mitbestimmung auf den Wunsch der Alliierten zurückzuführen ist, die Gewerkschaften derjenigen Branche zufriedenzustellen, die am stärksten in den nationalsozialistischen Militarismus verwickelt war. Genauso wenig ist aber zu leugnen, daß diese Maßnahme kaum funktioniert hätte, wenn sie etwas vollkommen Künstliches gewesen wäre. Der deutsche Kompromiß ist nicht allein aus einem von starken kulturellen Faktoren vollkommen losgelösten Konstrukt hervorgegangen.

Diese Überlegung kann man im Bereich des Managements weiterführen. Einer der befragten Deutschen, der in der deutschen Filiale eines französischen Konzerns arbeitete, erklärte die Unterschiede in den Führungsstilen durch den starken Einfluß des Herzberg'schen[38] Modells in Deutschland:

»Seit zwanzig Jahren oder noch länger werden wir nach dem Modell Herzbergs geschult, und wir haben die Idee der Entscheidungsdelegation verinnerlicht. Das heißt auch, daß uns unsere Vorgesetzten genügend Handlungsspielraum lassen, um unsere eigenen Entscheidungen zu fällen. In einem französischen Unternehmen wird zentral entschieden, und das ist kaum transparent.«

Herzberg behandelte das Problem der Motivation auf neuartige Weise. Die vorhergehenden Untersuchungen hatten sich entweder ausschließlich mit den Faktoren, die die Einstellung der Arbeitenden ihrer Arbeit gegenüber beeinflussen, oder mit den Auswirkungen der Verhaltensweisen bei der Arbeit beschäftigt. Herzberg hingegen beschloß, die Bestimmungsfaktoren, die Einstellungen und deren Auswirkungen parallel zu unter-

---

38 Herzberg, F., 1959.

suchen.[39] Die Unternehmenschefs waren sehr an Arbeiten interessiert, die, wie im Fall AT&T, zur Definition von natürlichen Verantwortungsbereichen und logischen Aufgabenfeldern führten, aber auch zu mehr Kontrolle und Verantwortung im Zusammenhang mit der Arbeit, was die ausführende Kraft notwendigerweise mit einigen Managementaspekten ihrer Arbeit konfrontiert.

Man könnte natürlich einen Teil der von uns in den Betrieben durchgeführten Interviews aus dem Blickwinkel dieser Managementprinzipien erneut betrachten. Der Einfluß der Theorien Herzbergs könnte einige charakteristische Elemente des deutschen Stils (Autonomie bei der Bewältigung einer Aufgabe; strenge Abgrenzung des Zuständigkeitsbereichs; geringere Abhängigkeit von den Vorgesetzten, sobald die Arbeit begonnen worden ist) leicht erklären. Dagegen läßt sich aber Verschiedenes einwenden. Es ist klar, daß die Ansätze aller Managementtheoretiker in Europa in etwa gleich verbreitet sind. Dasselbe ließe sich hinsichtlich der verschiedenen Abhandlungen sagen, die nach und nach die Großunternehmen überschwemmten. All diese Theorien sind aber weitgehend normativ exportiert worden, ohne sie der jeweiligen Zielkultur anzupassen. Ihr Erfolg in dem einen oder anderen Land gibt Aufschluß nicht nur über die Gültigkeit der jeweiligen Theorie, sondern genauso über den kulturellen Hintergrund des betreffenden Landes.

---

39 In Fabriken im Raum Pittsburgh wurden Arbeitnehmer unterschiedlicher Hierarchiestufen befragt. Sie wurden gebeten, Ereignisse zu erzählen, die zu einem Zeitpunkt stattfanden, als sie mit ihrem Berufsleben sehr zufrieden bzw. sehr unzufrieden waren. Die Analyse zeigte, daß die Ursachen für Zufriedenheit sich von den Ursachen für Unzufriedenheit unterscheiden und es nicht ausreicht, einen Faktor zu isolieren, um die Motivationsprobleme des Unternehmens zu lösen. Es wurde unterschieden zwischen Faktoren der Motivation und Faktoren der Arbeitshygiene. Es ist folglich zu trennen zwischen der Unternehmenspolitik, den Arbeitsbedingungen und den Beziehungen unter Kollegen, aufgrund derer sich Unzufriedenheit vermeiden läßt, auf der einen Seite, und den wirklich motivierenden Faktoren (Anerkennung für gut gemachte Arbeit oder Möglichkeiten, größere Verantwortung übernehmen zu können) auf der anderen Seite.

In diesem Zusammenhang ist z.B. an die Woge der Qualitätszirkel zu denken, die in einer der von uns untersuchten deutschen Filialen ein gewisses Erstaunen hervorrief: Diese Pseudorevolution entsprach dort praktisch der »natürlichen«, d.h. kulturell bedingten Art zu arbeiten. In Frankreich hingegen stellen die Qualitätszirkel in erster Linie eine Modeerscheinung dar, der es niemals gelungen ist, im Management wirklich Fuß zu fassen. Die Ursache hierfür liegt in einem Phänomen der Ablehnung, das mit der französischen Kultur zusammenhängt:

»Die berühmten ›Qualitätszirkel‹ scheinen weit davon entfernt, alle Versprechen zu halten, die mit ihrer Einführung verbunden waren. Anfänglich ließ sich in der Regel eine gewisse Euphorie feststellen. Danach wurden sie allerdings nicht sehr alt; nach zwei oder drei Jahren Praxis erlahmten sie häufig bzw. wurden sogar eingestellt. Sicherlich rufen sie zu Beginn sehr positive Reaktionen bei den Teilnehmern hervor, die sich geschmeichelt fühlen, daß man ihre Meinung endlich einmal berücksichtigt. Und viele Unternehmen freuen sich über ihre Auswirkungen auf die Motivation der Arbeiter; diese Auswirkungen scheinen in ihren Augen wichtiger zu sein als der unmittelbare Beitrag der berücksichtigten Vorschläge zur Arbeitseffizienz in den Werkstätten. Aber der Widerstand derjenigen, deren Vorrechte in Frage gestellt werden, läßt nicht lange auf sich warten. Und wenn man erreichen will, daß der Erfolg der Qualitätszirkel auf Dauer sichergestellt wird, muß man sie in die ›normale‹ Funktionsweise des Unternehmens integrieren.«[40]

Die Umsetzung einer vorgeblich universellen Theorie ist stets mit einem kulturellen Adaptationsprozeß verbunden. Das »management by objectives«, die vielleicht berühmteste Managementtechnik, versucht, alle Mitarbeiter dazu anzuregen, für die Ergebnisse des Unternehmens[41] zu arbeiten. Diese Technik setzt bei den Mitarbeitern einige Eigenschaften voraus, die eng mit der Kultur verbunden sind:

– Die Fähigkeit, wirklich mit einem Chef zu verhandeln
– Der Wille, sich durch seine Leistungen auszuzeichnen
– Risikobereitschaft

---

40 d'Iribarne, Ph., 1989, S. 126.
41 Vgl. die einschlägige Abhandlung von Peter Drucker, 1955, sowie den Kommentar von Bollinger, D., Hofstede, G., 1987, S. 209-211.

Die deutsche Variante der Führung durch Zielvorgabe stellte eine Veränderung des ursprünglichen Modells dar, die die Rolle des Teams bei der Zielfestsetzung betonte und das individuelle Risiko abschwächte. Der Begriff des kollektiven Kompromisses, Grundpfeiler der deutschen Kultur, fließt in diese Managementtechnik ein und macht sie zur »Führung durch Zielvereinbarung«.

Die französische Version wurde zur »Partizipativen Führung durch Ziele«, was stark durch die Aspirationen der 68er Bewegung geprägt war. In Wirklichkeit handelte es sich dabei jedoch lediglich um einen frommen Wunsch. Diese Managementtechnik entsprach zwar durchaus dem egalitären Streben der französischen Gesellschaft, ignorierte aber vollkommen die Abhängigkeit von einer zwar kritisierten, aber personalisierten Autorität. Die französische hierarchische Distanz stellt sowohl die Untergebenen wie auch die Vorgesetzten zufrieden, und die Internalisierung der Ziele entspricht nicht der französischen Kultur:

»Ich glaube, daß die partizipative Führung durch Ziele beendet ist. Besser noch, sie hat niemals wirklich begonnen, und sie wird solange nicht beginnen können, wie in Frankreich diese Vermengung von Ideologie und Realität fortbesteht […] Die französischen Arbeiter, Angestellten, Führungskräfte und Unternehmer gehören alle demselben soziokulturellen System an, das die Abhängigkeitsverhältnisse zwischen verschiedenen Ebenen aufrechterhält. Ein System, das nur von der Norm abweichende Individuen belastet? Die partizipative Führung durch Ziele ist eine Struktur, die Angst erzeugt, während die Rolle von Struktur gerade darin bestehen sollte, vor Angst zu schützen.«[42]

Das Beispiel der Matrixorganisation veranschaulicht ebenfalls die Problematik der Übertragung von Managementtechniken auf bestimmte kulturelle Systeme. Dieses Organisationssystem, das bekanntlich mindestens zwei Vorgesetzte für jeden Untergebenen vorsieht, bedeutet, daß sich ständig mindestens zwei Ebenen kreuzen: eine nach Länderbereichen gegliederte funktionale Ebene und eine den verschiedenen Produkten entsprechende operationelle Ebene. In beiden Ländern wurde zwar die Schwerfälligkeit dieses Systems betont, die die tägliche Arbeit manchmal belastet, es wurden

---

42 Franck, G., Management, in: Bollinger, D., Hofstede, G., 1987, S. 210-211.

aber unterschiedliche Einschätzungen geäußert. In unseren verschiedenen Untersuchungen beklagten sich die befragten Franzosen oft über blockierte Situationen und schienen Schwierigkeiten zu haben, sich mit zwei Vorgesetzten zu identifizieren.

F: »Wenn der Chef vom Länderbereich und der weltweit für das Produkt Verantwortliche sich nicht einig sind, was macht man denn da? Na, nichts, das ist es eben, da liegt das Problem...«

Diese doppelte Abhängigkeit wird oft als ein Faktor erlebt, der Konflikte und permanente Kraftproben hervorruft, was zu Langsamkeit, Verzögerungen, ja sogar zu Entscheidungsunfähigkeit führt. Die Analyse der Deutschen ist ähnlich, aber hier wird eher die Verstärkung des kollektiven oder kollegialen Aspekts des Prozesses betont, und man besteht auf einer möglichst perfekten Definition der Rollen und der Aufgabenverteilung.

D: »Je mehr Leute über eine Entscheidung nachdenken, um so größer sind die Chancen, daß eine gute Entscheidung getroffen wird.«

INTERKULTURALITÄT ALS FÜHRUNGSINSTRUMENT

Zum Abschluß dieser Überlegungen sollen die Erfahrungen eines deutschen Ingenieurs erwähnt werden, der seit zwei Jahren in der französischen Filiale seines Unternehmens arbeitet und dort für die Wartung der gesamten Fabrik zuständig ist. Einen Monat nach der Vorstellung und Analyse der Erhebung, die im Rahmen eines Seminars in diesem Unternehmen durchgeführt worden war, erläuterte der Mitarbeiter folgenden Sachverhalt, den wir ungekürzt wiedergeben:

D: »Die Einheit war zentralistisch organisiert, in Abhängigkeit von den technischen Kompetenzen. Die verschiedenen Gruppen waren jeweils für das gesamte Gebiet verantwortlich. Die Zunahme des Arbeitsvolumens und die Vergrößerung der benutzten Fläche stießen an ihre Grenzen. Es wurde immer deutlicher, daß kein Mitarbeiter mehr in der Lage war, sich innerhalb seines Bereichs um das gesamte Gebiet zu kümmern.

Für mich lag die Lösung auf der Hand. In Deutschland sind diese Tätigkeiten dezentral organisiert. Es wurde folglich beschlossen, Teams mit verschiedenen Kompetenzen zu bilden, denen für eine gegebene Fläche die völlige Verantwortung übertragen wurde. Diesen polyvalenten, dezentralisierten Gruppen standen nun Zentralabteilungen gegenüber, die nach wie vor nach Kompetenzen funktionierten. Ihre Aufgabe sollte es sein, die dezentralisierten Teams zu unterstützen, wenn Probleme auftraten, und die Aufgaben zu erledigen, die alle betrafen.

Eben an dieser Schnittstelle begannen die Schwierigkeiten. Die Mitarbeiter beklagten sich immer mehr und gaben vor, sie wüßten nicht so recht, was als gemeinsame Aufgabe und was als sektorenspezifische Aufgabe anzusehen wäre. Da die Klagen sehr allgemein gehalten waren, wurde beschlossen, konkrete Fälle zu untersuchen, um eine Lösung zu finden. Nach einer vielversprechenden Anfangsphase war schnell festzustellen, daß die Diskussion entgleiste. Immer häufiger kamen wieder Probleme der Zusammenlegung von Aufgaben zur Sprache, und bestimmte Fälle, die eigentlich geregelt zu sein schienen, wurden erneut und in verschärfter Form vorgebracht. Sie nahmen derartige Ausmaße an, daß ich mir darüber klar werden mußte, daß die französischen Mitarbeiter sich damit begnügten, von den Problemen zu sprechen und letztendlich darauf warteten, daß die Lösung in Form einer Entscheidung der Hierarchie komme.

Hier konnte ich mich auf meine Erfahrungen stützen, die ich im Seminar zur interkulturellen Kommunikation gesammelt hatte. Was war passiert?

1. Das französische Unternehmen hat traditionsgemäß eine zentralisierte Struktur mit mehreren Zwischenebenen. Diese Struktur war auch in der ursprünglichen Organisation der Einheit gegeben. Die neue, dezentralisierte Struktur ›à l'allemande‹ setzte voraus, daß sich die Mitarbeiter aller Ebenen in Gruppendiskussionen einigten und Überschneidungs- und Überlappungsprobleme selbst klärten. Diese Situation war etwas vollkommen Neues, da man bisher darauf eingestellt war, daß die Lösung von einer übergeordneten Hierarchie kommt.
2. Der Versuch, die Überschneidungen dadurch zu lösen, daß man sich ein Ziel steckte (neue Organisation) und die Detailprobleme Punkt für Punkt behandelte und einer Lösung zuführte, wurde von französischer Warte aus als deutsche Detailfreude interpretiert.

Wir lösten das Problem, indem wir darauf verzichteten, die Detailfragen zu behandeln. Stattdessen erarbeitete die Geschäftsführung eine Definition, die den Mitarbeitern vorgestellt wurde. Die Grundidee war folgende: Die Verantwortlichen für die Sektoren entscheiden jeder für sich in vollkommener Unabhängigkeit, was sie selbst behandeln und was sie den Zentralabteilungen überlassen. Die Geschäftsführung behält sich das Recht vor, in besonderen Fällen korrigierend einzugreifen, wenn dies im allgemeinen Interesse zu sein scheint.

Am Ende der Besprechung, in der diese Idee vorgestellt worden war, waren alle sehr erleichtert, und die Mitarbeiter gaben an, sehr froh zu sein, daß sie nun endlich klar begriffen hatten, wie das Ganze ablaufen sollte.«

Bei diesem Fall handelt es sich in der Tat um die Lösung eines interkulturellen Konflikts. Fehler bei der Einschätzung sind unvermeidlich und werden dies wohl auch in Zukunft sein. Spontanreaktionen veranlassen die einzelnen, wie wir gesehen haben, häufig dazu, sich an die Situation anzupassen, indem sie stark an ihre kulturellen Prägungen appellieren. Nach einer viertägigen Einführung in interkulturelle Fragen liefert der deutsche Verantwortliche zwar immer noch eine »deutsche« Lösung für das Problem. Nachdenken führt ihn aber sehr schnell dazu, nach den Ursachen für seinen Mißerfolg zu fragen und eine Entscheidung zu treffen, die der gegebenen Kultur Rechnung trägt. Der Erfolg läßt nicht auf sich warten.

Dieser Fall macht die Gültigkeit des interkulturellen Ansatzes deutlich. Es ist von grundlegender Bedeutung, Franzosen und Deutsche, die zusammenarbeiten, insbesondere wenn es sich um integrierte Unternehmen handelt, dazu zu motivieren, gemeinsam zu untersuchen, wie sie die täglichen Probleme lösen, angefangen bei der effizienten Führung einer Besprechung bis hin zum gelungenen Management eines Teams oder eines Unternehmens. Nur so können die kulturellen Unterschiede zu einer neuen strategischen Behandlung führen, mit der sich nicht nur Hindernisse überwinden, sondern auch vorhandene Potentiale ausschöpfen lassen.

Schlussfolgerung

So endet unsere Reise durch die Welt der Unternehmen. Branchenunabhängige kulturelle Besonderheiten sind auf deutscher und französischer Seite klar zutage getreten. In so unterschiedlichen Bereichen wie chemische Industrie, Metallindustrie, Telekommunikation, Elektronik, Luftfahrt oder Automobilindustrie haben wir dieselben Beobachtungen machen können. Die vorgestellten Fallstudien zeigen, wie sehr mangelndes Wissen über die andere Kultur, kritische Situationen und Identitätsreflexe zu Problemen und Funktionsstörungen führen können. Unsere Schlußfolgerungen scheinen zudem auch außerhalb des Industrieunternehmens, auf das sich unsere Studie beschränkt, Gültigkeit zu besitzen. Wir haben in anderen gesellschaftlichen Bereichen seltsame Ähnlichkeiten aufspüren können. Interventionen beim Straßburger Europakorps und der deutsch-französischen Brigade, aber auch im Bereich der grenzüberschreitenden Zusammenarbeit (hohe Beamte beider Länder im Elsaß und in Baden-Württemberg) sowie vor kurzem bei Arte, einem vorgeblich interkulturellen Fernsehsender, haben es erlaubt, in einem Bereich, dessen Kultur sich auf den ersten Blick stark von der Unternehmenskultur zu unterscheiden scheint, dieselben deutsch-französischen Orientierungen auszumachen.

Bei unserer Beschreibung der seltsamen Alchimie, die bei der deutsch-französischen Zusammenarbeit am Werk ist, haben wir uns bemüht, über willkürlich determinierte Kultureigenschaften hinauszugehen, die zahlreiche Vorurteile in sich bergen. Unsere Absicht bestand darin, das besondere Gefüge und die innere Kohärenz jedes Systems herauszustellen. Die Zusammenhänge zwischen den in den Unternehmen des ausgehenden 20. Jahrhunderts dominierenden Tendenzen und den historischen, familiären, religiösen und erzieherischen Wurzeln liegen auf der Hand. Erfolgreiches Kooperationsmanagement impliziert zudem, Unterschiede zu berücksichtigen, die berechtigterweise anderen Quellen zugeschrieben werden: Persönlichkeitsstruktur, Alter, Geschlecht, soziale Zugehörigkeit, Region, Unternehmens- oder Berufskultur. Deshalb ist Vorsicht am Platz: Wir sind keine erstarrten Produkte von Kulturen der Vergangenheit oder vorprogrammierte Menschen, die mechanisch deutsche oder französische Verhaltensweisen reproduzieren.

»Bei jeder Etappe in der Entwicklung eines Menschen oder eines Landes trifft der Wunsch nach Dauer auf Unvorhergesehenes, und fest verankerte Gewohnheiten werden mit Ereignissen konfrontiert: Die nationale Dynamik nährt sich auch von der Instabilität der kulturellen Systeme und der auf sie einwirkenden Außenzwänge.«[1]

Wir schließen uns hier dem bei Wirtschaftswissenschaftlern und Philosophen beliebten Gegensatz zwischen dem Prinzip der universellen Sparsamkeit und dem Prinzip des intelligenten Handels an. Das erste Prinzip macht, angewendet auf den kulturellen Ansatz, deutlich, daß unsere kulturellen »Reserven« aus Gewohnheit, Bequemlichkeit oder gar Faulheit uns ein Modell des guten Handelns liefern und es uns erlauben, eine bekannte Funktion zu optimieren. Wird es allein benutzt, so führt es zu einer einengenden Sichtweise, die den Menschen zu einem kulturellen Apparat reduziert. Das zweite Prinzip bereichert das erste und stellt die menschliche Freiheit wieder her, die Strategie des Akteurs, wie die Organisationssoziologen sagen: Es bringt uns der Kant'schen Kritik der Urteilskraft und dem grundlegenden Konzept der Teleologie nah. Der Mensch fällt sein Urteil in bezug auf ein Projekt; er erfindet Verhaltensweisen, die seinen Zwecken entsprechen. Anders ausgedrückt, indem er eine Antwort (er)findet, die vielleicht noch nicht existiert oder, um die geglückte Formulierung von Marx aufzugreifen:

»Die Biene überrascht durch die Perfektion ihrer Wachszellen zahlreiche Architekten, aber was die Überlegenheit auch des mittelmäßigsten Architekten gegenüber der erfahrensten Biene ausmacht, ist, daß er die Zellen in seinem Kopf gebaut hat, bevor er sie im Bienenkorb baut.«[2]

---

1 Burguière, A., Revel, J., 1993, S. 12.
2 Marx, K., in: Lemoigne, J.-L., 1990, S. 22.

Die wichtigste Botschaft, die es den Protagonisten der deutsch-französischen Zusammenarbeit zu übermitteln gilt, ist, daß sie eher Architekten als Bienen sind. Sie sind nicht lediglich Produkte eines nationalen soziokulturellen Systems, was eine gefährlich deterministische Sichtweise wäre, sondern freie Akteure, die in der Lage sind, sich den verschiedenen Zwängen anzupassen, indem sie den Reichtum der beiden Kulturen einsetzen. Letztere stellen nun keine zu überwindenden Hindernisse mehr dar, sondern neue Ressourcen, die es auszuschöpfen gilt.

Diese unerläßliche gegenseitige Bereicherung ist sicherlich noch allzu oft ein frommer Wunsch. Unsere seit zehn Jahren durchgeführten Beobachtungen bestärken uns in der Annahme, daß das Gewicht der deutschen Stammes- oder Gemeinschaftskultur und der französischen Königs- und Kaiserkultur nach wie vor sehr groß ist. Angesichts des Drucks, den die Handelskultur und die schnelle Ausbreitung einer weltweit vernetzten Kommunikationskultur auf beide Länder ausüben, muß in beiden Fällen nach Antworten gesucht werden, die ein kluges Gleichgewicht zwischen dem Rückgriff auf das kulturelle Erbe und der Erarbeitung neuer Lösungen ermöglichen. Betrachten wir die jeweiligen Vorteile beider Kulturen. Das deutsche System eliminiert Überraschungen und schafft eine starke soziale Kohäsion; die charakteristische Aufgabensegmentierung führt zu gut definierten Funktionen, in ihrem Bereich sehr kompetenten Spezialisten und Delegation von Verantwortung. Das französische Modell hat den enormen Vorzug einer starken Reaktionsfähigkeit, räumt dem einzelnen bei der Umsetzung großen Handlungsspielraum ein, erlaubt eine allgemeine, transversale Behandlung der Themen und fördert Improvisationstalent und Kreativität. Auch die jeweiligen Nachteile lassen sich ermessen; sie lähmen gleichermaßen den Fortschritt beider Länder und die individuelle Selbstverwirklichung in der Arbeit. Für Deutschland sind dies die starke Abkapselung, die Synthesen erschwert und die Reaktionsfähigkeit mindert, das Mißtrauen dem Wandel gegenüber sowie die Tendenz, sich stets auf erprobte Systeme zu stützen. Für Frankreich hingegen stellen das Gewicht der Hierarchie, die Machtwillkür und die zu häufigen Richtungsänderungen eine große Belastung dar. Die Unfähigkeit, auch kleinste Entscheidungen zu delegieren, ist ein wirkliches Hindernis für die Organisationseffizienz und die

Entwicklungschancen der Individuen. Es ist an der Zeit, daß man in Deutschland und Frankreich endlich begreift, daß bestimmte Antworten, die von den Nationalkulturen übernommen worden sind, nicht mehr dazu angetan sind, die komplexen Probleme zu meistern, die mit den Herausforderungen der Globalisierung des Wirtschaftsgeschehens verbunden sind.

Interkulturelle Kompetenz, das muß betont werden, erwirbt man nicht nur durch die Kenntnis anderer Kulturen. Sie hängt darüber hinaus mit zwei Elementen zusammen, die wir in der Einleitung erwähnt haben: bewußte Wahrnehmung der Unterschiede (*awareness*) und Umsetzung (*implementation*). Es gilt zunächst zu begreifen, daß das, was uns »unnatürlich« erscheint, immer in bezug auf eine Norm definiert ist, die mit unserer eigenen Kultur zusammenhängt. Wenn wir unsere eigene kulturelle Prägung nicht kennen, können wir auch eine andere Kultur nicht erfassen. Unsere ethnozentrische Sichtweise ablegen, das heißt vor allem begreifen, daß unser eigenes Bezugssystem nicht universal ist. Bewußte Wahrnehmung der Unterschiede und tiefgreifendes Verstehen sind aber nur dann gewinnbringend, wenn die Mischung der Kulturen in der Organisation tatsächlich gegeben ist. Das setzt voraus, daß sich die Führungsspitze unmißverständlich – und laut und deutlich – zu dem Willen bekennt, internationale Teams zu bilden; sie muß die Kompetenzbereiche exakt definieren und für die Schlüsselposten Akteure auswählen, deren persönliche Strategie sich mit der Strategie des sich der Kooperation öffnenden Unternehmens in Einklang befindet. Vertrauensbildung macht eine perfekte Beherrschung der unerläßlichen Kooperationsmechanismen erforderlich:[3] Angst zu verlieren, Anziehungskraft der wechselseitigen Bereicherung, Versuchung zu mogeln.

Sind diese Hindernisse aus dem Weg geräumt, kann die kulturelle Begegnung mit Hilfe von Instrumenten vermittelt werden, die allmählich einen lebendigen Erfahrungsschatz bilden. Wie läßt sich dieses Wissen sammeln und aufbewahren, wie kann man es in einem deutsch-französischen Unternehmen lebendig werden lassen? Wie ist das Interkulturelle, das von

---

3 Vgl. das von Gilles Le Cardinal an der Universität Compiègne entwickelte Schema »PAT Miroir (peurs/attraits/tentations)« (Ängste/Anziehungskräfte/Versuchungen).

den meisten Arbeitnehmern beider Länder zunächst mit Befremden aufgenommen wurde, in einigen Organisationen zu einem emblematischen Glanzstück der Unternehmenskultur und einem ausgezeichneten Instrument der Motivierung und Annäherung binationaler Teams geworden? Hier entfaltet die binationale Organisation ihre volle Bedeutung, denn sie ist ein spannendes Innovationsfeld. Wir sind ganz besonders stolz darauf, dazu beizutragen, dem sehr abgegriffenen Begriff der »menschlichen Ressourcen« wieder zur vollen Geltung zu verhelfen, d.h. es den Akteuren der deutsch-französischen Zusammenarbeit zu erlauben, über die Ursachen der Unterschiede nachzudenken, aber auch zu lernen, die jeweiligen Vorzüge beider Kulturen für die gemeinsame Weiterentwicklung gewinnbringend einzusetzen.

ANHANG

Anhang 1

Methodologische Anmerkungen – Grenzen des quantitativen Ansatzes

In Kapitel 5 haben wir eine Untersuchung erwähnt (Distanz und Macht: quantitativer Ansatz), die wir mit Hilfe der EDV-Abteilung der Universität Compiègne durchgeführt haben und die in unserer Dissertation detailliert dargestellt ist.[1] Es wurde schnell deutlich, daß die qualitative Erhebung uns parallel dazu sehr viel reichhaltigere Informationen lieferte. Im Unterschied zur herkömmlichen Vorgehensweise benutzen wir die quantitative Untersuchung nicht dazu, Intuitionen im Zusammenhang mit einem qualitativen Ansatz zu verifizieren, sondern sehr viel mehr, um das Modell Hofstedes im Falle Frankreich/Deutschland zu testen. Im Laufe der Monate sahen wir uns aufgrund unterschiedlicher Elemente veranlaßt, die empirische Erhebung kritischer zu bewerten; wir haben sie jedoch zu Ende geführt. Darüber hinaus wurde ersichtlich, daß die Dimensionen Hofstedes mit Ausnahme der hierarchischen Distanz unzureichend sind, um die in den deutschen und französischen Unternehmen zu beobachtende Realität zu erfassen.

Hinsichtlich der uns besonders interessierenden hierarchischen Distanz hat d'Iribarne[2] sehr deutlich herausgestellt, daß dieses Konzept es nicht immer erlaubt, allen festzustellenden Nuancen Rechnung zu tragen.

---

1   1285 Fragebögen wurden behandelt; sie beinhalteten die Antworten von 760 Deutschen und 532 Franzosen, höhere Angestellte von acht Unternehmen beider Länder. Sie verteilten sich auf acht Gruppen. Hinzu kam eine neunte, kleinere Gruppe von Fragebögen, die in mittelständischen Unternehmen beider Länder eingesetzt worden waren.

2   d'Iribarne, Ph., 1990, S. 9–17.

Bedient man sich des Hofstedeschen Verfahrens zur Messung der hierarchischen Distanz, so läßt sich das französische Management nur unzureichend erfassen. Es ist in der Tat an keiner Stelle von Ungehorsam und
Rebellion die Rede, die eine ferne Autorität sehr wohl empfindlich schwächen können. Anders formuliert, das Konzept der *power distance* wirft die
hierarchische Distanz und die reale Macht vorschnell in einen Topf, ohne
alle Haltungen zu untersuchen.

Ebenso weist d'Iribarne zu Recht darauf hin, daß bei der Konstruktion
des Unsicherheitsvermeidungindexes eines der Items, das den Ausdruck
»die Regeln übertreten«[3] beinhaltet, Gefahr läuft, nicht in allen Ländern
gleich interpretiert zu werden. Dort, wo ein Amerikaner von Regelverlet-
zung spricht, wird ein Franzose eher von intelligenter Auslegung der Regel sprechen. Unterschiedliche Ergebnisse bei den Indexwerten verweisen
dann lediglich darauf, daß der Wortlaut der Regeln in Frankreich weniger
ernst genommen wird; ihre Bedeutung könnte das Gegenteil dessen sein,
was bei der Konstruktion des Indexes beabsichtigt worden war.

Die Partnerunternehmen

Der erste Teil unserer Untersuchung, der von der Robert-Bosch-Stiftung
gefördert wurde, konzentrierte sich auf drei französische und drei deutsche
Tochtergesellschaften von Großunternehmen aus Industriezweigen, die enge
Beziehungen zur Universität Compiègne unterhalten: chemische Industrie,
Automobilindustrie, Elektronik und Stahlindustrie. Es erschien uns von
Anfang an sinnvoller, die Untersuchung auf die Filialen zu konzentrieren.
Gleich bei den ersten Kontakten wurde nämlich deutlich, daß die Mutter-
unternehmen sich geringere Sorgen um Kommunikationsprobleme zu ma-
chen schienen.

---

3   Vgl. Item 3: Im Unternehmen bestehende Regeln dürfen nicht übertreten werden – auch wenn der Mitarbeiter der Meinung ist, es sei im Interesse der Firma.

Deshalb wurde beschlossen, in Tochtergesellschaften beider Länder zu intervenieren, die vergleichbare Produkte herstellten. Wir stellten die folgende These auf: die in den deutschen und französischen Filialen auftretenden Probleme sind nicht genau dieselben und werden stark von kulturellen Faktoren beeinflußt.

Meistens verlief die Kontaktaufnahme über die Tochtergesellschaften, wobei aber auch die Partner des Mutterunternehmens befragt wurden. Ziel war es, die wiederholt auftretenden deutsch-französischen Kommunikationsprobleme zu identifizieren. Es handelt sich folglich eher um eine Befragung als um eine empirische Untersuchung; diese Methode erlaubt es keinesfalls, Erklärungen zum gesamten Unternehmen zu finden.

DIE AUSWAHL DER INTERVIEWPARTNER

Aus praktischen Gründen wurde beschlossen, in den verschiedenen Unternehmen mit einer relativ homogenen Kategorie von Mitarbeitern in Kontakt zu treten, die dem mittleren Management (*cadres moyens*) entsprechen.[4] Im Laufe der verschiedenen Interviews haben wir mehrere soziale Faktoren eingesetzt (Alter, Geschlecht, Betriebszugehörigkeit usw.), mit deren Hilfe sich die Analyse nuancieren ließ. Wir konnten so in jedem Unternehmen mit etwa dreißig Mitarbeiten sprechen, die dem mittleren Management im weiteren Sinne angehören, vom Projekt- bis zum Abteilungsleiter. Leitlinie für die Interviews war die gemeinsame Arbeitslogik, was leichte Verzerrungen nach sich zog: ein Abteilungsleiter einer Filiale kann im Mutterhaus einen Projektleiter als Gesprächspartner haben, und Part-

---

4 Bezieht man sich auf die offizielle Definition der Berufe und sozioprofessionellen Kategorien des INSEE, so handelt es sich in erster Linie um die Gruppe 3:
   – 37 Höheres Verwaltungs- und Verkaufspersonal
   – 38 Ingenieure, technische Angestellte, z.T. der Gruppe 4 zugehörig
   – 46 Angestellte aus Verwaltung und Verkauf in mittlerer Positionen
   – 47 Techniker

nerschaft findet nicht unbedingt auf genau derselben Hierarchieebene statt. Oft war es hilfreich, mit einem Mitarbeiter zu sprechen, der nicht direkt zur untersuchten Gruppe gehörte. So wurden gelegentlich Sekretärinnen oder Vorsitzende interviewt, die mehr oder weniger stark mit dem Ablauf bestimmter Operationen zu tun hatten.

DAS LEITFADENINTERVIEW

Nach einem Expertenseminar, das im März 1991 an der Universität Compiègne durchgeführt worden war, wurde das Leitfadeninterview als wichtigstes Analyseinstrument gewählt. Das Seminar erlaubte es, ein Interviewmodell zu definieren. Alle Gespräche wurden in der Muttersprache des Interviewpartners und von einem seiner Landsleute geführt. Dabei handelte es sich um eine Mindestgarantie: »Der Interviewer muß soweit möglich den Sprachcode beherrschen, der für die Befragung des Betreffenden notwendig ist, d.h. eventuell die dem Betreffenden eigene Sprache benutzen.«[5]

DAS GESPRÄCH

Das Interviewprotokoll wurde folgendermaßen definiert:

- Sich kurz vorstellen.
- Die Person fragen, ob sie über die Untersuchung informiert ist.
- Sich vergewissern, daß sie damit einverstanden ist, an dem Gespräch teilzunehmen und aufgezeichnet zu werden.
- Ihr erklären, weshalb sie ausgewählt worden ist.

---

5 Giacobbi, M., Roux, J.,P., Les techniques qualitatives: de l'interview à l'étude de terrain, Paris: Hatier 1990, S. 189.

- Die Technik des Leitfadeninterviews vorstellen.
- Auf den Beginn der Tonbandaufzeichung hinweisen und die Anonymität betonen.
- Die erste Frage stellen.

Diese Vorsichtsmaßnahmen waren unerläßlich. Die Erfahrung zeigt, daß der Informationsstand je nach Unternehmen und Abteilung sehr unterschiedlich ist. Trotz der sorgfältigen Vorbereitung (sehr frühzeitige Kontaktaufnahme; Versprechen der Personalleitung, unsere Informationspapiere weiterzureichen) wiesen die Interviewpartner bei weitem nicht alle dasselbe Profil auf. Selbst auf die Gefahr hin, zu überzeichnen, seien zwei Extremfälle erwähnt: Ein deutscher Angestellter hatte drei Seiten geschrieben, um sich auf das Gespräch vorzubereiten; einen französischen Verantwortlichen konnten wir so gerade noch an seiner Bürotür abfangen, er hatte das Interview schlicht und ergreifend vergessen.[6]

---

6 Wir haben in unserer Dissertation die Gründe beschrieben, die uns dazu veranlaßten, statt des freien Interviews das Leitfadeninterview zu wählen. Des weiteren wird dort auch die Technik der Inhaltsanalyse genauer dargestellt.

Anhang 2

INTERKULTURALITÄT
AN DER UNIVERSITÄT COMPIÈGNE

Die fünfjährige Ingenieurausbildung an der Universität Compiègne sieht bereits in den ersten vier Semestern zwei vierwöchige Praktika vor, die von den Studenten selbst oder von der Universität vorgeschlagen werden. So können sie das Unternehmen von der Basis her kennenlernen und die Position eines Arbeiters bzw. einer ausführenden Kraft in Frankreich und im Ausland vergleichen. Da ich seit vielen Jahren für die obligatorischen Auslandspraktika[7] zuständig bin, war es mir ein leichtes, hier den interkulturellen Ansatz einfließen zu lassen. Für Studenten, die Nutzen aus ihren Auslandspraktika ziehen wollen, besteht zudem die Möglichkeit, eine Ausbildung in interkultureller Kommunikation zu absolvieren.[8] In den beiden letzten Studienjahren müssen zwei weitere, sechsmonatige Praktika absolviert werden. Etwa ein Drittel der Studenten führen eines der beiden Praktika im Ausland durch. Auch hier war es möglich, die Präsenz französischer

---

7 TNO7: Stage à l'étranger. Beschreibung des Auslandspraktikums: »Ein Ingenieur muß in der Lage sein, sich an unterschiedliche, sich verändernde Milieus anzupassen und sollte eine oder mehrere Fremdsprachen beherrschen. Das Auslandspraktikum, das in einem Land absolviert wird, wo eine der an der Universität Compiègne unterrichteten Sprachen gesprochen wird, soll es den Studenten erlauben, sich mit der Kultur und den Lebensbedingungen des Gastlandes vertraut zu machen und dessen Sprache fließend zu sprechen.« (Guide de l'étudiant de l'université de Compiègne)

8 Die Übung LA 06 (Langues, cultures et entreprises) wird von mir geleitet. Beschreibung: »Ziel dieser Übung ist es, die Studenten mit den kulturellen Unterschieden zwischen Deutschland und Frankreich und deren Konsequenzen für das Management der Unternehmen beider Länder vertraut zu machen.«

Studenten in deutschen Unternehmen zu nutzen. Innerhalb von sechs Jahren sind hundert Berichte entstanden, die eine erste Datenbank bildeten. Auf deutscher Seite haben wir im Rahmen von zwei Doppelstudiengängen, die zusammen mit den Fachhochschulen von Aachen und Offenburg durchgeführt werden, eine Einführung in die Interkulturalität entwickelt; die Praktikumsberichte wurden auf die Beobachtung der unterschiedlichen Managementmethoden ausgerichtet. Dank der Präsenz von Studenten in den Unternehmen und ihrer »teilnehmenden Beobachtung« konnten wir vor Ort zahllose Informationen einholen und unsere Interviews bestens vorbereiten.

Seit 1995 bietet die Universität Compiègne im Aufbaustudiengang »Sciences de l'homme et technologie« eine Ausbildung mit dem Titel »Internationalisation de la firme: apprentissage de la communication interculturelle« an. Ziel ist es, das deutsch-französische Modell weiterzuentwickeln und auf andere Länder (Großbritannien, USA, China) auszudehnen.

LITERATUR

Adler, N.: International Dimensions of Organizational Behavior, Boston: Kent Publishing Company 1986.

Attali, J.: Les trois mondes, Paris: Presses Universitaires de France 1981.

Axtell, R.E.: Do's and Taboos Around the World, New York: Wiley 1985.

Baier, L.: Firma Frankreich. Eine Betriebsbesichtigung, Berlin: Wagenbach 1988.

Barsoux, J.L., Lawrence, P.: Management in France, London: Cassell 1990.

Bartlett, C.A., Ghoshall, S.: Le management sans frontières, Paris: Les Editions d'Organisation 1991.

Bauer, M., Bertin-Mourot, B.: L'Etat, le capital et l'entreprise au sommet des grandes entreprises. Comparaison franco-allemande, Paris: CNRS 1992.

Bollinger, D., Hofstede, G.: Les différences culturelles dans le management, Paris: Les Editions d'Organisation 1987.

Bommensath, M., Secrets de réussite de l'entreprise allemande, Paris: Les Editions d'Organisation 1991.

Bourdieu, P.: Ce que parler veut dire. L'économie des échanges linguistiques, Paris: Fayard 1982.

Burguière, A., Revel, J.: Histoire de la France. Les formes de la culture, Paris: Le Seuil 1993.

Burmeister, I.: Meeting German Business, Hamburg: Atlantik-Brücke 1985.

Camilleri, C., Cohen-Emerique, M.: Choc de cultures. Concepts et enjeux pratiques de l'interculturel, Paris: L'Harmattan 1989.

Camilleri, C., Vinsonneau, G.: Psychologie et culture. Concepts et méthodes, Paris: Armand Colin 1996.

Cheval, R.: Cent ans d'affectivité franco-allemande ou l'ère des stéréotypes, in: Revue d'Allemagne, IV, 3, 1976.

Crozier, M.: Le phénomène bureaucratique, Paris: Le Seuil 1963.

Crozier, M.: La société bloquée, Paris: Le Seuil 1971.

Crozier, M., Friedberg, E.: L'acteur et le système. Les contraintes de l'action collective, Paris: Le Seuil 1977.

Deal, T.E., Kennedy, A.A.: Corporate Cultures. The Rites and Rituals of Corporate Life, Reading: Addison-Wesley 1982.

Decourteix, G., Pateau, J.: La nouvelle Allemagne. Relations internationales, Paris: Ministère de l'Economie, des Finances et du Budget, Centre de Formation Professionnelle et de Perfectionnement, 1991.

Demorgon, J.: L'exploration interculturelle, Paris: Armand Colin 1991.

Demorgon, J., Pateau, J.: Cultures nationales et entreprises internationales. Vers une écologie mentale interculturelle, in: Intercultures, 23, 1993.

Demorgon, J.: Complexité des cultures et de l'interculturel, Paris: Anthropos 1996.

Drucker, P.: The Practice of Management, New York: Harper & Row 1955.

Dülfer, E.: Personelle Aspekte im internationalen Management, Berlin: Erich Schmidt Verlag 1983.

Dumont, L.: Essais sur l'individualisme, Paris: Le Seuil 1983.

Dumont, L.: Histoire culturelle de l'Allemagne, Paris: Presses Universitaires de France 1989.

Dumont, L.: L'idéologie allemande. France-Allemagne et retour, Paris: NRF/Gallimard 1991.

Elias, N.: Über den Prozeß der Zivilisation. Soziogenetische und psychogenetische Untersuchungen. Erster Band: Wandlungen der Verhaltensweisen in den weltlichen Oberschichten des Abendlandes, Frankfurt/M.: Suhrkamp 1980.

Elias, N.: Die höfische Gesellschaft. Untersuchungen zur Soziologie des Königtums und der höfischen Aristokratie, Darmstadt/Neuwied: Luchterhand [2]1975.

Espagne, M., Werner, M.: Transferts. Les relations interculturelles dans l'espace franco-allemand, Paris: Recherche sur les civilisations 1988.

Gadamer, H.G.: Die Zukunft der europäischen Geisteswissenschaften, in: Das Erbe Europas, Frankfurt/M.: Suhrkamp 1989.

Gauthey, F., Ratiu, I., Rodgers, I., Xardel, D.: Leaders sans frontières, Paris: MacGraw-Hill 1988.

Gauthey, F., Xardel, D.: Le management interculturel, Paris: Presses Universitaires de France 1990.

Gebauer, G.: Culture nationale et culture d'entreprise, Deutsch-Französisches Jugendwerk 1991 (internes Dokument).

Giacobbi, M., Roux J.P.: Les techniques qualitatives: de l'interview à l'étude de terrain, Paris: Hatier 1990.

Grosse, E.U., Lüger, H.H.: Frankreich verstehen. Eine Einführung mit Vergleichen zu Deutschland, Darmstadt: Wissenschaftliche Buchgesellschaft 1993.

Habermas, J.: Erkenntnis und Interesse, Frankfurt/M.: Suhrkamp 1968.

Hall, E.T.: The Silent Language, New York: Anchor Books/Doubleday 1959.

Hall, E.T.: The Hidden Dimension, New York: Garden City, Anchor Books/Doubleday 1966.

Hall, E.T.: Beyond Culture, New York: Anchor Books/Doubleday 1979.

Hall, E.T.: La danse de la vie, Paris: Le Seuil 1984.

Hall, E.T.: Guide du comportement dans les affaires internationales, Paris: Le Seuil 1990.

Harbison, F., Myers, C.: Managing in the Industrial World, New Tork/Toronto/London: Garden City 1959.

Harris, P.R., Moran, R.T.: Managing Cultural Differences, Houston: Gulf Publishing Company 1987.

Hassenteufel, P.: Systèmes de représentation et enjeux de pouvoir dans l'entreprise. Une comparaison France-Allemagne, in: Revue de l'IRES, 3, 1990.

Hegel, G.W.: Ästhetik, Berlin/Weimar: Aufbau Verlag 1965.

Herterich, K.W.: Mitarbeiter in Frankreich, Neuwied: Luchterhand 1984.

Herterich, K.W.: Unternehmensführung in Frankreich, Gersthofen: Deutsch-Französische Führungs- und Personalberatung 1991.

Herzberg, F.: The Motivation to Work, New York: Wiley 1959.

Hofstede, G.: Vivre dans un monde multiculturel, Paris: Les Editions d'Organisation 1994.

Hunout, P.: L'entreprsie et le droit du travail. Une comparaison franco-allemande, Paris: CIRAC 1993.

d'Iribarne, Ph.: La logique de l'honneur, Paris: Le Seuil 1989.

d'Iribarne, Ph.: Le système d'action français. Logique bureaucratique ou logique de l'honneur, CNRS-CEREBE, Sept. 1990.

d'Iribarne, Ph.: Culture et effet sociétal, in: Revue française de sociologie, Okt. - Dez. 1991.

Keller, E.v.: Management in fremden Kulturen, Bd.10, Bern/Stuttgart: Paul Haupt 1982.

Kißler, L., Lasserre, R., Mothé-Gautrat, D.J., Sattel, U.: Arbeitspolitik. Ein deutsch-französischer Vergleich, Frankfurt/M./New York: Campus 1986.

Kißler, L., Lasserre, R.: Tarifpolitik. Ein deutsch-französischer Vergleich, Frankfurt/M./New York: Campus 1987.

Krahmer, C., Müller-Marein, J.: 21mal Frankreich, München: Piper 1989.

Krulis-Randa, J.: Reflexionen über die Unternehmenskultur und ihre Bedeutung für den Erfolg schweizerischer Unternehmen, in: Die Unternehmung, 4, 1984.

La Bruyère: Die Charaktere oder Die Sitten des 17. Jahrhunderts, Leipzig: Dietrich'sche Verlagsbuchhandlung 1970.

Ladmiral, J.R., Lipiansky, E.M.: La communication interculturelle, Paris: Armand Colin 1989.

Lasserre, R.: Concertation sociale et gestion des ressources humaines dans l'entreprise, in: Le Gloannec, A. (Hrsg.): L'état de l'Allemagne, Paris: La Découverte 1995.

Leenhardt, J., Picht, R. (Hrsg.): Au jardin des malentendus. Le commerce francoallemand des idées, Arles: Actes Sud 1997.

Leenhardt, J., Picht, R. (Hrsg.): Esprit-Geist. 100 Schlüsselbegriffe für Deutsche und Franzosen, München/Zürich: Piper 1989.

Le Goff, J.P.: Le mythe de l'entreprise, Paris: La Découverte 1992.

Lemoigne, J.L.: La théorie du système général, la théorie de la modélisation, Paris: Presses Universitaires de France 1990.

Lovy, R.J.: Luther. Mythes et religions, Paris: Presses Universitaires de France 1964.

Lutz, B.: Bildungssystem und Beschäftigungsstruktur in Deutschland und Frankreich, in: Mendius, H.G. (Hrsg.): Betrieb, Arbeitsmarkt und Qualifikation, Frankfurt/M.: Aspekte-Verlag 1976.

Mann, Th.: Betrachtungen eines Unpolitischen, in: Gesammelte Werke in Einzelbänden, Frankfurt/M.: Fischer 1983.

Maslow, A.H.: Motivation and Personality, New York: Harper and Bross 1970.

Maurice, M., Sellier, F., Silvestre, J.-J.: Politique d'éducation et organisation industrielle en France et en Allemagne, Paris: Presses Universitaires de France 1982.

Maurice, M., Sellier, F., Silvestre, J.-J.: Réponse à Philippe d'Iribarne, in: Revue française de sociologie, XXXIII, 1, Jan.-März 1992.

Mirow, J.: Geschichte des deutschen Volkes. Von den Anfängen bis zur Gegenwart, Gernsbach: Casimir Katz 1990.

Montesquieu: Persische Briefe, Wiesbaden: Metopen-Verlag 1947.

Nadoulek, B.: Base de connaissances pour la mondialisation des cultures, Paris: ADITECH, Ministère de la Recherche et de la Technologie 1991.

Nipperdey, T.: Réflexions sur l'histoire allemande, Paris: NRF/Gallimard 1992 (1721).

Nietzsche, F.W.: Die fröhliche Wissenschaft, in: Sämtliche Werke, Bd. 3, Berlin/New York/München: de Gruyter/Deutscher Taschenbuch-Verlag 1980, S. 343-641.

Nuss, B.: Das Faust-Syndrom. Ein Versuch über die Mentalität der Deutschen, Bonn/Berlin: Bouvier 1994.

Ouchi, W.G.: Theory Z. How American Business Can Meet the Japanese Challenge, Harvard: Harvard University Press 1982.

Park, K.K.: Führungsverhalten in Zusammenhang mit Wertvorstellungen und Arbeitseinstellungen der Mitarbeiter. Eine empirische kulturvergleichende Studie zwischen der Bundesrepublik Deutschland und der Republik Korea, Diss., Universität Mannheim 1983.

Pascal, B.: Über die Religion und über einige andere Gegenstände (Pensées), Berlin: Lambert Schneider 1937.

Pateau, J.: Analyse comparative entre deux entreprises, française et allemande, in: Zielsprache französisch, 2/1991.

Pateau, J.: Das deutsch-französische Modell, in: Zielsprache französisch, 4/1992.

Pateau, J.: Conflits interculturels dans les organisations franco-allemandes. De la théorie à la pratique, in: Zielsprache französisch, 4/1993.

Pateau, J.: Approche comparative interculturelle: étude d'entreprises françaises et allemandes, Diss., Universität Paris X Nanterre 1994.

Pateau, J.: Le management interculturel franco-allemand. De la recherche au conseil, in: Arzt, H.G. (Hrsg.): Europäische Qualifikation durch deutsch-französische Ausbildung?, Ludwigsburg: Deutsch-Französisches Institut 1994.

Pateau, J.: Die Lösung von technischen und organisatorischen Problemen in deutschfranzösischen Unternehmen: ein interkultureller Vergleich, in: Frankreich-Jahrbuch 1995, Opladen: Leske + Budrich 1996.

Pateau, J.: Managementkulturen im deutsch-französischen Vergleich. Zur praktischen Bedeutung historischen Wissens, in: Wierlacher, A., Stötzel, G. (Hrsg.): Blickwinkel, kulturelle Optik und interkulturelle Gegenstandskonstitution, Akten des III. Internationalen Kongresses der GIG, München/Iudicium 1996.

Peters, T.J., Austin, N.: A Passion for Excellence. The Leadership Difference, New York: Halstead Press 1985.

Peters, T.J., Waterman, R.H.: In Search of Excellence. Lessons from America's Best-Run Companies, Stein and Day 1984.

Picht, R.: Die »Kulturmauer« durchbrechen. Kulturelle Dimensionen politischer und wirtschaftlicher Zusammenarbeit in Europa, in: Europa-Archiv, 42/10, 1987.

Picht, R.: Annäherung oder Entfremdung? Fragen zum sozialgeschichtlchen Gesellschaftsvergleich Hartmut Kaelbles, in: Frankreich-Jahrbuch 1992, Opladen: Leske + Budrich 1992.

Picht, R.: Die Unterschiedlichkeit der Bildungssysteme als Hauptfaktor kultureller Vielfalt, in: Arzt, H.G. (Hrsg.): Europäische Qualifikation durch deutsch-französische Ausbildung?, Ludwigsburg: Deutsch-Französisches Institut 1994.

Picht, R., Hoffmann-Martinot, V., Lasserre, R., Theiner, P. (Hrsg.): Fremde Freunde. Deutsche und Franzosen vor dem 21. Jahrhundert, München/Zürich: Piper 1997.

Pouillon, J.: L'œuvre de Lévi-Strauss, in: Les temps modernes, Nr. 126, 1956.

Randlesome, C.: Business Cultures in Europe, Oxford: Heinemann Professional Publishing 1990.

Rehfeldt, U.: Democratie et cogestion. Une mise en perspective, in: Revue de l'IRES, 3, 1990.

Riffault, H.: Les Européens et la valeur travail, in: Futuribles, Nr. 200, Juli-Aug. 1995.

Romains, J.: Portrait de l'Europe, Paris: Gallimard 1916.

Sadler, P., Hofstede, G.: Leadership Style. Preferences and Perceptions of Employees of an International Company in Different Countries: IBM Europe, in: Personal Research Study Nr. 5, Okt. 1969.

Schaupp, D.: A Cross-Cultural Study of a Multinational Company. Attitudes of Satisfactions, Needs and Values Affecting Participative Management, Diss., University of Kentucky 1974.

Schnapper, D., Mendras, H.: Six manières d'être européen, Paris: NRF/Gallimard 1990.

Sellier, F.: Comités et syndicats. Situation française et comparaison France-Allemagne, in: Revue de l'IRES, 3, 1990.

Sieburg, F.: Gott in Frankreich? Ein Versuch, Frankfurt/M.: Frankfurter Societäts-Druckerei 1929.

Simonet, J.: Pratiques du management en Europe. Gérer les différences au quotidien, Paris: Les Editions d'Organisation 1992.

Staël, A.G. de: Über Deutschland, Frankfurt/M.: Insel Verlag 1985.

Stegmiller, G.: Kulturspezifische Interaktionen, Regensburg: S. Roderer 1989.

Stoll, A.: Asterix, das Trivialepos Frankreichs, Köln: Dumont 1974.

Thevenet, M.: Audit de la culture d'entreprise, Paris: Les Editions d'Organisation 1986.

Thicarajan, K., Deep, S.: A Study of Supervisor-Subordinates Influence and Satisfaction in Four Cultures, in: Journal of Social Psychology, BD; 82, 1970.

Todd, E.: L'invention de l'Europe, Paris: Le Seuil 1990.

Todd, E.: L'enfance du monde. Structures familiales et développement, Paris: Le Seuil 1984.

Troeltsch, E.: Deutscher Geist und Westeuropa. Gesammelte kulturphilosophische Aufsätze und Reden, Aalen: Scientia Verlag 1966 (1925).

Untereiner, G.: Le marché allemand, Paris: Les Editions d'Organisation 1990.

Urban, S., Lipp, E.M.: L'Allemagne, une économie gagnante, Paris: Hatier 1988.

Usunier, J.C.: Commerce entre cultures, Paris: Presses Universitaires de France 1992.

Van Lier, H.: Logique des langues européennes, in: Le français dans le monde, Nr. 224-234, 1989.

Weber, M.: Die protestantische Ethik, Gütersloh: Gütersloher Verlagshaus Mohn 1981.

Wierlacher, A.: Mit fremden Augen, oder: Fremdheit als Ferment. Überlegungen zur Begründung einer interkulturellen Hermeneutik deutscher Literatur, in: Wierlacher, A. (Hrsg.): Das Fremde und das Eigene. Prolegomena zu einer interkulturellen Germanistik, München: Iudicium Verlag 1985, S. 3-28.

Deutsch-französische Studien

Ingo Bode
Solidarität im Vorsorgestaat
Der französische Weg sozialer Sicherung
und Gesundheitsversorgung
1999. 272 Seiten
ISBN 3-593-36254-6

Die Studie beschäftigt sich mit den Strukturmerkmalen des französischen Wohlfahrtsstaates und analysiert anschaulich Absicherungs- und Versorgungsformen im Gesundheitswesen sowie das System der sozialen Grundsicherung. Zugleich liefert sie einen Beitrag zur soziologischen Theorie der Sozialpolitik: Es geht um die Frage nach den institutionellen Eigenheiten des »Vorsorgestaates« als spezifischem Sozialmodell und um die Bedeutung wohlfahrtskultureller Bestimmungsmomente für die Ausgestaltung sozialstaatlicher Solidarität.

Leo Kißler (Hg.)
Toyotismus in Europa
Schlanke Produktion und Gruppenarbeit in der
deutschen und französischen Automobilindustrie
1996. 290 Seiten
ISBN 3-593-35552-3

Die 13 Beiträge zeigen Verlaufsformen und Folgen der Japan-Rezeption in der deutschen und französischen Automobilindustrie auf der Grundlage von Forschungsergebnissen und aus der Sicht von Management und Gewerkschaften. Die Automobilunternehmen werden sowohl von der Management- als auch von der Forschungsseite her beleuchtet. Der Band schließt mit Überlegungen zum »Post-Toyotismus« in der Automobilindustrie.

Campus Verlag · Frankfurt/New York